赫尔墨斯国际前沿论文书系

主　编　汝　信
副主编　金惠敏
策　划　张云鹏

# 关乎情怀
——一位思想史学者的人文行走

张宝明 著

河南大学出版社
·郑州·

图书在版编目(CIP)数据

关乎情怀:一位思想史学者的人文行走 / 张宝明著. --郑州:河南大学出版社,2024.1
ISBN 978-7-5649-5822-0

Ⅰ.①关… Ⅱ.①张… Ⅲ.①思想史-研究-中国-近代 Ⅳ.①B25

中国国家版本馆CIP数据核字(2024)第034492号

责任编辑　纪庆芳　时　娇
责任校对　任湘蕊
封面设计　马　龙

| | |
|---|---|
| 出　版 | 河南大学出版社 |
| | 地址:郑州市郑东新区商务外环中华大厦2401号　邮编:450046 |
| | 电话:0371-86059701(营销部)　网址:hupress.henu.edu.cn |
| 排　版 | 郑州市今日文教印制有限公司 |
| 印　刷 | 广东虎彩云印刷有限公司 |
| 版　次 | 2024年1月第1版　印　次　2024年4月第1次印刷 |
| 开　本 | 890 mm×1240 mm　1/32　印　张　9.5 |
| 字　数 | 227千字　定　价　39.00元 |

(本书如有印装质量问题,请与河南大学出版社营销部联系调换)

# 总　　序

　　马克思曾批评旧哲学只是以不同的方式"解释世界",而不知道更重要的工作乃是"改变世界"。马克思主义哲学以其实践性品格而著称。

　　孔夫子的解释学亦侧重于学以致"用"的方面,例如说:"诵诗三百,授之以政,不达;使于四方,不能专对;虽多,亦奚以为?"显然,对他而言读诗的最高境界不在诗内而在诗外。

　　当代西方社会学家齐格蒙特·鲍曼描述说:如今人文知识分子已从过去的"立法者"蜕变为"解释者"。鲍曼将前者视为现代性,后者为后现代性。其价值倾向,这里不去究问。

　　因此,当我们将丛书定名为"赫尔墨斯"云云是否便意味着一个消极的和保守的计划呢?

赫尔墨斯，源出于古希腊神话，在他的诸多职能中，以作为神的信使最著名，因而"解释学"（hermeneutics）就是由他而来的。"在所有西方语言中，赫尔墨斯词源意味着：表达和辩术、转译和解释。"（贝尔纳·斯蒂格勒）

但是，我们所理解的"赫尔墨斯"却并不仅仅是"解释"，或仅仅局限于不及物的"认识"。解释学有待于重新解释。

第一，"解释"本身其实就孕育着"改变"的种子。我们何以要解释？"解释"不是解释行为的目的。"解释"是去蔽，是揭开隐藏的真理，是神话中所谓的"传达神的旨意"。对世界的"改变"当依赖于先于对它的"解释"或"认识"，因为毫无疑问，人是理性的动物。"解释"总是为"改变"构筑蓝图。"改变"自然也会反过来确认和修正"解释"。

第二，对于人文学者来说，其本职工作在于"解释"，在于为最终的"改变世界"提供合乎真理的知识。一个人文学者固然可以带着他的知识去从事其他职业，去做觉醒了的浮士德，但他将不再是学者了。学者以学术为业，以学术向世界说话。在他，"言"即是"行"，言行不二，以言行事。

因而我们的"赫尔墨斯"代表着坚守学术本位而又积极进取的入世态度。"解释世界"意在"改变世界"，或者说，"改变世界"先已内在于而不是拘禁于"解释世界"。

进入新世纪，我们是愈益强烈地感受到全球化力量的冲击和挑战。《共产党宣言》所期待的"世界文学"虽未实现，远未实现，但已在缓缓地向我们逼近了。而倘若把"世界文学"视为一个过程，那么它实际上早已开始。全球化是一种变革性的力量，生活在变，知识在变，一切传统的东西都在经历着某种转型。

全球化对学术提出了更高的要求：要求超越民族之"片面性和局限性"的"世界文学"视野，要求解决世界共同问题的勇气和能力。我们无权选择"国际性"，就像我们无权选择事实一样。"国内学术界"正在汇入"国际学术界"。"国际性"已表现为当前学术的一个基本事实。我们被裹挟于其中。我们只能向"国际前沿"走去。否则，便不得不接受被边缘化的命运。

丛书提出一个"论文书"的概念，是有针对性的。近些年，形式上的"厚""重""大"书很受追捧，而一些很有学术分量的论文却难以找到恰当的方式面世：杂志嫌它长，出版社嫌它短，科研管理部门嫌它是"论文（集）"而不是"专著"。异乎此，我们则坚信，要发展学术，首要的是从一篇篇的论文做起，然后庶可形成真正的大书。

设立在百年老校河南大学的"河南省高校人文重点学科开放研究中心"，自建立之日起就以开放的姿态和视界开展学术活动、组织学术研究，近年来在海内外产生一定的影响。现在，中心主任张云鹏教授出于对学术发展大势的把握，以前瞻性的目光，又将这套以"赫尔墨斯"为宗旨的丛书列入中心的工作日程。丛书有了"家"，有了"温暖"，但也更有了不容懈怠的"责任"。我们组织者个人能力有限，惟望得到海内外学人的不吝支持。学术是大家的事业,远的说,也是全人类的事业。

我们不敢对丛书做过高的期许,但我们会以较高的标准要求丛书,以敬畏之心对待我们的学术事业。"只问耕耘,不问收获"。

是为序。

> 汝信　中国社会科学院学部委员、河南省高校人文重点学科开放研究中心学术委员会主任
> 
> 2008年3月4日

# 目 录

## 上 篇

重新改写还是重新打造？
　　——关于建立中国近现代思想史学科体系的思考 …… ( 3 )
中国思想史学科主体性问题的再思考 ………………… ( 24 )
大数据视野下历史学的双栖性 ………………………… ( 45 )

## 中 篇

批判性、前瞻性与公共性："新青年派"知识群体的精神品格……
　　……………………………………………………… ( 65 )
百年存照：聚焦时代链条上的国家青春记忆 ………… ( 76 )
钩沉一个民族的青春记忆
　　——五四运动百年记忆史整理与研究撖论 ……… ( 81 )
对峙的意义："新青年派"与"学衡派"文化论争的世纪回眸
　　……………………………………………………… ( 91 )

## 下 篇

两种理性与五四新文化运动的走向 ……………………（123）

百年回眸："五四"双重气质再寻绎
　　——以文艺复兴与文化启蒙两大谱系为主体的"运动"解析
　　………………………………………………………（156）

从"德""赛"到"平""社"
　　——对五四时期"第三种文明"的非典型检视 …………（189）

从学术到政治："五四"新青年派走向社会主义的精神路径
　　………………………………………………………（232）

人类命运关怀的历史存照
　　——"科学与人生观论战"百年回眸 ………………（259）

# 上 篇

# 重新改写还是重新打造?
## ——关于建立中国近现代思想史学科体系的思考

思想史研究已经成为热门学科,但是它在学科建设上目前还是显得有些"杂乱无章"。近些年,围绕"精英思想"和"民众思想"、主流与边缘、浓缩与扩张之"关系"等方面,形成了近现代思想史研究以及方法论的热点问题。应该看到,目前中国近现代思想史研究存在着研究对象、范围和方法的分歧,而且无限"扩张"领地的做法使得思想史研究更加尴尬。为了思想史学科建设,思想史研究者的当务之急不是扩张(谱系),而是收缩(编制)。在内涵层面上,批判性、吊诡性和当代性构成了作为思想史学科内倾、自敛的基本诉求,问题意识则是思想史研究者最基本的出发点,也是归宿点。就此而论,思想史研究不存在"改写"不"改写"的问题,关键还在于如何潜心打造。

作为拥有近百年历史的学科,中国近现代思想史研究已经取得了一定的成绩,但是作为一门独立的学科出现,无论是边界的划分、对象的选择还是理论的自觉,它自身的独立性和自主性都有待于重新打造。尤其是在今天中国现代思想史研究呈现出多维视角、多种方法、多重路径之际,包括本人在内的一些躬耕于这块田园的学者都不免有无法靠岸的漂流感。在一块本不属于自己的领地的"荒原"上耕作,时时有"两间余一卒"的尴尬。与此同时,从事中国近现代思想史研究的学者在寂寞的思考中还平添了一份其他学者没有的"学籍"身份凭证。于是,笔者写下了文字,为同人,也为自己。

## 一、焦点:在思想史研究同人之间

关于思想史的研究,无论是古代思想史研究还是近现代思想史研究,在学科意识上大体都是相通的。应该说,古代思想史学科成熟的同时,也就意味着现代思想史学科的成形。这就如同中国古代史和中国现代史、中国古代文学和现代文学的关系。而当中国古代思想史这一学科没有"正式"挂牌的当口,近现代思想史自身的尴尬也就不难想象。"名不正则言不顺",这就是思想史学科目前状况窘迫的原因。

为什么思想史这一热门学科会显得杂乱无章呢?根据笔者的观察,尽管其中的原因很多,但其根本原因还是一个理性自觉问题。不少思想史学者更多的是在方法论和研究对象以及材料取舍上花费心思和口舌,而对思想史究竟怎样取得与其他学科一样门户独立的地位则关心不够。当然,一味强调学科的地位并没有实际的意义,但涉及这一学科如何走好的问题却又不容回避。近年来,一篇关于"思想史的写法"的长文被炒得沸沸扬扬,虽然该文只是用"长时段"视角将古代、近代、现代思想史以"中国思想史"囊括,但它体现出的思想史研究的问题意识却是非常分明的,而且对中国现代思想史的学科建立与写作都具有重要的参照意义。值得说明的是,近年来关于思想史学科独立性的探讨、范式建立和方法突破都与这篇长文息息相关。①随着思想史研究问题意识的唤起,2002年9月27日中国社会科学院近代史研究所与《历史研究》编辑部合作召开的关于思想史方法论的讨论会再一次将问题引向深入。凡此种种,颇能反映思想史这一学科意识的升腾。

综观思想史研究者寻求突破的路径,可以看到其中对思想史边界模糊的共识。葛兆光先生自认为其《中国思想史》的创新主要来自对这一学科的外延和内涵的"改写"。他如是说:"至今,思想史仍是一个难以把握的领域,它的中心虽然清楚,但是叙述的边界却相当模糊,致使它常常面目不清,也无法像它的邻近学科那样清楚地确立自身的边界,比如它与宗教史、学术史常常关注相同的对象,以至于它们总是要发生'领土争端';比如它与社会

---

① 葛兆光:《中国思想史·导论·思想史的写法》,复旦大学出版社,2001。

史、文化史常常需要共享一些知识和文献,于是它们又总是要产生'影像重叠';比如它与政治史、经济史常常要建立一种互相诠释的关系,于是它们又总是要'互为背景',甚至产生了到底谁笼罩谁、谁涵盖谁的等级秩序问题。这导致了它作为学科的基础和规范难以确立,就好像一个历史上四处游牧的部落在诸国并峙的地界乍一定居,很难立即确立它的领土和法律,也很难约束它的国民越界犯规一样。"① 质而言之,究竟怎样处理或说划定思想史与其他学科领地的关系成为从事这门专业的学者的难点。对此,郑大华也是深有感触,他在一篇论及深化思想史研究的论文中说:"对于中国近代思想史的研究对象与范围,中国近代思想史与中国近代哲学史、中国近代文化史、中国近代学术史等其他中国近代史分支学科以及与中国近代政治思想史、中国近代文化思想史、中国近代学术思想史、中国近代经济思想史等其他专门思想史的联系与区别,等等,都缺乏应有的讨论。直到今天,学者们对中国近代思想史究竟应该写些什么,没有统一的认识。"② 事实上,这里所谓的"联系与区别"在本质上还是思想史与其他学科的关系和界定问题。耿云志先生在论述"思想史学科不可能有大的发展"的原因时也曾这样陈言:"至今思想史著作内容的主体范围

---

① 葛兆光:《中国思想史·导论·思想史的写法》,复旦大学出版社,2001,第68页。
② 郑大华:《如何进一步深化中国近代思想史研究》,《光明日报》2005年1月25日。

还不够清楚,许多思想史著作写进哲学史的内容,学科界限混淆。"①如果说为了确立思想史的学科独立性,学者们在研究的对象和范围的亟待圈定上达成了共识,那么同样是围绕着研究对象和范围这一难点和焦点,更多的则是众说纷纭的目标设定。

值得注意的是,在这个歧义上,研究对象和研究方法被纠缠在了一起。诸多学者的兴趣或说注意力更多地集中于思想史新旧范式的转换。尽管其中有不少高见或说妙论,但笔者以为思想史研究者的讨论还是"散打",离思想史主体性建设问题还很遥远。

我们知道,无论是古代思想史的写作还是近现代思想史的研究,无论是研究对象还是研究范式,都是以思想家的思想为主体,从思想家的思想变化、影响入手来撰写思想史。对此,耿云志先生以有所指的批评态度直陈其见:"近代有学者提出不同的看法,认为思想史不应只研究精英的思想,应当充分注意普通民众的思想观念,即便不是以普通民众的思想观念为主体,至少亦应给予与精英思想同等的重视。"他说:"我个人认为,思想史的对象仍应以思想家的思想为主体。"②以葛兆光为代表的"知识、思想与信仰"的思想史写法将"边缘的、零散的资料,重新纳入思想史来考虑",尤其重视民间资源和"空白点",这就是他深受近代日本思想

---

① 耿云志:《思想史研究方法发凡》,载王中江主编《新哲学》第 1 辑,大象出版社,2003,第 274 页。
② 耿云志:《思想史研究方法发凡》,载王中江主编《新哲学》第 1 辑,大象出版社,2003,第 275 页。

史研究方法"影响"的"影响论"。①麻天祥也认为:"毫无疑问,中国思想是世界思想文化之宝库。……然而遗憾的是,过去的思想史作,已有固定范式,难以有所突破,而且大多囿于正史和精英社会,往往忽略了在民间流布的平民思想。所以,今后的思想史研究尤宜注视同日常行事密切相关的平民思想,而搜求于市井草莽之间,予以抉择综合,推陈出新。"②

于是,近些年,近现代思想史研究以及方法论的提出所形成的热点就集中在了"精英思想"和"民众思想"、主流与边缘、浓缩与扩张之"关系"上。③在笔者看来,思想史研究尤其是近现代思想史主体性和独立性的确立,需要研究者跳出过去的掌心,避免重蹈为讨论而讨论的覆辙。思想史学科的百家争鸣固然重要,但单纯的"标新立异"终归解决不了长期困扰我们的学科意识问题。

## 二、难点:思想史身份悬念的化解

归根结底,上面我们概括的三个焦点还是思想史的身份定位

---

① 葛兆光:《什么可以成为思想史的资料?》,载王中江主编《新哲学》第1辑,大象出版社,2003,第294—296页。

② 麻天祥:《中国思想史研究的理念与方法》,《史学月刊》2012年第12期。

③ 参见王中江主编的《新哲学》第1辑和第2辑中关于"思想史方法论"的探讨,大象出版社2003年10月和2004年7月版。另外,《思想史身份重定:问题及对策》中发表的许苏民、陈赟、方旭东等的一组笔谈值得注意,它们对思想史研究主体性的确立同样具有学术导向意义,参见《学术月刊》2004年12月号。

问题。依笔者之见,这三个问题的解决是近现代思想史学科主体性和独立性确立的前提。以下也是笔者对解决本论前提的管见。

首先,就中国近现代思想史研究在"精英思想"和"民众思想"之间的歧义而言,笔者以为这是一个切口问题。说到切口,就不能不注意到思想史在史学链条上的位置。如同一个高明的医生会在病人的患处下刀一样,思想史家写作思想史也应该找到最适应的切口,不然就是隔靴搔痒、不得要领。与切口相关联的一个词语是关口,思想史研究者面临的问题首先就是研究对象问题。笔者认为,思想史研究还是应该注重精英思想的来龙去脉,其中包括个案、文本、群体等知识流向的考察和分析。要回答这个问题,我们必须厘清"思想"这个众说纷纭的概念。一种权威的词典曾这样诠释"思想":"客观存在反映在人的意识中经过思维活动而产生的结果。思想的内容为社会制度的性质和人们的物质生活条件所决定,在阶级社会中,思想具有明显的阶级性。"① 另一种权威的词典则这样注解"思想":"客观存在反映在人的意识中经过思维活动而产生的结果,属于理性认识。它具有相对独立性,对社会存在有反作用。正确的思想一旦为群众所掌握,就会变成巨大的物质力量。"② 老实说,笔者对这两种词典的解释并不满意,至少它们都有否定"思想"之普世科学性的倾向。所谓的

---

① 中国社会科学院语言研究所词典编辑室编《现代汉语词典》,商务印书馆,2016,第1237页。

② 李行健主编《现代汉语规范词典》,外语教学与研究出版社,2004,第1235页。

"阶级性"无非是一种带有意识形态色彩的"政治"思想史;所谓"正确的思想"则是没有跳出非此即彼的"唯一"怪圈。应该说,这两种"思想"状态都是思想史研究必须防范和警惕的。所谓"思想",无非就是某个人或群体对客观现实有独到而深刻的见解,而且这个见解不为一般人所有。这个见解不但可以为任何一个阶级或阶层所拥有,而且它不会一成不变,更难有绝对正确或绝对错误的判断。

"思想"的理性、科学以及逻辑思维特征告诉我们它演绎于精英的头脑。也正是在这个意义上,笔者更倾向于将"思想史"与英文的 intellectual history 对应起来,而不是与 history of idea 和 history of thought 相附会。当"关注民众观念世界"成为思想史研究领域中的呼声时,笔者甚是担心思想史研究会显得自作多情。一位学者完全从纯理论的思维视野出发倡导"民众观念"与"精英思想主体"的贯通。她说:"民众观念的这种文本和非文本载体所显示的思想符号,既然与精英思想符号之间有这么大的不同,它们两者之间便不可能直接对接,也不可能直接运用处理精英思想的方法来处理如此不同的民众观念。这就需要我们寻找和拓展新的研究方法,以适用于处理民众观念及其与精英思想对话这两个新的思想领域,并使其能够与原来的精英思想研究领域相贯通。"[1]笔者以为,这已经不是思想史学科建设的分内问题。这比由近代日本学者以及现代中国学者葛兆光提出的"思想史写

---

[1] 李长莉:《关注民众观念世界》,载王中江主编《新哲学》第 1 辑,大象出版社,2003,第 290-291 页。

法"走得更远。这个注重民间资源的索取和"空白点"连接的思想史路径在笔者看来并不如"当事人"自己所说的是"顺着看"还是"倒着看"那样简单。①事实上,过多地关注"来龙"之关口的前移与过于注重"去脉"的衔接,同样有"过犹不及"的潜在危机。这就又回到了前文所揭示的切口问题。不难理解,当我们需要解剖青蛙的标本时,你却去死命关心小蝌蚪的身世,这样的做法虽然不能说是南辕北辙,却可以说是事倍功半。反过来也一样。一部民众观念史无论如何难以成为地道的思想史,在思想史研究的领地中,它永远只能是一个"跑龙套"的配角。

其次,我们要讨论的是近现代思想史研究的主流与边缘问题。这是一个非常复杂的思想史话语。本来,主流与边缘的分解在思想史研究中并不严格。这里,笔者更愿意说不存在。在很多情况下,主流和边缘是相对的概念,甚至是交叉的、不可切割的。在历史上被认为是主流的,在现实中则可能被视为是边缘的;在一些人看来是边缘的东西,而在另外一些人那里则可能是主流的。即使是在同一位思想家身上此一时和彼一时的所谓"主流"与"边缘"的思想体现又是不尽一致的。以前些年关于近现代思想史上究竟是激进主义占据上风还是保守主义占据上风的问题讨论为例,双方各执一词,没有谁愿意放弃自己的立场。而且这个争论就出自两位对中国近现代思想史研究有素的名家之手。其实,这也是一个激进主义和保守主义究竟哪一个属于主流,哪

---

① 葛兆光:《谁的思想史?为谁写的思想史?——近年来日本学界对日本近代思想史的研究及其启示》,《中国社会科学》2004年第3期。

一个属于边缘的命题。要知道，发生在章太炎身上的政治上的激进与文化上的保守如舟车之两轮，很难界定哪一个层面为主流或是边缘。

或许，我们的思想史研究者会说这里的主流与边缘主要是说"精英"思想和"大众"观念的关系。这就又回到了我们论及的上一个命题，这也是笔者最为焦虑的一个话题。如果我们承认一个时代有一个时代的中心的判断，如果我们愿意寻找"时代精神"史，那我们就有必要将所谓主流与边缘的地界涂抹。这里，笔者很不情愿提及一个包括我本人也很常用的词，那就是"互动"。一位论者为了给思想史研究注入活力，便有了这样的说法："有一点我们首先应当承认，精英思想与民众思想不是分离的，应当有一种内在的本质的联系。具体说来，精英思想是从前人、从同时代人、从社会生活中获取思想资源的。从同时代的人和社会生活中获取思想资源也可能就是从民众中获取思想资源。民众思想可能构不成理论体系，但它仍是精英思想取之不尽的源泉。同时，我们还要注意到，精英思想又是如何扩散、渗透和影响广大民众的。精英思想和民众思想有一个互动的关系。正是因为有了这样的互动关系，把民众的思想意识纳入中国近代思想史的研究领域，是可以成立的。"在这样的前提预设和逻辑推理下，思想史研究就要到"田间地头"，利用"田野调查"的方法来解决以前没有解决好的思想史问题。①笔者不知道一位思想史研究者一生要用多

---

① 梁景和：《中国近代思想史研究对西方思想理论预方法的回应》，载王中江主编《新哲学》第1辑，大象出版社，2003，第301页。

长时间去化解"长时段"状态下的"接触"工作;更不理解既然要对非主流的"边缘"人物进行"采访",何以还要"选择层次较高的民众"。笔者只是感觉到,"互动"的思想史研究法不但是对思想史主体性、独立性的消解,而且简直就是要让思想史这一学科从历史中消失。试问,这样标新立异的思想史研究究竟和社会史以及其他类型的"史"有什么质的区别呢?在这个意义上,如果硬要区分出思想史的主流和边缘,我还是倾向于"多研究些主流,少谈些'互动'"。如同下面我们将要论及的,无所不包的扩张其实正是自我消解的开始。

最后,在精英与民众、主流与边缘的数量和范围较量后就该是浓缩与扩张的"关系"紧张了。

一些思想史研究者认为,无论是古代思想史研究还是近现代思想史研究,边界的扩张势在必行,不然就难以以"新"制胜。当一些学者津津乐道于侯外庐先生的《中国思想通史》扩大了哲学史研究的对象时,笔者更多的不是欣赏,而是担心这种"扩大"背后的隐患。传统的思想史研究有"依傍"(哲学史)之嫌,当下的思想史则有"越位"(社会史)的企图。以至于有人将其总结为"上天入地"的学问:"两个具有代表性的观点,只是分别强调了思想史的两条边界,一条是向上的、通向哲学、形而上精神的世界;另一条是向下深挖的、通向社会的、形而下生活的世界。合起来,可以叫作'上天入地'。由此看来,思想史的对象有一个大致的范围,即在现今常见的哲学史和社会史之间的大片腹地,都可以是思想史家驰骋的疆场。当然,这种见解多少局限于现代学术的分野,即以承认现代学术形态的合理性为前提。"①我们知道,什么都可以成为自己领地的学科是不存在的。换言之,一味扩张的帝国总是要马失前蹄的。与20世纪90年代人文精神大讨论时的一个观点十分雷同——本来就没有什么人文精神又何谈失落(只是借用这个"套路"),如果我们思想史学科还没有堂堂正正的"合理性"地位,那又何以奢谈"驰骋"?

众所周知,思想史领地的开拓主要来自日本学者丸山真男等学者的真传以及葛兆光的借鉴。②但就是葛兆光这位深受其益且把国内学者招惹得心绪难平的思想史家近来的心迹袒露足以让一边倒的学者们止步:"思想史的这种观念和方法的变化,已经有可能把很多东西,过去不曾使用的东西,都变成自己的资料。但是,问题也随之而来,现在我自己也感觉很困惑的问题之一,是思想史如何确立自我的边界,不至于一方面入侵其他历史领域,一方面守住自己的国土。有人说,这样的思想史太庞杂了,不像思想史了,这我不同意,因为谁规定了思想史是什么样子和多大领地?但是也有人因此说思想史可以横冲直撞,这也恐怕很麻烦,因为无限扩张的结果就是消解自身。有人提出,可以叫思想文化史或文化思想史,究竟怎么办,我也还没有想清楚。"③对目前的

---

① 高瑞泉:《上天入地:思想史的边界与方法》,载王中江主编《新哲学》第2辑,大象出版社,2004,第276页。

② 丸山真男:《日本政治思想史研究》,王中江译,生活·读书·新知三联书店,2000。

③ 葛兆光:《什么可以成为思想史的资料?》,载王中江主编《新哲学》第1辑,大象出版社,2003,第296页。

思想史来说,确立自我的边界比盲目扩张要紧迫得多。固然,思想史的"样子"和"领地"没有人划定,也正因为如此,我们从事这项工作的人就有责任和义务首先圈定思想史的领地。这也是思想史这么多年来没有自我独立性和主体性的原因。无限制扩张的结果是,不但没有守住固有的领地,反而因为自我的膨胀失去了固有的地盘。正如笔者在与郑大华"关于近代思想史的研究方法"的学术对话中提出的那样:"思想史的研究对象和范围已经决定了其目的和方法的有机统一之关系。如果将思想史的研究对象和范围无限扩大和膨胀,以至于混同了它与社会史等学科的区别,那所谓的方法自然也就只能是'方法盲'的到来。这样不但不是给思想史研究注入了活力,相反倒是给思想史添加了麻醉剂。"①这还不是问题的关键,试问:面对一部"庞杂"的思想史,"天下何人还识君"?当饺子、包子、馄饨用一种"万能"馅儿包进去后,那它们三者的区别究竟在哪里呢?同理,现代思想史扩张的结果还能让我们将其与中国现代史、社会史分门别类地对待吗?领地不详、边界模糊、无所适从的思想史,尤其现代思想史,岂不就是毫无个性、任人打磨的"墙头草"?

## 三、重点:独立性和主体性之学科体系的确立

中国近现代思想史地位的确立一直是困扰和制约这一学科

---

① 张宝明、郑大华:《学术对话:中国近代思想史学科盘点之三——关于近代思想史的研究方法》,《郑州大学学报(哲学社会科学版)》2008年第3期。

发展的瓶颈,也是本文论证的重点,就近年来笔者研究中国近现代思想史的体会而言,尽管众说纷纭,但还是不能人云亦云,而是要从本学科的实际出发,在"不破不立"的原则下进行。

其一,思想史要"破"的是"扩张"说。笔者以为,思想史要获得独立的学科地位,目前首要的任务不是"扩张",而是与之相对的"收缩"或说"画地为牢"。无论是从内涵还是从外延抑或从方法上说,思想史都没有"扩张"的权力。从内涵上说,中国近现代思想史到底是什么的界定并不清晰;从外延上说,思想史的研究对象、立论范围不甚明了;从论证方法上说,思想史还没有达到如其他人文学科炉火纯青的地步。郑大华曾这样评价葛兆光的思想史研究成果,他说:"直到今天,学者们对中国近代思想史究竟应该写些什么,没有统一的认识。葛兆光提出思想史研究的对象是知识、思想与信仰,并据此写成两卷本的《中国思想史》。该书出版后引起学术界的较大反响,赞扬者有之,批评者也有之。但就书中所涉及的晚清部分来看,似乎不太成功,至少它没有给读者提供一个晚清思想史发展的清晰脉络。又有学者提出中国近代思想史是研究这一时期各种思想观念,尤其是社会政治思想新陈代谢的历史过程及其规律性。还有学者提出近代带有资本主义倾向和性质的思想、观念和主张是中国近代思想史研究的主要内容。如此等等,不一而足。"[①]这是思想史学者对思想史学者的批评,而且也是有代表性的学者间的"对话"。虽然这段话不长,

---

① 郑大华:《如何进一步深化中国近代思想史研究》,《光明日报》2005年1月25日。

但其中涉及的问题都是带有针对性的,而且涵盖了中国近现代思想史的研究对象、内容和方法等基本问题。也正是这段"对话"恰恰反映出思想史研究"深化"的艰难。在《如何进一步深化中国近代思想史研究》这篇带有宏观意义的"微作"中,郑大华提出了加强"思想史学科自身的研究"的设想:"中国近代思想史研究的主要内容就是研究各个不同时期人们围绕民族独立和社会进步所提出的思想、观念和主张,这些思想、观念和主张提出后对社会所产生的实际影响以及是通过什么样的途径对社会产生影响的,并总结其经验和教训,从中找出规律性的东西。"应该说,总结"经验和教训"和寻找"规律性"不只是思想史这一学科的任务,而且也是整个史学学科的任务。笔者以为,这个设想还是有待于朝着具有可操作性的具体化方向演变。对此,我们可以从已有的思想史论著中汲取足够的教训。以 20 世纪 30 年代写就的《近五十年中国思想史》为例,即使出版社声称"选粹",也还是不能让人信服它是一部中国近现代思想史的典范之作。①

其二就是近现代思想史要"立"的成分。这里包括了内在规定性和外在可行性两个方面。

就前者而言,思想史带有与生俱来的批判性。它要求研究者必须是保持心态独立的"自由"学者,而不是见风使舵的功利者。以近现代思想史上几个基本的命题而论,"改良"与"革命"的关系、激进主义和保守主义的关系、"新"与"旧"的关系都是中国近

---

① 郭湛波:《近五十年中国思想史》,人文书店,1936。

现代思想史没有处理好的关系论题。曾经,"革命"是唯一的价值标准,在政治气候的左右下,一味歌颂"革命"、批判"改良"的声音如日中天,"资产阶级改良主义"的帽子足以把社会渐进论者打入十八层地狱。显然,这样的思想史研究得出的结论是经不起逻辑推敲,也是经不起历史考验的。有幸而又不幸的是,这种情形到了20世纪90年代有了根本的改变,"改良"简直是"翻身"解放,一味肯定"改良"、"告别革命"者比比皆是。此情此景,"激进主义"也是每况愈下,"保守主义"则是行情渐涨。颉颃起伏的"思想史"俨然是政治气候左右下的骑墙者。看似相反的观点竟然都能成为思想史的"主流"或说"主潮"。显然,这样的思想史研究应该是思想史研究者引以为戒的。对此,笔者曾在20世纪90年代出版的《启蒙与革命——"五四"激进派的两难》中给予了充分的关注,并进而指出了"改良"与"革命"各有不可取代的功能,彼此不可互相僭越。[①]与批判性密切相关的思想史之内在规定性是其自身的吊诡("两难"或说"悖论"),这也是笔者研究中国近现代思想史的一贯追求。如果我们承认思想史研究是一门思辨的学问,那么我们可以说以思想家及其引领的思潮对时代的影响和种种困惑为前提的思想史研究才算是思想史学者走对了门。思想家不是圣人,更不是上帝,因此他们的思想及其所引领的思潮都不免带有这样或那样的偏执,而这样或那样的偏执又是与其所处的时代不可分割的,也是与其思想的价值不可分离的。我想,思想史

---

① 张宝明:《启蒙与革命——"五四"激进派的两难》,学林出版社,1998。

抓住了这个中心也就抓住了学科的本质。如果说思想史学科和历史学的其他学科有什么不同的话,思想的吊诡乃为其大要。①最后要说明的是,思想史研究还具有当代性的特点。思想史研究重视"思想"和"历史"的有机统一并不为过,但过分强调"历史"而忽视其作为一门学科的独立性和自主性并不利于其自身的成长与成熟。在某种意义上,当代性是近现代思想史研究之"个性"张扬的体现。一位以"近世"思想史研究著名的学者为中国近现代思想史研究提供了可资借鉴的路径:"思想史研究的意义还在于它与当代思想文化的讨论也有密切的关联。"②毕竟,思想史研究讲求的还是"过去"与"现在"的衔接、"新"与"旧"之间的因果关系。所谓在"诠释"基础上的"百尺竿头"——"提任"或"体验"——正是思想史"当代性"的另一种提法。③在内涵层面上,批判性、吊诡性和当代性构成了思想史学科内倾、自敛的基本诉求。就此而论,思想史研究不存在"改写"不"改写"的问题,关键还在于如何潜心打造。

就后者而言,思想史外延同样也需要一种内倾、自敛的基本诉求。鉴于上面已经有思想史内涵的"规定",笔者以为:思想史与哲学史的范畴比较起来,其领地不是更大,而是更小。哲学史重在解释"现象",而思想史则侧重于影响力或说"晕轮效应"。一

---

① 张宝明:《自由神话的终结——20世纪启蒙阙失探解》,上海三联书店,2002。
② 陈来:《中国近世思想史研究》,商务印书馆,2003,《序》第3页。
③ 方旭东:《以意逆志　于心得之——中国思想史研究法的省思》,《学术月刊》2004年第12期。

些主张"上天入地"的思想史研究者以为将"哲学或哲学史的思想史"以及社会学和社会史的方法统统纳入思想史就万事大吉了,其实不然。思想史现在需要的是"画地为牢",而非"地大物博"。为了更好地让它从交叉与边缘的近亲学科中剥离出来,譬如中国近现代文化史、中国近现代学术史、中国近现代政治史、中国近现代哲学史以及中国近现代政治思想史等,中国近现代思想史学科建设的第一要义便是圈定内涵基线下的"外延"。笔者以为,这个外延主要还是思想史的对象涉猎问题。具体地说,人文关怀及其外化是思想史搜罗的重中之重。这也是思想史为何在今天呈现出"一石三鸟"格局的根本原因。人文学科中的文学、史学和哲学不约而同地钟情于思想史,并害得它落个"一女三嫁"的恶名。当然,我们这样说并不是要反其道而行之,而是重在强调:从"文史不分家"到"文史也分家",思想史研究的内在质的规定性时刻制约着,也应该制约其外延的圈定。这就如同"向心力"与"辐射力"的关系,围绕着思想史内核的研究不但"神"不散,而且"形"也不散。①陈来的界定不无参考意义:"思想史要研究我们的前人对于自然、社会、人生、人心、知识、信仰的理解,研究他们表达或构成这些理解的概念、命题、体验、论证,研究文化的经典、对于经典的诠释以及各代人经由与经典的对话而产生的思想……研究这些思想内容才能帮助我们理解某一文化类型的理论思维特点,理解核心概念和价值对于文明的规范性作用,理解文明整体和文化传

---

① 张宝明:《从文学史到思想史》,《社会科学报》2004年8月26日。

统的特质。"① 尽管这些说法尚显抽象,但它们至少在当下能够缓解中国近现代思想史研究之"杂乱无章"的压力。

毋庸讳言,思想史学科建设的独立性和主体性不可能一蹴而就,也不可能由一人之手炮制出一个人人赞同的方案,但就压缩编制、凸显个性的预设而言,这或许是对正在苦苦寻求思想史学科路径同人的一个切实回应。

## 四、基点:问题意识是思想史研究的根本

问题意识既是我们思想史研究者最基本的出发点,也是归宿点。问题意识如同"行船的方向","行船不定方向,若一味盲目的努力,向前碰在礁石上,向后退回原路去都是不可知的"。② 如果没有锁定问题的学术意识,那么我们的研究工作就会像一只在茫茫大海中漫无目的漂流的小船,变得可有可无。③ 同样,回归到学术研究上面,问题意识如同花果树上的"根"与"藤"。由此可以花开数朵,结出"数果"(硕果)。正如耿云志所说:"我们应当不断增强问题意识。问题是思想的启动器,没有问题就不会引发思考。所以,问题意识非常重要。善于提出问题的人,也就是善于思考

---

① 陈来:《中国近世思想史研究》,商务印书馆,2003,《序》第3页。
② 陈独秀:《主义与努力》,《新青年》第8卷第4号,1920年12月1日。
③ 胡适:《一个防身药方的三味药》,载欧阳哲生编《胡适文集》第12卷,北京大学出版社,1998,第635—636页。

的人。一个没有问题意识的人,所见材料再多,却看不出材料的意义,看不到材料之间的内在联系,也就形不成任何思想。这样,材料对于他们便成没有意义的东西了。"①崔志海更是认为问题意识"是思想史研究的源头活水",能够"让思想史研究永葆活力",在他看来,问题意识之所以特别重要,这"完全是由思想史本身的性质所决定的",因为"它所探讨的问题都应属于形而上的范畴(在笔者看来,这是思想史研究不同于其他学科的一个重要的界限),这就要求思想史的研究不能停留在纯客观的描述上,同时还需要阐释。而阐释就要求研究者主体必须有深刻的问题意识。没有问题意识,就意味着研究者本身没有思想;而一个自身没有多少思想的人研究思想史,其最后的成果会是怎样一种状况,这是可想而知的"。②笔者非常赞同崔志海的观点。思想史有文学思想史、哲学思想史、史学思想史等等,思想史学科作为一个集大成的高端交叉学科,问题意识是构建这一学科体系的支点。

另一方面,问题意识也可以化解思想史学科与其他学科之间的冲突。前面提到,不主张思想史学科独立性的丧失,而且也不主张思想史学科无边界的扩张,要潜心打造具有独立性和主体性的中国近现代思想史学科体系,但是这绝对不意味着思想史研究者就可以墨守成规、故步自封,否则就会有人为制造学科壁垒之

---

① 耿云志:《中国近代思想史研究的对象及发展的五个条件》,《吉首大学学报(社会科学版)》2005年第1期。
② 崔志海:《问题意识与中国近代思想史研究》,载王中江主编《新哲学》第1辑,大象出版社,2003,第304-305页。

嫌。这样的结局如同传统中"老死不相往来"的狭隘小农意识。不难想象,在狭窄的格局里坐井观天、闭门造车,又怎能和开放对话的系统比肩。必须看到,史学、文学、哲学以及心理学、人类学等学科在某种意义上都可以称作"人学"。问题意识是这些人文学科难以截然泾渭分明的原因。一部人类文明史就是一部人类认识自我的历史。作为人类认识自我之工具的文、史、哲与社会科学门类,它们将"他者"对象化的同时,其实也就是实现人文关怀的过程。对一个人文知识分子来说,我深信学术良知比启蒙本身更重要。人文学科的意义可以用一句通俗歌词来表达:"请让我去关心你,就像关心我们自己。"如果有了问题意识,我们所谓的学科也就没有了"各扫门前雪"的"怒目而视"。换句话说,只要有利于问题的解决,无论是哪一个学科的"专利"都可以援用过来。我们一切的工作都是围绕解决问题这个中心开展的,假如文学的问题用社会学或其他方法解释得更准确、更有力量,我们思想史工作者为什么要舍近求远抑或庸人自扰呢?

# 中国思想史学科主体性问题的再思考

在思想史研究成为学界热点学术话题之际,思想史书写的学科主体性仍是值得我们深入思考的学科命题。从学科意义上说,中国思想史的研究应该有独特的视角和立足点。就目前学界的情形看,从内涵上说,中国思想史到底是什么样的界定并不清晰;从外延上说,思想史的研究对象、立论范围不甚明了;从论证方法上说,思想史还没有达到如其他人文学科炉火纯青的地步。鉴于此,需要对思想史书写的学科主体性做出进一步的分析和研判。

思想史书写的学科主体性一直是学界关注的话题,但直到现在,思想史学科的主体性尚未得到厘正,其学科标准和研究规范依然有待讨论。就目前思想史领域的研究状况而言,论及思想史的学科主体性很容易陷入关于思想史研究对象的争论中。诸如梁启超、胡适、钱穆、冯友兰、侯外庐、张岂之等前辈的探索虽然没有更多理论阐述和学科厘定,但他们的诸多论著已经成为后来学者借鉴的经典文本。撇开这些具有尝试或者说开创意义的思想写作范例,我们不妨重点回顾一下当代学者关注的热点问题。在一些学者看来,"中国思想史是研究中国人思想观念及其存在结构演变过程的学科"①。这一类说法应该说占据了思想史研究的主场。但如果细说起来,还有更多的疑点需要进一步追问。究竟是人的哪些"观念及其存在结构演变"可以纳入思想史研究的视野?鉴于思想史研究领地或者说对象与生俱来的模糊性给学科边界带来的困扰与日俱增,于是也就有了该领域同人乐此不疲的学术争论。在耿云志看来,思想史研究的对象应该以精英为主体;②在葛兆光那里,则有借重社会史的倾向,更加注重民间与社会底层的活动;③还有的学者认为思想史"研究对象有界无边",可以不受"任何一种学科藩篱的限制,同时又向一切学科开放",是一个十足的、覆盖一切历史现象的"超级学科"。④鉴于此,从事这一领域研究的同人们很容易将其研究对象与哲学史、史学史、

---

① 蒋广学:《论中国思想史的研究对象》,《江苏社会科学》2000年第3期。

② 耿云志:《中国近代思想史研究的对象及发展的五个条件》,《吉首大学学报》2005年第1期。

③ 葛兆光:《道统、系谱与历史——关于中国思想史脉络的来源与确立》,《文史哲》2006年第3期。

④ 张分田:《大力弘扬思想史研究所固有的开放性——关于中国思想史学科定位问题的若干思考》,《天津社会科学》2008年第3期。

学术史等学科的划界牵扯进来并旧事重提。譬如有的学者就针对这一命题再添新枝:"问题的微妙之处不在于史学与哲学各自功能的差异,而在于某些模糊不清的'哲学史研究'或'思想史研究'",思想史在这里被看作了"史学与哲学之间的灰色地带"。①因为学科的交叉性,从事思想史研究的学者有哲学史、学术史及社会史等不同知识背景和学术路径,有学者指出"从哲学史角度切入中国思想史这一路,由于获得西方哲学的支持,对自己的研究对象逐渐获得清晰的认识","但从学术史、社会史角度切入中国思想史研究的两途,在这一问题上则缺乏系统的探讨和认识不足"。②在多学科的勾连萦绕之下,各成体系、缺少对话的思想史何以成为一门学科,正是这一问题的特殊性和凸显性引发了张岂之、耿云志、葛兆光、欧阳哲生、张荣明等诸多学者对思想史学科建构问题的关注和探讨。对此,笔者也曾以"改写"还是"打造"为题,撰写过一篇关于中国近现代思想史学科体系的小文③,其中对思想史尤其是近现代思想史学科的主体性提出了自己的浅见,今天看来如何建构思想史的学科规范、提升思想史的学科主体性,依然是思想史研究的重要课题。

---

① 张荣明:《近百年中国思想史研究探索与反思》,《西北大学学报(哲学社会科学版)》2009年第3期。

② 欧阳哲生:《作为一门学科的中国思想史研究》,载傅光明主编《在文学馆听讲座(1)·文学的风景》,青岛出版社,2008,第204页。

③ 张宝明:《重新改写还是重新打造——关于建立中国近现代思想史学科体系的思考》,《天津社会科学》2005年第4期。

## 一、作为学科的"思想史":何为思想史的主体性?

中国思想史研究自诞生以来就备受学界关注,不但出现了梁启超、胡适、侯外庐、钱穆、蔡尚思、张岂之等思想史大家,也是当代文学、史学、哲学等各个学科学者竞相转向躬耕的学术领域。与此形成鲜明对比的是,按照现行学科分类,中国思想史是划归历史学专门史的"三级学科",可以说思想史是历史学的学科体系下的边缘学科,同时也是与经学、法律、政治、经济、美学、哲学、宗教等不可分割的交叉学科。思想史研究与多学科结合,乃是思想史研究的生命力所在。但同时需要注意的是,思想史作为学科必须有学科的主体性。面对文史哲不分的学术传统,思想史在研究对象、研究内容、学术边界等问题上始终含混不清,更难与同样以中国传统学术为研究对象的哲学史、学术史等学科厘清关系。当然,强调思想史的学科主体性不是不要交叉,更不是画地为牢,而是基于思想史学科质的规定性做出的判断。虽然思想本身没有学科,但是思想史有自己的必要设定(无论是内涵——质的规定性,还是外延——边界意识)。它需要同哲学史、社会史、学术史等"剪不断,理还乱"的相近学科进行区分比较。

一是要做出相对于哲学史的界定。晚清以降,中国的知识、思想和观念都被纳入西方学科知识体系下进行重新观照,并由此催生了第一批哲学史著作。例如谢无量的《中国哲学史》、陈黻宸的《中国哲学史》、胡适的《中国哲学史大纲》等。此中,胡适《中国哲学史大纲》的题写推进了中国学术从传统到现代的转型,成为一种学术典范,直接影响了冯友兰等后学的哲学史写作。但后来胡适又将《中国哲学史大纲》改名为《中国古代思想史》,显然对之前的哲学史书写有了自我反思,他也逐渐意识到"哲学史"和"思想史"是有区别的。在胡适看来,"哲学"是西方学术传统中一门很重要也很严肃的学科,重视"知识论"和"逻辑方法"等抽象演绎的形而上的知识,而中国古代的思想史具有强烈的实践性,表现出明显的经世特征,而不太重视"知识论"和"逻辑方法",因此胡适所书写的与其说为"中国哲学史",毋宁说是"中国思想史"。如果承认哲学史关注的是"知识论"和"逻辑方法"等形而上的知识,那么中国古代有很多思想问题很难纳入哲学体系之中。"思想史"是历史地研究思想的发展,它主要研究某一历史时代物质条件和社会背景是如何影响和决定一个人、一个学派、一个时代思想的。

二是要做出相对于社会史的分野。以社会史理论方法来阐释思想史,可以拓宽思想史研究的视野。侯外庐的《中国思想通史》写作开创了思想史与社会史相结合的研究路径,它以社会经济结构的分析为基础,又补充了当前社会史研究的新成果。侯外庐在回顾思想史书写问题时指出:"把社会史和思想史有机地结合成一个系统进行研究,我认为是一个合理的路径。"① 侯外庐把社会史与思想史进行结合研究,成为中国思想史研究的典型范式

---

① 侯外庐:《韧的追求》,生活·读书·新知三联书店,1985,第118页。

之一。当然,侯外庐的思想史结合社会史的研究不是当下学界所讲的社会史路径,而是依据马克思的唯物史观进行阐述的社会发展史,意在挖掘中国社会历史发展的规律,在思想史研究中丰富对马克思主义的认知。与此形成鲜明对照的是葛兆光的《中国思想史》,葛氏打破了学界精英化的思想史书写范式,试图将民间的知识、思想与制度纳入思想史视野,从而将思想史与社会史的结合推向一个新的维度。但必须看到,思想史与社会史的分野也是存在的。思想史作为一门历史学科,突出强调其历史性和思想性的重要一面。思想史要研究一定社会历史时期的"社会思潮",但社会史强调结构性与功能性问题,葛兆光的研究已超出思想史研究的藩篱,进入社会史的范畴。

三是要明晰学术史与思想史的差异。在中国传统学术脉络中,只有经学史、学术史等名目,而没有"思想史"的说法。学术是专门化、系统化的学说与方法,中国学术史研究源远流长,它考察历朝历代有代表性的学术成果,评析各个知识领域知识精英的思想学说,历史地呈现各种学说延续的源流与脉络。与学术史相较,中国学界的思想史研究是在西方学术思潮影响下逐渐兴起的,它虽然也关注历史中知识精英的思想学说,也有类似学案体的思想史研究成果。但整体来看,思想史研究更偏重考察思想学说与现实社会的互动关系,重点探讨思想学说在历史语境中如何传播扩散进而作用于社会发展进程的问题。

就思想史、哲学史、社会史、学术史等学科而言,尽管各自的问题意识与学术关怀有很大差异,但都凭借各自的知识理路试图探寻人类历史发展的逻辑规律。同时必须看到,它们按照各自的知识理路对历史发展规律进行阐释分析,都不可避免地选择适合各自学科理路的论证材料,形成自圆其说的"真理"。这些所谓的"真理"并没有放之四海而皆准的解释效力,因为学科区隔,它们只能呈现某种角度的历史真相,只能钩沉某个层面的逻辑规律。需要清楚的是,没有学科的边界意识就没有所谓的专业化。思想史的专业化过程就是一个边界明晰的过程。可以成为思想史研究内容的很多,但并不是所有的问题在任何时候都属于思想史的学术范畴。有些问题偏向于哲学,那么从理论上讲,它可能就不是一个典型的思想史研究对象。在与哲学史、社会史、学术史三者比较的基础上,我们要进一步确定"思想史"的自我定义。思想史不是简单的 intellectual history,也不是所谓的 history of idea。与此同时,还要看到,思想史的"史"不单单是历史的"史"。文学、哲学、史学都是一门学科,将思想史的"史"简单说成是一种历史书写,就将这门学科简单化了。在一定意义上,笔者更倾向于将思想史看作思想(史)学,即一门如何思想的学问。譬如阅读史、人文史中的"史"显然就带有"学"的成分。当然,这里就包含了思想是什么,以及思想从哪里来、到哪里去的命题。进一步说,思想史(学)的主体性,既包括了内涵,也包含了外延。思想史的任务是既要研究"历史的思想",也要研究"思想的历史"。具体到思想史的书写,也就有了研究方法和体例的与众不同。思想史同样应该具有自身的基本理论、术语、解释框架、个案研究、史料分析技术、文本解读方法等构成的复杂的知识系统,并通过这一知识系统确立自身的相对清晰的边界。在这些方面我们已有不少积累,但真正要把思想史学科的主体性体系构建起来,还有更为耐心、细致的梳理工作要做。

## 二、以问题为引擎:思想史研究的学术对象

晚清以降,分科治学的理念在中国已经走过百年。这种理念推进了中国知识教育的发展进步,但同时也因分科太细导致中国学人在学术研究中出现片面性、壁垒性、遮蔽性等问题。有感于分科治学的负面作用,部分学者开始倡导淡化学科意识、强化问题意识,笔者也曾撰文支持这种观点。①但同时需要注意的是,学科意识与问题意识并非完全对立的存在。学科性学术和问题性学术从来都是相辅相成的。在笔者看来,思想史想要打造学科的主体性,恰恰需要以问题意识为引擎。思想史学科得以成立,恰恰需要有较为自觉和集中的学术问题存在,需要以学科化的方式来提出问题、确立问题、展开问题、回答问题,形成分门别类的问题域。但是,这一问题域至今并没有明晰的界定,更没有得到思想史研究者的共同确定。据《八十年来史学书目(1900—1980)》统计,书名中含有"中国思想史""中国思想发展史"等关键词的著作有八九种,加上张岂之的《中国思想》、李泽厚的《中国思想史

---

① 张宝明:《问题意识是学术本土化的根本》,《社会科学报》2005年6月23日;张宝明:《问题意识:在思想史与文学史的交叉点上》,《天津社会科学》2006年第1期。

论》、葛兆光的《中国思想史》,以及《中国政治思想史》《中国科技思想史》等专门思想史,有关中国思想史的著作已经形成一定的数量与规模。阅读这些中国思想史著作,我们会发现著述者将中国历史中各种思潮、学派、人物、著作、思想等都纳入考察视野。这也恰如思想史书写的先行者钱穆所指出的:"每一思想家之生卒年代及其师友渊源,生活出处,以及时代背景,均为研究思想史者必须注意之项目。"①钱穆对思想史内容的界定脱离了哲学知识逻辑的禁锢,将思想史书写带入知识的海洋和思想的江河中。从事思想史研究的学者,如何在知识的海洋和思想的江河中寻得渡江过海的舟楫呢?问题意识或许就是我们苦苦寻找的渡江过海的舟楫。

学术研究要以问题意识为引擎,这是学界可以达成的共识。如果我们承认问题意识是思想史研究的对象,那么随之而来的问题是:思想史写作的问题意识如何打捞和提取呢?思想史问题选择的独特性在于:根本还是"思"与"想"的问题。每个历史时代都有自己的时代命题,面对时代命题,每个思想家都有自己的回应与解答;面对历史中思想家们的回应与解答,后来的思想史书写者有着不同的价值研判与书写选择。这种价值研判与书写选择所要回应的问题是:思想家如何处理个人与自我、与他者、与社会、与国家、与世界的关系,以及思想家的思想观念在历史发展中处于何种位置。这也是各种思想史书写都会论及个人、国家、社

---

① 钱穆:《中国思想史》,九州出版社,2012,《例言》第11页。

会之关系的原因,而不同的关系处理和秩序评判导致了思想史书写的差异性。思想史研究的对象是过去,但思想史研究的问题意识却是以当下激活过去。在"过去"和"现在"之间,思想史学家要通过"现实"的中介进行问题转换,架起一座会通心灵的桥梁,这是思想史学家理应承担起的学术担当。与其他历史研究相较,思想史研究看似关注前人思考的经验、方法和理念,其实更重视历史对现实的观照价值。"未来如同历史"①,马克斯·韦伯的这句话一直是笔者从事思想史研究的内在动力。写思想史不是玄而又玄才好,不是故作深沉就妙,它必须具有活生生的人文关怀:批判性、主体性、前瞻性,应该是思想史写作的基本理念和原则。"思"是面对现实而发,"想"是具有前瞻性的考量。思想史的书写,需要再现过去,但再现过去不是为过去而过去,而是为了观照现在,映照未来。回眸历史的意义是什么?难道是为了在历史的废墟上自说自话?抑或是在尘封的记忆中寻找惨不忍睹的创伤?历史已经"死亡",它本身已经不具有意义,关键是我们要赋予它意义;历史已经"过去",它已经无法复制,关键是我们要在再现"过去"的同时激活当下、映照未来。

但要知道,问题意识有时是朦胧的,所要探讨的问题也是从千头万绪的历史现实中抽绎出来的,并非依靠单一学科便可以阐释清楚,只有借助多个学科的知识才能予以纾解。在这个意义上,思想史研究者既要有学科主体性,同时又要对现代学术研究

---

① 蔡少卿主编《再现过去:社会史的理论视野》,浙江人民出版社,1988,《序言》第 4 页。

的多元范式持开放的态度,努力把学科意识和问题意识结合起来。相对于在知识逻辑的框架中进行思辨的哲学史研究,思想史研究要求研究者在关注历史上的思想问题时不忘关注社会现实问题。思想史研究并非简单的思想论述,因此不能脱离历史的脉络和社会的结构,在保持问题意识的基础上实现与相近学科的融合,方能不断催生新的学术生长点。把思想问题置于历史的脉络和社会的结构之中,就不能依靠简单僵化的学科条块来认知分析,就势必需要借助一种跨学科的知识视野和理论工具,例如,思想史与文化史、思想史和学术史的结合,以多学科的交叉研究深化思想中问题的探掘。回到本题,面对那么多"剪不断"的细枝末节,我们该如何化解呢?在笔者看来,只有回到问题本身,才能走出这样一个"理还乱"的尴尬局面。正如笔者在分析思想史与文学史之关系问题时所谈到的:"问题意识如同树的'根'与'藤',由此可以花开数朵,结出'数果(硕果)'。我们从事学术研究者可以根据兴趣各摘一枝,也可以独占花魁,一手多拥。同时也必须清醒地看到,从事文学与思想史研究的学者之学术路径可以各领风骚,但在打通学科壁垒的同时,还要有相应的尊重'这一个'个性自由、自主意识。思想史可以为文学史撑腰打气,但它却不能越俎代庖。学者可以兼做文学和思想史两类学科的学术研究,但这并不意味着两者不分彼此甚至合二为一。"①从文学史与思想史关系再回到思想史学科的周边地带,如果按照传统的套路,还可

---

① 张宝明:《问题意识:在思想史与文学史的交叉点上》,《天津社会科学》2006年第1期。

以细分为政治思想史、社会思想史、经济思想史、军事思想史、民主思想史、自由思想史,等等。如果我们明白了思想史的主体性,就不难回答它与其他学科的区别。鉴于它与哲学史、社会史的近亲关系,我们要说的是,它既不是抽象的形而上的学问,也不是具体的形而下的学问。思想史就是用历史的方法来研究思想。这不是一种一般意义上的历史学科当中的思想史研究,因为它的目的可能不在于历史,而在于思想。

## 三、以文本为本文:思想史研究的学术方法

思想史研究要以问题意识为引领,便意味着它不是抽象的思想演绎和理论推导,而是处于历史脉络与社会结构中的问题式探究。历史研究者以历史为研究对象,然而历史已经消逝,研究者不能回到历史现场去观看历史发生时刻的真实场景,而想要还原历史真相,研判历史的是非曲直,就不得不借助历史遗留的史料文本。自从胡适、傅斯年倡导实证史学以来,"用史料说话"已是历史学界众人皆知的学术准则。以此来观照思想史研究,逝去的思想历史也无法自动呈现出来,不会成为思想史研究者的直接研究对象,思想史研究者面对的也只是大量的思想史资料。

这些思想史资料是由浩若烟海、形形色色的文本组成。我们借助这些文本回到历史现场,同时这些文本也是指引我们走向本文、寻找本文的桥梁与凭借。需要说明的是,历史上的文本非常多,并非所有文本都可算作思想史文本,例如,历史上的公文文

本,乃是政治史研究的内容;流传于民间的歌谣等文本,则是文学史的一个资源依托;表层生活的林林总总,又是社会史研究的主要取法对象。唯有知识或说文化精英的文本,才是思想史的根据。思想家借助语言、逻辑和文本进行思考,历史上留存下来的文本中包含着以往思想者对历史的感受、对问题的经验、对未来的思考。这使得个体的思想文本置于整个思想历史的问题脉络之中。在某种意义上,笔者更倾向于思想史的书写主要是精英流向的叙述。

思想史的研究方法是多元的,可以使用传统的历史分析和逻辑分析,也可以借用社会学、政治学、阐释学等理论方法,但这些方法都必须建基于大量的思想史文本的分析。正是在这个意义上,笔者将思想史研究的方法简约为"以文本为本文"。"以文本为本文",这句话听起来拗口难懂,这里可借用语言学家索绪尔的"能指"和"所指"理论加以解释:"本文"相当于"所指"(事实、存在),而"文本"相当于"能指"(语言、符号)。在现实生活中,人们容易远离事实存在(本文)而针对语言符号(文本)发起议论甚至形成激烈争论。①从思想史视野来思考"文本"和"本文"的关系,我们可以以此作注:从事思想史研究首先要探究的是历朝历代思想家的"思想",但思想本身是看不见摸不着的,我们只能借助留下来的大量承载"思想"的史料进行打捞钩沉。此处,史料就是文本,而思想就是本文。文本是我们走向本文的一种工具,思想史

---

① 参见徐新建:《寻找"本文"》,《文艺研究》1997年第1期。

料也是我们借以触摸古人思想的一座桥梁。思想史,无论中西,也无论古今,在笔者看来都是关于"注解"的学问。我们常说的一部西方文明史或思想史,无非都是对苏格拉底和柏拉图思想注解的历史,这个表达已经包含了这个意思,中国也不例外。思想史书写是围绕思想文本展开各式各样的书写阐释活动。"解释历史"与"还原历史"向来是历史学家的两条基本学术路径,两者需要一个相辅相成的互动。但在思想史写作上,"解释历史"比"还原历史"更重要。在学术思想上,我们反对"过度的阐释",但这不等于阐释的多余。尤其是对思想史学科而言,其个性和主体性在根本意义上还是流布在"还原"基础上的"阐释"。思想史不是不要考据,我们强调的是在"学术"考据上的进一步升华。因此,前者是基础,是前提,是铺垫。正是在这个意义上,缺少扎实的文本考证,不能撑起"思想史"的厚度和凝重,也就难有思想史应具备的说服力。反过来也一样,无论思想史的支撑点或说材料支柱如何牢靠、坚固、厚重,如果没有思想家抽象的思辨、价值的提炼、理论的分析、深度的梳理,就不会有思想史的闪光点和兴奋点。毕竟,历史发生过的一切(史料)是共性的"存照",是一个尘封的固定范式,所有研究思想史的人都会以此为蓝本进行"知识考古""谱系梳理",只有以不同的思想史视野和研究方法进行行文立论的思想史学者,才会写出个性鲜明、绘声绘色的特色之作。

  以文本作为中心的思想史研究,必然会提出"本文"的要求。阐释思想,还原历史,是历史学家的一门基本"技艺",此中关联着正确理解文本的问题。这就决定了思想史必须以"文本"为主体进行主题书写和深描,也就是以精英思想为主线生发开来。思想史研究应注重精英思想的来龙去脉,其中包括对个案、"文本"、群体等的考察和分析,而民众观念史无论如何也难以成为地道的思想史。要知道,即使后来被认为是民间文化的代表的"巫",在古代也是属于知识分子范畴的"精英"人士。所以,我们强调思想史的社会性的时候,千万不可将"巫"的思想简单看成底层社会思想,更不能代替思想史书写。我们只能说,精英的思想表达来自现实社会,当其浓缩成文时,则是少数精英分子的选择和表达了。与民间社会的知识、观念和信仰相较,精英思想家的思想文本能更准确捕捉历史发展的思想脉动,能更有效回应时代前沿的思想命题,由此精英思想家的思想文本也成为探测一个历史时代思想肌理的最佳材料。思想史研究注重分析一个时代与另一个时代之间思想的勾连、演绎与差异,对历史事件的研究也不能离开思想"脉络"来分析历史"文本"。譬如解读五四学生运动,历史学科将其视为历史事件考察其发生的显见的前因后果,而思想史研究要求我们穿过学生运动的事件表象进而分析新文化运动引发的思想革命,不但要审视当时思想先驱发表了何种观点,回答了何种思想命题,而且要将其放在中国思想史脉络中去理解,考察这些思想讨论如何改变了青年群体的社会认知和思维方式,如何改造了个人、社会、国家之间的传统思想格局,从而将五四学生运动作为思想史事件放置于历史与时代之纵横交叉的坐标上加以审视。

我们在进行思想史研究时还需要注意:同是思想史,在以"他山之石"攻玉的同时,切忌丧失主体性,沦为完全意义上的西方的框架。要知道,西方主智,中国主德。只有这样才算是在本土话语背景下接地气的思想史。正是在这个意义上,在文本中寻找本文,也要反对任何理论方法导致的扭曲解读,从史料而不是从理论出发,以史料为依据重现历史思想的原貌及其发展脉络。正如钱穆所言:"治史者先横梗一理论于胸中,其弊至于认空论为实事,而转轻实事为虚文。近人每犯此病。"[①]之所以如此强调,是因为现在学界援引的理论多是根据西方史实总结提炼出来的地方性知识。这些理论有时是思想史分析的凭借,但有时也是我们寻找"本文"的障碍,"我们该从中国思想之本身立场来求认识中国思想之内容,来求中国思想本身所自有之条理组织系统,进展变化,与其派别之分歧。此始成为中国的思想史"[②]。问题的焦点也是难点,在于同样是注解,思想史与哲学史、文化史、政治史等不一而足的"史"有何不同?如果过去我们说社会史是在历史学和社会学的交叉点上,那么思想史就是在以问题(意识)为导向的文化史和政治史的交叉点上。这里,笔者更倾向于它是历史哲学的近亲。在此,存在着多维度的对应与重叠。形而上与形而下、朝(官方)与野(民间)、学术与政治等的整合直接决定着思想史的张力或向度。

---

① 钱穆:《中国历史研究法》,九州出版社,2012,第139页。
② 钱穆:《中国思想史》,九州出版社,2012,《自序》第8页。

## 四、道统·学统·政统：思想史学科主体性的另一面

就中国思想史的研究和书写而言，确立了本土话语和体系后，一个基本的框架也在"他者"的观照下确立了基本范式。这个基本范式就是思想史学科主体性的另一解读：思想的独立性。只有独立地思考，才能具有批判性、前瞻性和当代性。为此，就有必要厘清道统、学统和政统三者的关系，不然就会与政治思想史、学术思想史纠缠不清。之所以要着重分析中国思想史上的道统、学统和政统，乃是因为这三者的融会贯通是中国思想史的主脉。思想史就是思想学的通约或说约定（俗成）的表达。思想史上的每一次论争、每一个文本的出现又无不渗透着人类何去何从的哲学思考，贯穿着个人、国家、社会之关系的思想阐述。若要了解一个时代，则要洞悉身处那个时代的思想家，因为他们是反映时代风气最为重要的象征。思想史书写仿佛在中国传统中寻找可以称为"思想"的资源。"思想"尽管看似只属于上层精英的思维层面，但知识精英在道统、学统和政统的架构下去传播实践思想理念，也就成为民间文化的知识投射。从思想家个人的思想到知识精英群体的行动，知识、伦理和政治便紧密联系起来，知识精英的学理知识和普罗大众的公共事务也便联系起来，思想也不再是高高在上的抽象概念，而是具体可行的现实实践。正是在这个意义上，笔者不同意舍弃精英思想去书写民间思想。思想史书写尽管可以将民间知识、思想、观念纳入考察视野，但其主脉依然是精英

知识分子的思想文本和精神统绪。

阅读梁启超、胡适、侯外庐、钱穆、蔡尚思、张岂之等大家的思想史著作,他们在思想史书写实践中,不可避免地追溯思想传统,同时内蕴着一种发掘精神资源以为当代重新树立"统绪"的理念。中国知识精英的精神"统绪"蕴含着道统、学统、政统等多元内容。道统、学统、政统的概念并非自古有之,道统是由唐朝韩愈提出、南宋朱熹系统阐释的概念,学统、政统是当代学者牟宗三因应西方科学、民主提出的概念。①道统、学统、政统概念虽然晚出,但其精神统绪是可以触摸的历史存在。依据学界的研究,道统是指以儒家为主的价值观传统及与之相关联的思想体系;学统是指以儒家为主所传续的知识和教化体系;政统是指稳定存在的政治形态及政体的发展与延续。②此中,道是价值观念,学是知识体系,政是政治形态,道统、学统、政统各成体系,但又紧密相连,既是构成古今精神传承的思想史主脉,也是打通上下思想沟通的社会性场域。这显著体现在自古至今中国知识人一以贯之的"内圣外王之道"。冯天瑜梳理中国的道统、政统、学统问题时将其追溯到中华元典文本:中华元典的"伦理-政治"型学说体系,包括内在的人

---

① 牟宗三以容纳希腊传统的"知性主体"来界定学统,以肯定民主政治的政体发展来界定政统。这一"学统""政统"理念受到广泛质疑,学统、政统概念在使用过程中也突破了牟宗三的狭义设定,更多指代中国思想史中固有的学术传统和政治传统。参见牟宗三《生命的学问》,三民书局1997年版,第61页。

② 郑红晓:《道统、学统和政统话语体系的当代诠释》,《华北电力大学学报》2019年第6期。

的主观伦理修养论和外在的客观的政治论这样两个彼此联系着的组成部分,前者被儒家发展为"仁学",或"内圣之学";后者被儒家发展为"礼学",或"外王之学"。在孔子那里,这两个侧面还浑然统一在一个体系内,他主张"学人事"的"下学"与"达天命"的"上达"彼此系于一线,"下学而上达",不应相互割裂。①在中国传统社会里,"道统"基本上是以"内圣"为核心的,需要不断地学习实践才能够达成,而"政统"则是以"外王"为原则的,需要在治国理政的现实实践中不断完善提升。"道统"从个人自律出发,追求个人德行修养以实现"内在超越";而"政统"基于社会他律原则,追寻"外在规范"以维护政治秩序。无论是道统还是政统,在实现路径上都无法绕过知识精英所掌握的学统,解读道统、政统与学统之间的逻辑关系还需回到最初的元典文本《大学》:"古之欲明明德于天下者,先治其国;欲治其国者,先齐其家;欲齐其家者,先修其身;欲修其身者,先正其心;欲正其心者,先诚其意;欲诚其意者,先致其知,致知在格物。物格而后知至,知至而后意诚,意诚而后心正,心正而后身修,身修而后家齐,家齐而后国治,国治而后天下平。自天子以至于庶人,壹是皆以修身为本,其本乱而末治者否矣。"②无论将其归结为政治哲学还是将其说成是社会理想,孔子那由"圣人"而为"圣王"的士人情结还是清晰可见的。中华元典精神中蕴含的"内圣外王之道"就是这样一种代代相传的包含着道统、学统、政统的精神统绪。中国传统士大夫的情怀以

---

① 冯天瑜:《中华元典精神》,上海人民出版社,1994,第269页。
② 朱熹注《四书集注》,王浩整理,凤凰出版社,2008,第4页。

及后来的知识分子情结无不是圣贤经典点化的结果,而这种一以贯之的情怀、情结都是思想史书写无可回避的内容,也是讨论思想史必须关注的问题。

从古代到现代,中国思想家借用的概念可能会有变化,但挖掘其思想肌理,也有着隐秘的统绪传承。以"内圣外王"来观测中国道统、学统、政统的演进,去审视中国近代学问家、思想家、政治家、革命家的思想实践,大多走了一条由超越到回归的道路,最终皆以伦理上的"个人"为"永恒真理服务","为公众幸福不惜一死"所淹没和终结。"五四"启蒙先贤采取的"取一否一""不塞不流""不止不行"的"打倒""决裂"激进方式实在是出于对传统根深蒂固的思想情结的嫉恨心理。①凡此种种,在启蒙者和士大夫这些所谓的新旧知识分子之间,不过是名词的转换,他们有着千年一线牵的道统、学统、政统,修身、齐家、治国、平天下就是"铁肩担道义"和"内圣外王"的打通与转化的媒介。当然,思想史家归根结底不是要梳理、确证道统、学统、政统的精神统绪,而是以此为主脉顺藤摸瓜去探讨问题,因为思想史本质上还是质疑既有的思想史叙述,去反抗或抵制种种惯常而非正确的历史书写,去呈现思想史的多样形态。

从学科意义上说,中国思想史的研究应该有独特的视角和立足点。无论是古代思想史的写作还是近现代思想史的研究,无论是研究对象还是研究范式,都是以思想家的思想为主体,从思想

---

① 张宝明:《新文化元典与现代性的偏执:五四启蒙精神与"内圣外王"思维的吊诡》,《郑州大学学报》2004年第4期。

家的思想变化、影响入手来撰写思想史。就目前学界的情形看,从内涵上说,中国思想史到底如何界定并不清晰;从外延上说,思想史的研究对象、立论范围不甚明了;从论证方法上说,思想史还没有达到如其他人文学科炉火纯青的地步。鉴于此,需要对思想史书写的学科主体性做出进一步的分析和研判。当然,以上仅是笔者个人从事思想史研究经验教训的总结和理论方法的体悟。从个体如何上升为普遍性,或者说这能否成为普遍性,都是可以继续进行讨论的。正如有学者指出的:思想史研究的方法并非一定要壁垒分明、势不两立。当我们坚持用一种思想史研究的方法去诠释一个历史人物或课题时,这种思想史的方法可能反而会成了狭隘的框框,把自己和历史都局限在我们自己定出来的框框里面。①思想史学科建设的独立性和主体性不可能一蹴而就,也不可能由一人之手炮制出一个人人赞同的方案,但每个从事思想史研究的同人对此问题都应该有一个问题自觉和切实回应。在这个意义上,笔者提出的以问题为引擎、"以文本为本文"和"道统·学统·政统"的言说并没有想为思想史研究立法的奢念,而只是描述一己学术实践和学术追求的个人体悟,以求教于方家。

---

① 李焯然:《多元学科研究与中国思想史》,《学术月刊》2007 年第 4 期。

# 大数据视野下历史学的双栖性

史学建基于史料,史料愈丰富,史学的基础则愈巩固,史学的话语权就会更加强势。"大数据"是新媒体、云计算、网络化带来的系统时代工程,"大数据"时代历史学既面临着前所未有的机遇,同时也遭遇空前的挑战。它一方面减少了传统以勤补拙之"笨"功夫治学的成本,让历史学处于最好的时代;另一方面又在无形中增加了诸多自扰的成本,譬如"知识"的易得、便捷、碎片化,动摇了知识的确定性、真实性与可靠性。身处信息过剩、互联网连接一切的"大数据"时代,堆积如山的史料之易获性使历史学家眼花缭乱、无所适从。恰恰在这个时候,独立思考和价值判断的能力显得更为紧要,因此就更需要回归初心,在历史深处打捞这"一心两翼(意)"的学科之人文心魂,面对并重撰这一兼具人文科学与社会科学双重属性的古老学科。

## "大数据"时代：史料的"多"与"少"

除却"大数据"三个字，应该说我们今天讨论的史料与史学的关系在史学界曾被持久而热烈地讨论过，最著名的论断是傅斯年先生提出来的"史学即史料学"。对此，蒋大椿先生和桑兵先生的相关论述可作代表，这一话题在史学界有着广泛的热议。众所周知，史学建基于史料之上，史料愈丰富，则基础愈巩固，史学的话语权就更加强势。因为所有的学科都没有像历史学那样，将自己的生命存在彻底地、无保留地交付于材料、依托于材料，俨然是中国古语中所言的"毛与皮"的关系。应该说，"大数据"的到来为历史学的"科学"地位带来了一个难得的机遇。

然而，"大数据"时代带来的历史契机，似乎并不如我们想象的那样轻松自如。事实上，在这看似已经形成定论的史料与史学的两者关系问题上，潜伏着新的张力：平衡的状态被打破，历史学家也被逼到一个狭小的空间，而不得不面对新的平衡趋势。"大数据"给历史学带来了前所未有的机遇，也带来了空前的挑战。"大数据"让历史学处于最好的时代，也处于黑云压城的悬崖边上。美国加州圣玛丽学院的徐贲教授在人文课堂做过一项认真的调研。在今天"知识"的易得、便捷、碎片的时代，这种你有我有全都有的"知识"意味着什么？大多数学生认为，这一时代的到来动摇了知识的确定性、真实性与可靠性。纷至沓来、铺天盖地的信息并不一定都是能用、有用、管用的知识。在很多情况下，我们往往处于被包围的窘境:"网上的知识既是好事,又不是好事;既是方便,也是负担。好事或坏事都是因为信息太多。好是因为'尽量够用',不好是因为'不知该用什么好',太费时间,令人困扰。不知从何开始?该找什么?作何用途?"①"大数据"一方面降低了传统以勤补拙之"笨"功夫治学的成本,同时又在无形中增加了诸多自扰的成本。这再次印证了那句家喻户晓的老话:机遇与挑战同在。历史学的本体及其肩负的使命,再次让我们感受到了无法回避的吊诡。因此,我们必须回到历史学的本体,重新认定历史学科与生俱来的内在本质的规定性。

需要说明的是,笔者这里所谓历史学的内在规定性,指的是历史学有着其他学科所不具备的自身性情——人文科学与社会科学的双重气质,而不是我们已经习以为常的"科学与艺术之争"②。这是因为,虽然笔者十分欣赏克罗齐那句"一切真历史都是当代史"的名言,但对其所谓的历史与艺术关系的辨析实在不敢苟同。身处"大数据"时代的历史学,不得不再次面对并重撰这一学科人文科学与社会科学的双重属性,尤其是在信息爆炸、互联网连接一切的"大数据"时代,神圣消解、权威下移、知识廉价成为一种常态。堆积成山的史料很容易使历史学家眼花缭乱、无所适从,恰恰在这个时候,独立思考和价值判断的能力显得更为紧要,因此就更需要回归初心,在历史深处打捞这一学科的人文

---

① 徐贲:《阅读经典:美国大学的人文教育》,北京大学出版社,2015,《序言》第 5 页。

② 庞卓恒:《史学概论》,高等教育出版社,1995,第 13-20 页。

心魂。

我们知道,世界历史上的每一次科技革命都会带来社会和精神的重大变化。而每一次革命带来的变化也都有历史学家的参与和跟进。远的不说,前些年发表在《史学月刊》上那组关于"当代史学工作者的社会责任"的文章,就是历史学家使命担当的生动再现。"历史学家也是历史的创造者"①,他们为社会进步提供坚实可靠的历史借鉴这一立意无疑渗透着神圣的责任意识。②当下,我们正处于以"大数据"为表征的信息革命浪潮冲击之下,历史学所遭遇的挑战显然只是其中一朵并不起眼的浪花,然而历史学家却有责任、有义务思考问题并应对挑战,参与时代精神的构建,为中华民族伟大复兴作出"历史"的贡献。

毋庸讳言,如同我们看到的那样,历史上每一次的历史学家的"在场"与"创造"都在同一链条和意义上展示着内外兼修、道器并重的互动、互补与互为。"器"即是那看得见、摸得着、具体的、"客观的"材质;"道"则是看不见、摸不着、抽象的、"主观的"心魂。不过,很多时候,在将历史学当成人文学科看待时,笔者也常常对这个判断与划分产生几分疑虑;而当笔者将其纳入社会科学一族时,又对此不那么自信起来:历史学自身的境界和格局何处寻?历史学的两面性如同一枚硬币的正反两面,问题不是要秀哪一

---

① 李振宏:《历史学家也是历史的创造者》,《史学月刊》2013年第5期。

② 编者按:《"当代史学工作者的社会责任"笔谈》,《史学月刊》2013年第5期。

面,而是一旦要在市面上流通、兑现,那就需要两面的有机统一,不然就会有假币或赝品的嫌疑。看来,做一个健全、称职的历史学家实属不易。尤其是身处信息爆炸之"大数据"时代的历史工作者,历史学这个本来处境就一向不妙的学科更是面临着前所未有的挑战:兵临城下的"大数据"有点让本来就失重的历史学有一种招架不住的尴尬与无奈。

此时此刻,面对汹涌澎湃的"大数据",唯一的可能就是去找回本该属于历史学"初心"的灵魂与本色。我们知道,"大数据"是新媒体、云计算、网络化带来的系统时代工程。它的到来无疑给历史学这门传统学问的加速转型带来了全新的机遇与挑战。今天,我们一方面无法摆脱信息的包围,另一方面也无法抗拒"大数据"带来的文化和生活方式的改变。"大数据"与大量、快速、多样、精确等特征同在,与我们的生活思维和工作方式发生着这样或那样的关系,在"大数据"改变我们的同时,也在无形中带来了"一则以喜,一则以忧"的心态,尤其是对历史研究者来说,海量的资料和信息,劈头盖脸地向我们袭来,即使我们使出浑身解数也难以"制服"汹涌并且凶猛的数据。对历史学研究来说,"大数据"已经完全改变了几千年来历史研究面对线装书和印刷品的可数性规则,如同数学上所说的没有一个最大的自然数一样,无休止、无止境的信息使得历史学家在面对纷至沓来的数据时每每显得手足无措。但问题是,将来的史学靠"百度"或"谷歌"等"数据"的技艺就是健全的历史学了吗?即使可以,"计算史学"会不会成为"算计史学"呢?要知道,这样的结果比起科学性不够完整的历史学更让人平添一分"杞忧"。

毋庸讳言,"大数据"也给历史研究者的工作带来了很多意想不到的惊喜。譬如快捷、方便、细密的检索方式,直观、灵动、准确的查阅技术。凡此种种,可以说是过往历史学家从未享受过的福祉。但问题也恰恰出在这里,过于庞大的信息系统也给历史学家的看家本领——(文献)"检索"与(知识)"考古"带来了无穷的困惑。在历史学家那里,历史研究的对象必须有相对清晰的条纹和板块,更何况数据只是历史学研究的一部分,而不是其全部。本来,浩如烟海的历史资料就对历史学的研究形成了"烟涛微茫信难求"的境况,历史学家只能以筛子做标尺来筛去"细枝末节",同时又留下"粗枝大叶"。正是在这个过程中,前者的"细"使得历史学可能失真,后者的"粗"则同时使得历史学得以求真。

针对上面无法避开的问题,我们需要进一步地追问:究竟历史学何以如此这般?其实,这个问题在"大数据"之前就已经存在,只不过笔者借助"大数据"与史料的议题将其再次提出来而已。毛泽东说:"感觉到了的东西,我们不能立刻理解它,只有理解了的东西才更深刻地感觉它。"①的确,如果没有对历史学这一学科真正的"理解",我们就很难有更多的"同情"。接踵而来的问题是,如果说史料不是历史学的唯一,除此之外,还有什么是历史学的底色?如果说人文性是历史学的双翼之一、双轮之一,那么作为"左膀"的历史学的史料能否归之于"科学"?在历史学人文

---

① 毛泽东:《实践论》,人民出版社,1952,第6页。

性和(社会)科学性的"左膀右臂"中,我们如何以最为得体的方式同情、理解并守望历史学的一贯底色与本体价值?为了避免误解,笔者还要说的是史料的客观性与史家的主观性,也正是我们"初心"意蕴中所要打捞的科学性与人文性,回到本体,史料保障了史著的客观性与科学性;史学不仅仅是史料学,它是有主观意识行为的史家对往事的记录和书写,是史家对史料编排、整理的结果,必然带有主观性,体现作者的主观情绪和人文关怀。一部史著的诞生,是史料的客观性和史家的主观性有机融合的结果,既不能堆砌史料,又不能以论代史。如何在双方的博弈中保持平衡,这是每一个史家都面临的问题。

## 历史学的两面性:科学性与人文性的纠缠

以上这些问题或多或少地被学者们发难过、争议过。但是,深不可测的问题往往以浅尝辄止的形式搁置。这里,我们必须站在前辈的肩膀上,将这一问题再次抖出:作为一切人文学科基础的历史学,它有着人文与科学的双重禀性,由人文性和科学性架构左膀右臂,在"鸟之双翼""车之两轮"中并驾齐驱,并以此彰显着历史学的本色,演绎着历史学的本能。

首先,就作为历史学"左翼"的科学性而言,它以数据、史料、信息等看得见、摸得着的"客观"或相对客观的"存在"为依据,从中发现问题、找出规律、总结经验、归纳教训。用胡适的话即是:"有几分证据,说几分话。有一分证据,只可说一分话。有七分证据,只可说七分话,不可说八分话,更不可说十分话。"①这种以"客观"为标准的原则即是我们所说的科学性。对此,我们可以这样说,关于"精确是历史学家的职责"这个判断不会产生歧义。不然,历史学真的就不成其为历史学了。历史学家顾颉刚那句话很能说明历史学的"真相":"在学问上则只当问真不真,不当问用不用。学问固然可以应用,但应用只是学问的自然的结果,而不是着手做学问时的目的。"②这与他在《怀疑与学问》中的论述一脉相承。学者的发现和创新来自怀疑精神,但无论是程颐的"学者要先会疑"③,还是张载的"可疑而不疑者,不曾学,学则须疑"④,都不能离开"学问的基础是事实和根据"这个基本思维逻辑。毕竟,历史学是一门以过去已经"盖棺"的人物、发生过的事件为研究对象的学科,而被研究的对象是任意成形的,并且一旦成形,它的客观性、具体性、真实性就摆在了那里,历史学家的使命是以其为对象按图索骥,透过现象看本质,从而达到接近真相、发现真理的目的。当然,需要进一步指出的是,历史学这个科学性只是社会科学学科分支里的"科学",与自然科学里的"科学"还不能相提并论。所以,我们这里的"客观"又是相对的客观,这正是英国历史学家 E. H. 卡尔一再述说历史学资料没有绝对客观历史材料

---

① 胡适:《胡适文集》第 7 卷,人民文学出版社,1998,第 188 页。
② 顾颉刚:《走在历史的路上——顾颉刚自述》,江苏教育出版社,2005,第 27 页。
③ 程颢、程颐:《二程集》第 2 册,中华书局,1931,第 413 页。
④ 黄宗羲:《宋元学案》第 1 册,中华书局,1986,第 760 页。

的根本原因。①其实,自然科学研究中的科学、真理也有相对性,不可能一次性穷尽真理、完成认知。在这个意义上,我们说,客观或尽可能地追求客观乃是历史学家最为根本的职业诉求。在"大数据"成为共识和趋势的今天,它又为固化历史学这一堡垒的科学性提供了更为切实而难得的"历史"机遇。

其次,就作为"右翼"之历史学呈现出的人文性而言,也是由其学科的质的规定性决定的。无论在东方还是在西方的学术界,对历史学的学科分类都有分歧,有的将其列为人文学科,有的将其列为社会学科。这就如同中国对文科门类的界定及其说法在不同时期甚至在同一时期无法完全划一一样,"哲学社会科学"与"人文社会科学"之官方和非官方的说法总是存在一定的差异。撇开这些差异不说,就历史学的分属而言,从一个侧面印证了其与生俱来的双栖性。我们知道,太史公的春秋笔法家喻户晓,但是必须看到,即使是这位中国公认的历史学的开山鼻祖也还是无法摆脱"皮里阳秋"的基因。这就是说,即使占据最大化的资料,哪怕是占有一手资料的历史学家,也难以割舍那个人为的(这也是人文的基因之一)、主观的"光明"或"幽暗"的尾巴。毕竟,如同数学上没有一个最大的自然数一样,史料的无法穷尽告诉我们,就算是历史学家有"上穷碧落下黄泉"的毅力和决心,也只能落得个杳无音信、查无边际的"最后一毫米"的结局。社会史学者池子华在跟随历史学家茅家琦先生攻读博士学位时,曾有这样一件

---

① E.H.卡尔:《历史是什么?》,陈恒译,商务印书馆,2007,第91页。

事;一贯尊敬导师的池子华却在史料搜集上一拖再拖,他想把中国近代流民问题研究的资料占有得全些、再全些,所以迟迟不愿意动笔。而导师则以资料是查不完的为由劝其早点动笔、按时毕业。这样一个卓有成就的学者在资料搜集过程中的纠结以及最后以优异的博士论文《中国近代流民问题研究》答辩的个案表明,历史学就是这样一门遗憾的"技艺"。

对于史料穷尽的不可能性,英国历史学家卡尔有着同样的感慨,而且由此发出了语惊四座的"雷人"之声:最好的历史学家是最有偏见的历史学家。这个"偏见"之声正来自他对历史学之双栖性质的理解,早在1950年卡尔就宣布了"客观的历史"的死亡:"在过去与现在之间存在着双向的交通,现在是由过去铸造的,然而又不断地再现过去。假如历史学家制造历史,同样真实的是历史一直在制造历史学家……当代的历史哲学家——在客观决定主义的危险和主观相对主义的无底深渊之间这一危险边缘保持着不稳定的平衡——也意识到思想和行动错综复杂地交织在一起,意识到历史中因果关系的本质并不逊于科学中因果关系的本质,意识到似乎他越想紧紧地把握历史,则离他所领会的东西就越远,历史哲学家忙于提出问题而不是回答问题。"[①]进一步说,史料的选择也是必然的,它总是被固执己见者以各自应然的方式劫持。尽管卡尔不否认历史学家的天职在于求真,但他还是要求历史学家的立意能够超越这一守旧如新的疆土(守土有责):"赞

---

① E.H.卡尔:《历史是什么?》,陈恒译,商务印书馆,2007,第102页。

扬历史学家叙述的精确,就像赞扬建筑师在建筑中适当使用了干燥的木材,合理地运用了混凝土一样。这是进行工作的必要条件,却不是本质功能。"①当他在"历史学家和历史学家的事实"中为历史学的"本质功能"重新定义时,一句被其租赁的话更能说明问题:"精确是职责不是美德。"②原来,"偏见"虽是泛指,却不是贬义,由"偏见"生发出来的独树一帜或者说独标异见才具有美德之本质。需要说明的是,这里的"偏见"既可能有人文性,也可能反人文性。在我看来,提供正能量也是历史学对历史学家提出的道德要求,唯其如此,历史学的人文性才有意义。

最后,就历史学的"左膀"与"右臂"的关系而言。我想借助于伯里(J. B. Bury)"不多也不少"的观点来做一点必要的发挥。历史学的科学性决定了其"山重水复疑无路"的无奈,而历史学的人文性则开辟了其"柳暗花明又一村"的出路。

如上所述,历史由无数的碎片构成,在根本上不存在一个最大的自然数。进一步说,随着我们资料收集、数据查阅范围的不断扩大与增长,随之而来的困惑和无力感也不断增加和扩大。因为随着我们"有知"边缘的扩大,"无知"的边缘也在迅速扩展并膨胀。而历史学与生俱来的另一品质——人文性或说主体性,则呈现另一番景象:点点滴滴、涓涓细流,都能化作无限能量的人文关怀。撇开科学和人文各自的位格,我更想强调历史学在这个合二为一之复调上的交叉点,也是吊诡点。

---

① E. H. 卡尔:《历史是什么?》,陈恒译,商务印书馆,2007,第692页。
② E. H. 卡尔:《历史是什么?》,陈恒译,商务印书馆,2007,第92页。

如上所论,古往今来的史学理论家对此都有这样或那样的感知。20世纪初伯里(J. B. Bury)曾这样给历史学定义说:"历史学不过是科学而已,不多也不少。"①如果让我解读这个"不多也不少"的"科学",那就是"科学"指的是人文科学。这一"也不少"的人文科学虽然与自然科学不同,但又无出其左右;与此同时,"不多"还告诉我们,历史学的"存心忠厚"②"万世开太平"③"诗意栖居"④等"君子立论"正乃历史学不可或缺的人文情结。也正是这个人文情结,使得"不多"的论从史出得以补足"斤两",成色十足。伯里的判断还告诉我们,作为人文科学的历史学不同于自然科学:自然科学就是面对客体的剖析与分析,这个过程是情感归零的冷冰冰旁观;而历史学的自主性与主体性则是带有温度的投射。人文学的质的规定性决定了它与生俱来的对客体的意义赋格,这个意义赋格也就是主体性和人文学建构,理解之同情或说同情之理解等是非判断、爱憎立场尽在其中,而其中的客体或说"知识"不过是为我所用的"权且"而已。进一步说,"历史学作为一门独立的特殊学科,既要求有其严谨的纪律来规范,但同时又是充满了个性创造力的一门艺术……它既要求自然科学那种严

---

① 柯林武德:《历史的观念》,何兆武、张文杰译,商务印书馆,1997,第216页。
② 胡适:《胡适文集》第7卷,人民文学出版社,1998,第69页。
③ 黄宗羲:《宋元学案》第1册,中华书局,1986,第664页。
④ 丹明子:《海德格尔谈诗意地栖居》,中国工人出版社,2011,第96页。

谨的献身精神,又复要求有艺术家的那种灵心善感"①。对此,何兆武先生又曾将其发挥为一门关于"诗与真"的学问:"史学不仅要涉及历史的客观事件,而且也要涵盖到历史人物的心灵活动,还包含着史家的心灵容量和境界或者说灵魂能力(Seelensvermögen)。现在人们可能觉得学问越做越小,原创性很小,尽管信息量好像越来越大。是什么原因呢?其实,原因不在'技'上,而在'道'上,如果人的格局越来越小,这学问还能越做越大吗?"②这里的"技"就是"道",与我们耳熟能详的道器并重有几分相像。

## 回归初心:让历史闪耀"科学"与"人文"的双重光芒

值得一提的是,历史学的资料与我们平常所说的"知识"相似,而"艺术创造力"与"灵心善感"则是"人文"素养。"知识"外在于人,是材料、工具、器具一类的实物,可以量化、摄取的,而"素养"则是内化于心后消化在体内、涵化于心灵的情怀和胸怀的叠加(人文关怀),说穿了,也是一种人文信仰。一个具有人文知识的人不一定能做到真诚恻怛、知行合一,而具有人文情结的人,一定不会违背情怀与胸怀合一的人本的关怀。正是在这个意义上,

---

① 彭刚:《叙事的转向:当代西方史学理论的考察》,北京大学出版社,2009,《序一》第3页。
② 何兆武:《诗与真:历史与历史学》,载王兆成主编《历史学家茶座》(总第8辑),山东人民出版社,2007,第60页。

笔者更倾向于历史学科学性与人文性双重气质的不可或缺。

古今中外,无论是达官还是显贵,无论是学府还是民间,尽管历史学筚路蓝缕甚至举步维艰,但它却以其自身的位格赢得了世人肃然的尊重。这个肃然起敬的根本原因早在几年前就被我们的元典和经典说破,今天的我们只不过是在重复过去的故事而已。"君子尊德性而道问学,致广大而尽精微,极高明而道中庸。"①以考据、经验、客观为本体的汉学与以义理、冥想、主观为本体的宋学不可能泾渭分明、一刀两断。"道问学"与"尊德性"的颉颃跌宕表明,以"义理""辞章""考据"有机统一为文章大法的学统,始终都是一种高山仰止、心向往之的至高境界,这也是历史学之所以成为历史学的理由。也正基于此,我们可以肯定历史学的科学性与人文性是历史学家的最高境界与格局:当科学和人文"齐飞"时,即使是在小时代遇见了"大数据",历史学还是能够淡定从容地渐入二者"长天一色"的佳境。周作人的《中国新文学的源流》中关于"中国文学的变迁"叙议,颇能为我们的历史学的双重性作为旁注:"言志"和"载道"同时并存,只是在不同的时代、不同的作者身上有不同的体现而已。②一方面是时代风尚在起作用;另一方面也有作者素养与风格的原因。一言以蔽之,就双栖性而言,颉颃胶着、半斤八两、平分秋色,每每难分高下。我们只

---

① 杨天宇注说《礼记·中庸》第三十一,河南大学出版社,2010,第736页。

② 周作人:《中国新文学的源流》,华东师范大学出版社,1995,第17-28页。

有撇开"斤两",以"成色"看质论价。换一个视角,即使一个时代的风气抑彼扬此,那也还是如同周作人论过的"载道"与"言志"之彼此消长的关系一样,其实任何一脉都没有消失,只是暂时低调,在默默流淌、暗暗前行而已。遇到适宜的气候,它还会脱颖而出的。

英国观念史家以赛亚·伯林在 1960 年发表在《历史与理论》上名为《科学历史学的概念》的文章中这样说道:"虽然对很多人而言,历史就是这样的百无一害的消遣,但这种关于历史学的看法,对于严肃的历史学家却是一种伤害:他们研究历史不是为了消遣,而是要通过对历史的追问,来探求真理,这种真理和科学研究所探求的真理一样,遵循着同样的原理和机制。……科学中的真理,如同物理学和数学中的真理一样,是不取决于人类的特性及其活动,所以,我们只能发现真理,而不是创造真理。正是在这个意义上,让历史学成为科学,实际上是要求历史学改变它自身的本质,这真的是一种强求。"这里,伯林讲出了三点个人见解:一是历史学家是值得尊重的,因为他们具有科学的精神;二是历史学的质的规定性决定了它与自然科学性情的不同;三是我们需要尊重学科的个性差异,不能以自然科学的研究标准来要求历史学。但是,这里笔者还是想进一步指出:一是历史学的科学性只能是"社会的"而非"自然的";二是历史学的人文性乃是其与生俱来的气质,是科学尤其是自然科学无法望其项背更无法替代的;三是关于"改变"的"强求"。这也是笔者着重强调的一点,如同男女性别、黄白人种的基因构成一样,用"改变"来做"强求"无异于痴人说梦。看来,即使伟大的思想家也会有信马由缰、信口开河的时候。要而言之,历史学要想有一个良性的生态环境,它既不能跨界僭越——到科学的领地里撒野,也不能萎缩式微——成为自毁长城的"断臂"英雄。无论"大数据"时代带来怎样的机遇以及获得感,我们都需要保持一份挑战心理及必要的警惕性。

回到本题,至少有三个方面的问题需要进一步澄清。首先,历史学研究中的科学性和人文性有着"天工开物"般的本质规定。在这个意义上,如同一个人不能选择自己的性别、父母一样,历史学的双栖性不是自己能做主的——不是情愿不情愿的事,而是只能如此这般的事。对于选择以历史学为学术志业的同人来说,让地老天荒的历史学兼具科学性、人文性是一个无法规避的路径选择,尽管在科学性和人文性之间每一位学者都可以怀有不同程度的倚重、倾斜乃至诉求,但归根结底也还是只能以归依的态度书写。其次,我们同时要看到,历史学研究中的科学性与人文性之"双栖"因子没有先来后到的顺序。在这个意义上,它们二者只有"组合"没有"排列"。就二者的组合而言,也只有空间上的并联,而非串联。强调这一点,无非是说科学性和人文性在历史学的属性中是并驾齐驱、车之两轮的关系,不存在孰先孰后、谁长谁幼的关系。如果硬要讲出个子丑寅卯,那二者应该是同胞孪生兄弟关系,而并不存在父母子女的辈分。如同在历史研究中不能以字数衡量其价值一样,我们同样不能以双栖因子中的任何一方的"数据"来断言其分量的大小。因为,"成色"与"斤两"本来就不可同日而语。①

最后,笔者再度重申事实(数据)和意义(时代)有机统一的历史学才是健全之历史学的这一观点之后,还需要对历史学这一学科之下各种不同的研究方向表达必要的个性尊重并进行辨析。就社会史研究而言,习惯于"上天入地"的历史学家们可能一网打尽,让你在移花接木中认识"社会";就经济史研究而言,大量的统计数字和海量数据,让你有走进数理迷宫的失向感;就思想史研究而言,人文主体性历历可见,让人们在纲举目张中领略思想的张力。凡此种种,方法论及其叙事套路各为轩轾、难分伯仲,但其中的事实(数据)和意义(时代)却各显神通、各有千秋。然而,无论历史学的研究路径和方向如何发展变化,那"一心两翼(意)"的本体书写方式,乃是历史学家不离不弃的初心。

---

① 王守仁:《王阳明全集》上册,上海古籍出版社,1992,第27-28页。

# 中 篇

# 批判性、前瞻性与公共性：
# "新青年派"知识群体的精神品格

作为激活新文化运动的精神元典，《新青年》杂志已经走过一百个年头。尽管如此，"新青年派"知识群体围绕《新青年》为中国现代性的演进所做的诸多原创性工作并没有随着时间的流逝淡出人们的视野，其价值反而随着时代的发展愈加引人注目。一百年前，《新青年》同人们紧紧围绕这样一个"金牌杂志"演绎出许多惊心动魄的精神事件，回眸这一知识群体所走过的精神历程，他们尽管有着不同的知识背景、地缘背景、求学背景、职业背景，但有一个共同特点，就是知识分子的批判性、前瞻性和公共性。英国学者弗兰克·富里迪曾有这样的表述："定义知识分子的，不是他们想做什么工作，而是他们的行为方式、他们看待自己的方式，以及他们所维护的价值。"①在他看来,知识分子不应该只是知识的载体、学问的持有者,更不能混同于"搬运工"和"二传手"。批判性、前瞻性以及最终落脚于公共性这三个互动并交叉的特质构成了知识分子的鲜明个性。在知识分子问题备受关注的今天,当我们茫然地面对"知识分子怎么了"的困惑质问、"知识分子是什么"的角色询问、"知识分子应该干什么"的责任拷问的时候,回眸"五四",锁定"新青年派"这一特定的精神群体,或许会唤起同人的自觉,因为在他们身上我们分明找到了知识分子前所未有的批判性、前瞻性、公共性的源头活水。

## 一、批判性:"新青年派"知识群体的人文关怀

知识分子经常被称为"刺头",喜欢挑毛病、说问题,看似很讨人厌,但这恰恰是知识分子的本性特质所在。陈独秀们的解释是:"自社会言之,群众意识,每喜从同;恶德污流,惰力甚大。往往滔天罪恶,视为其群道德之精华。非有先觉哲人,力抗群言,独标异见,则社会莫由进化。"②康德的《答复这个问题:"什么是启蒙运动?"》一文如是说:"启蒙运动就是人类脱离自己所加之于自己的不成熟状态。不成熟状态就是不经别人的引导,就对运用自己的理智无能为力。当其原因不在于缺乏理智,而在于不经别人

---

① 弗兰克·富里迪:《知识分子都到哪里去了》,戴从容译,江苏人民出版社,2005,第29页。

② 陈独秀:《抵抗力》,《青年杂志》第1卷第3号,1915年11月15日。

的引导就缺乏勇气与决心去加以运用时,那么这种不成熟状态就是自己所加之于自己的了。Sapere aude! 要有勇气运用你自己的理智! 这就是启蒙运动的口号。"①"Sapere aude"之意就是说"要敢于认识"。启蒙的精神也就是一种批判精神、反思态度和理性智慧。从中国近现代启蒙以西方18世纪的精神资源作为参照体系的历史真实来看,"新青年派"知识群体中的陈独秀、胡适、鲁迅、李大钊、毛泽东都具有"敢于认识"的理性勇气和启蒙气魄。在"新青年派"知识群体那里,批判性变成了他们特有的公共气质。他们不但批判中国传统的糟粕,同时也反思西方文明的病灶。他们的立足点不停地转移和游动,但其着眼点和归宿点却从不动摇,那就是为中华民族的复兴和中国现代性的演进而矢志不移。批判旧文学,这一群体把"桐城派"说成了"谬种",把"文选派"说成了"妖孽"②;批判旧文化,把孔教说成是"失灵的偶像",执意"打倒"③。

批判性的坚持还需要具有担当精神。"新青年派"知识群体为了科学与民主,与传统知识权威"狠打过几次硬仗"。民主和科学,这两个以"德先生"和"赛先生"名字出现的思想谱系像两座灯塔一样照亮了"五四"的天空,也照亮了20世纪中国现代性演进的路径。树立、维护并坚守民主、科学这两面大纛,就必须以决绝

---

① 康德:《历史理性批判文集》,何兆武译,商务印书馆,1996,第22页。
② 钱玄同:《通信》,《新青年》第2卷第6号,1917年2月1日。
③ 陈独秀:《宪法与孔教》,《新青年》第2卷第3号,1916年11月1日。

的意志批判与之对立的"孔教""礼法""贞节""旧伦理""旧政治""旧艺术""旧宗教"。针对当时社会上对这两位"先生"的非难和攻击,陈独秀身先士卒,以誓死捍卫的姿态公然申明:"西洋人因为拥护德、赛两先生,闹了多少事,流了多少血;德、赛两先生才渐渐从黑暗中把他们救出,引到光明世界。我们现在认定只有这两位先生,可以救治中国政治上、道德上、学术上、思想上一切的黑暗。若因为拥护这两位先生,一切政府的迫压,社会的攻击笑骂,就是断头流血,都不推辞。"① 与"德先生"谱系对立的是专制、等级等反现代性观念;与"赛先生"谱系对立的则是邪说、迷信等反现代性观念。为了中华民族的复兴和中国的新未来,陈独秀以力挽狂澜的心态大声疾呼:"本志同人本来无罪,只因为拥护那德莫克拉西(Democracy)和赛因斯(Science)两位先生,才犯了这几条滔天的大罪。要拥护那德先生,便不得不反对孔教,礼法,贞节,旧伦理,旧政治。要拥护那赛先生,便不得不反对旧艺术,旧宗教。要拥护德先生又要拥护赛先生,便不得不反对国粹和旧文学。"②

## 二、前瞻性:"新青年派"知识群体的入世情怀

"新青年派"知识群体是敢于批判的一代,也是高瞻远瞩、自

---

① 陈独秀:《本志罪案之答辩书》,《新青年》第 6 卷第 1 号,1919 年 1 月 15 日。

② 陈独秀:《本志罪案之答辩书》,《新青年》第 6 卷第 1 号,1919 年 1 月 15 日。

我超越的一代。他们在风云际会、世事沧桑中寻找着救国、济世的真理。正如毛泽东说过的：洪秀全、康有为、严复和孙中山都是寻求真理的先进代表。①"新青年派"知识群体追随过严复、梁启超、康有为，改良思想一度占据他们年青的心灵；他们追随过无政府主义的思潮；他们追随过自由主义，个人的自大与自我的膨胀曾经扩张于胸，但他们都对社会主义情深意长，哪怕是胡适这样的实验主义信徒也曾一度对社会主义频频回首。在"新青年派"知识群体烹制的现代性思想盛宴中，我们看到了寻求解放过程中知识分子的沧桑与坎坷，也看到了寻求正义历程中知识分子的艰难与尴尬。从启蒙到革命，从个人主义到社会主义，这既是中国那一特定历史环境的需要，也是符合中国实际的历史真实。"新青年派"有自己的思想症候——无论是作为个人还是作为群体，"新青年派"都有演绎，这又有了"史"，于是为"思想史"提供了"货真价实"的资源。这个精神资源没有时空的限制，那一代先驱者的问题或说提出的命题不但是过去我们这个民族关心的问题，也是当下乃至未来我们这个民族和整个人类关心的问题。如同我们看到的那样，"新青年派"的"主义"频出，而且"笼统""抽象"的名词不绝于耳，自由主义、民主主义、实验主义、无政府主义、军国主义、新村主义、社会主义等，于是才有了"少谈些主义"的劝阻。但必须看到，这些"主义"恰恰是针对当时的中国"问题"繁多而来的。先驱们一招接一招地"试验"，不过是希望在"立等可取"中找

---

① 毛泽东:《论人民民主专政——纪念中国共产党二十八周年》，载《毛泽东选集》第4卷，人民出版社，1991，第1469页。

到快速、"见影"地解决"问题"的手段和方法。政治民主问题、个人自由问题、男女平等问题、女子教育问题、妇女贞操问题,等等,都是启蒙道路上亟待解决的问题,于是就有了"多研究些问题"的导向。

"新青年派"知识群体的前瞻性让他们共享着特有的开放态度,这一点可以在这一"群"龙之首陈独秀的表白中发现:"我向来有两种信念:一是相信进化无穷期,古往今来只有在一时代是补偏救弊的贤哲,时间上没有'万世师表'的圣人,也没有'推诸万世而皆准'的制度;一是相信在复杂的人类社会,只有一方面的真理,对于社会各有一种救济的学说,空间上没有包医百病的良方。我对于马尔塞斯底人口论,就是这种见解;不但马尔塞斯人口论是这样,就是近代别的著名学说,像达尔文自然淘汰说,弥尔自由论,布鲁东私有财产论,马克斯唯物史观,克鲁泡特金互助论,也都是这样。除了牵强、附会、迷信,世界上决没有万世师表的圣人,推诸万世而皆准的制度和包医百病的学说这三件东西。在鼓吹一种理想实际运动的时候,这种妄想、迷信,自然很有力量、价值;但是在我们学术思想进步上,在我们讨论社会问题上,却有很大的障碍。这本是我个人的一种愚见,是由种种事实上所得一种归纳的论断,并且想用这种论断演绎到评判各种学说、研究各种问题的态度上去。"[①]一方面,学说是"一方面的真理";另一方面,他们又不放弃普世的价值和理想。正是有了前者的开放胸怀,才

---

① 陈独秀:《马尔塞斯人口论与中国人口问题》,《新青年》第7卷第4号,1920年3月1日。

有了无论是在"新青年派"知识群体内部的"问题与主义之争"还是外部的"主义与主义之争",他们都能在平等的讨论、静气的探索、谦和的对话中获得另一方面"真理",以期在自我仅有的"一方面的真理"之单一和偏颇中获得补正与完善,从而更有利于"学术思想进步"。正是由于有了后者的执着和不懈,也才有了诸如五四运动这样势不可当的"一种理想实际运动"的到来。"新青年派"导引的五四运动将"真理"(人文价值)和"理想"(社会改造)做了有机的统一:以民族主义的"小我"来寻求世界主义的理想"大我",尽管也有陈独秀本人当时就曾预料到的"妄想"甚至"迷信",但那一特定的历史过激、偏执与误会终究淹没不了激情演绎的理性辉煌,带着想象的民族国家和大同世界的统一梦想,他们以"直接行动"和"牺牲精神"造就了人类文明史上一个精神事件的光荣。

### 三、公共性:"新青年派"知识群体的学术担当

"新青年派"知识群体中的很多人是学贯中西的海归之士。东渡日本、留学英美、求学法俄等等,不一而足。之前,他们要么是举人,要么是秀才,即使是年少几岁、没有赶上科举考试的学子也无不是学富五车、旧学深厚者。如同日本启蒙思想家福泽谕吉说过的那样:他们经历了两个时代,"这好像是一生经历了两世,

也好像是一个人具有两个身体"。①正是在这得天独厚的条件下，他们才有了日后的深刻与造就。他们本来可以因循守旧地把读书、问学作为他们"稻粱谋"的阶梯，但无论是提倡新文化的陈独秀、胡适、李大钊、鲁迅、周作人这一群体，还是与"新派"有着不同理念的那一群体，诸如举人刘师培、怪人辜鸿铭、清人林纾，他们都没有把在象牙之塔里"掏死窟"作为自己安分守己的职业，而是要为捍卫自己的立场和观点裸露在十字街头。本来，他们可以坐享其成，莫管他人，但是一方面"新青年派"要"秀"自己、说国事，另一方面守成派要出来"PK"一番，一副任凭风吹雨打、掉头当吹帽的姿态。说到底，无论新旧两派的信念如何，他们的心态还是被传统士大夫的优秀品质遥控着："风声雨声读书声""家事国事天下事"。这就是那一代人的情怀。从"新青年派"知识群体身上我们看到了现代性演进的一面，从守成派或说保守派那里我们也看到了现代性演进的另一面相。在北京大学这样的中国最高学府里担当教授的职务，有着不菲的薪水，但他们发表的公共舆论文字却与萨义德批评的知识分子形成了反差："今天的知识分子很可能成为关在小房间里的文学教授，有着安稳的收入，却没有兴趣与课堂外的世界打交道。贾克比声称，这些人的文笔深奥而又野蛮，主要是为了学术的晋升，而不是促成社会的改变。"②萨

---

① 福泽谕吉：《文明论概略》，北京编译社译，商务印书馆，1959，第3-14页。

② 萨义德：《知识分子论》，单德兴译，生活·读书·新知三联书店，2002，第63页。

义德提到的贾克比就是那位拥有"不对任何人负责的坚定独立灵魂"知识分子观念的思想家。这些思想家都深信"犬儒者知道每件事的价钱,却连一件事的价值都不知道"①。毕竟,"专业的和晦涩的语言可能成为保护伞和必需品,同时也就可能成了借口和逃遁"②。在这一意义上,"新青年派"的走出书斋、关怀现实,由私人空间走向公共空间,则不失为一种现代性的选择。

在捍卫自己的信念、守护自认的价值的过程中,"新青年派"知识分子既共享着思想自由的包容态度,又表现出"固执己见"的自我立场。这一姿态一反几千年来士大夫多有"骑墙"的犬儒肖像。我们看到,执着于新思想、新文化、新文学的"新青年派"自不待言,就算是"人家"旧派的保守一方也有从一而终的"英明"做派。回放一下陈独秀对待"学说"的态度就可以窥见一斑:"本来没有推之万世而皆准的真理,学说之所以可贵,不过为他能够救济一社会一时代弊害昭著的思想或制度。所以详论一种学说有没有输入我们社会底价值,应该看我们的社会有没有用他来救济弊害的需要。输入学说若不以需要为标准,以旧为标准的,是把学说弄成了废物;以新为标准的,是把学说弄成了装饰品。譬如我们不懂适者生存底道理,社会向着退化的路上走,所以有输入达尔文进化论底需要;我们的文学、美术、都偏于幻想而至于无想

---

① 萨义德:《知识分子论》,单德兴译,生活·读书·新知三联书店,2002,第 61 页。
② 拉塞尔·雅各比:《最后的知识分子》,洪洁译,江苏人民出版社,2006,第 260 页。

了,所以有输入写实主义底需要;我们士大夫阶级断然是没有革新希望的,生产劳动者又受了世界上无比的压迫,所以有输入马格斯社会主义底需要,这些学说底输入都是跟着需要来的,不是跟着时新来的。这些学说在社会上有需要一日,我们便应该当作新学说鼓吹一日;比这些更新的学说若在社会上有了输入底需要,我们当然是欢迎他;比这些更旧的学说若是在社会上有存留底需要,我们不应该吐弃他。现在有许多人说,达尔文底学说、写实主义自然主义底文艺、马格斯底社会主义,都是几十年前百年前底旧学说,都有比他们更新的,他们此时已经不流行不时髦了。这种论调完全把学说当作装饰品,学说重在需要,装饰品重在时新,这两样大不相同呵!"①

笔者之所以把它全文录下,一是它重提"本来没有推之万世而皆准的真理"这句话,二是这则随感,全文不过几百字,却道出了"新青年派"知识分子对待学术的态度和原则。原来,新派一族坚守的是有"思想"的"学术"。这个"思想"就是坚守自我的独立品格、面对现实的责任担当,如果"学术"失去这个底气和担当,那也就失去了"学术"的意义和价值。从学问家到舆论家或说学问家与舆论家的双重身份决定了他们学术和思想并重:因为,中国现实问题的"问题意识"让他们的人文关怀势必走上关心国家、改造社会的路径。

综上,回眸"新青年派"知识群体的思想实践,我们看到了批

---

① 陈独秀:《学说与装饰品》,《新青年》第 8 卷第 2 号,1920 年 10 月 1 日。

判性、前瞻性以及公共性三个互动交叉的特质构成的"新青年派"知识群体的鲜明个性。他们是作为公共资源、公共形象来维护人文价值,为思想而生活的"另类"人物。他们以学问家的底蕴、思想家的锐气引领了一个时代。"新青年派"知识群体围绕的舆论阵地《新青年》杂志已经成为一座精神丰碑,"新青年派"同人流布的文字也作为思想元典书写在历史的画布上,"新青年派"知识群体的形象也作为时代肖像镌刻在了历史的长廊中。

# 百年存照:聚焦时代链条上的国家青春记忆

习近平总书记在十九届中共中央政治局第十四次集体学习时指出,100年前爆发的五四运动,是一场以先进青年知识分子为先锋、广大人民群众参加的彻底反帝反封建的伟大爱国革命运动。我们党历来高度重视对五四运动和五四精神的研究和阐释。新时代,我们要继续加强对五四运动和五四精神的研究。

一直以来,我们党都把青年看作民族的希望、祖国的未来,是党和人民事业发展中朝气蓬勃的推动力量。在中国革命、建设、改革开放各个时期的五四纪念日、青年节的讲话中,我们党和国家领导人都始终高度重视青年,指引着青年前行的方向。五四运动是我国近现代史上具有里程碑意义的重大事件,从1919年开始直到当下,"五四"的精神内涵不断丰富发展,在每个时代都有新的时代精神被赋予、被希冀,在每个时代都指引着青年的走向,成为青年前行的引领。

中国共产党的领导人及知识分子在"五四"发生后即追索"五四"的精神是什么。陈独秀认为必然是爱国救国。①陈独秀认识到青年的爱国救国是需要指引的,1923年他对青年疾呼,要走革命的道路。②新民主主义革命时期,我们党不断通过阐发五四精神引领着"五四"后已经觉悟的青年,开展反对帝国主义列强、军阀强权政治的斗争。毛泽东呼吁青年要"认识中国革命的性质和动力","到工农民众中去"。③

此后,5月4日成为"五四"的纪念日,更成为中国共产党指引青年、激励青年的节日。1924年"五四"被认定为全国学生"膺惩中国卖国贼的纪念日""对于帝国主义行总攻击的纪念日",指引青年"誓要恢复国家主权、洗清民族的耻辱"。④1924年,瞿秋白指出五四运动从青年运动到群众运动,特别是从青年运动到劳动运动,在斗争的目标上超越了民族主义而到社会主义,开启了社会主义运动的新潮。⑤在当时的中国共产党人看来,"五四"是中

---

① 陈独秀:《五四运动的精神是什么?》,载《陈独秀文章选编(上)》,生活·读书·新知三联书店,1984,第518页。
② 陈独秀:《外交问题与学生运动》,《向导周报》第23期,1923年5月2日。
③ 毛泽东:《五四运动》,《解放》第70期,1939年5月1日。
④ 李大钊:《这一周》,《北大经济学会半月刊》第24期,1924年5月1日。
⑤ 瞿秋白:《自民族主义至国际主义:五七—五四—五一》,载黄美真等编《上海大学史料》,复旦大学出版社,1984,第184-186页。

国民众第一次自觉地反对帝国主义的纪念日,参加运动的是青年学生,而组织领导青年的则是革命的中国共产党。这一时期,党对青年前途的指引,在纪念五四运动的讲话中逐渐归结为社会主义革命的前途。

20世纪30年代,特别是在日本侵华的大形势下,党根据抗战形势而提出新的青年的时代使命,强调在当时青年的出路和使命在于全面地反抗日本法西斯的侵略。青年要在抗战中充实、强健起来,担负起救国、建国的责任。在节庆等符号的构建上,党在各根据地逐渐倡导五四青年节,广泛宣传五四运动的救国精神,从而更加广泛地凝聚起青年的救国力量。1939年毛泽东描述了中国青年运动的方向:反对帝国主义和封建主义即将要转到胜利方面,最终要建立人民民主的共和国。因此,青年应该起到先锋、带头作用,要团结起来打倒日本帝国主义,把旧中国改造为新中国①。周恩来勉励青年"贯彻抗战到底,勉为文化先锋"②。

20世纪40年代的抗战烽火中,毛泽东、朱德、叶剑英等人在五四中国青年节、国际青年节等的讲话中号召全国青年继续发扬五四精神,团结起来参加抗战。叶剑英指出,青年的出路"在战斗中显现出来"。③朱德号召青年担负抗战责任。④毛泽东为纪念国

---

① 毛泽东:《在延安五四运动二十周年纪念大会的演讲》,《中国青年》第1卷第3期,1939年6月1日。
② 见《新华日报》1938年5月4日第4版周恩来的题词。
③ 叶剑英:《写给抗战中的青年》,《新华日报》1940年10月12日第4版。
④ 朱德:《中国青年当前的任务》,《中国青年》第3卷第1期,1940年11月5日。

际青年节而题词:"目前中国青年的任务就是打胜日本帝国主义。"①董必武则称"打倒法西斯主义,扑灭东方的法西斯是中国青年首要的历史使命"。②在抗战的艰苦斗争环境中,他们的号召无疑指明了迷茫青年的救国之途。20世纪40年代中后期的革命斗争中,民主运动成为时代性主题,具体落实到反对内战、要求和平以及与反动势力斗争上。

新中国成立之际,青年走向光明,也象征着新生中国的希望,进行社会主义建设,建立一个独立、自由、统一、富强、繁荣的社会主义新中国,是大家奋斗的方向。毛泽东号召青年团结起来为建设新中国而奋斗,勉励青年要"身体好,学习好,工作好"③。

改革开放以来,党和国家领导人希望青年站在时代前列,继承和发扬五四运动的光荣革命传统,积极投身于社会主义现代化建设事业。邓小平同志高度重视青年工作,勉励青年一代要争当有理想、有道德、有文化、有纪律的一代新人。江泽民同志指出,有了这样的爱国主义精神,中国青年运动就有了正确的前进方向和强大的精神动力。胡锦涛同志指出,五四精神的核心,是伟大的爱国主义。

党的十八大以来,以习近平同志为核心的党中央高度关心关怀青年和青年工作,一如既往地注重用五四精神增强对青年的指

---

① 《新华日报》1941年9月7日第2版。
② 见《新华日报》1941年9月7日第4版董必武的题词。
③ 毛泽东:《青年团的工作要照顾青年的特点》,载中共中央文献研究室编《建国以来重要文献选编》第4册,中央文献出版社,2011,第237页。

引。2013年,习近平总书记指出,近代以来,我国青年不懈追求的美好梦想,始终与振兴中华的历史进程紧密相连。历史与现实证明,青年一代有理想、有担当,国家就有前途,民族就有希望。而"为实现中华民族伟大复兴的中国梦而奋斗,是中国青年运动的时代主题"。2014年,习近平总书记在北京大学考察时强调,广大青年对五四运动的最好纪念,就是在党的领导下,勇做走在时代前列的奋进者、开拓者、奉献者,同全国各族人民一道,担负起历史重任,让五四精神放射出更加夺目的时代光芒。

习近平总书记强调,必须加强对五四运动和五四精神的研究,以引导广大青年在五四精神激励下,为决胜全面建成小康社会、夺取新时代中国特色社会主义伟大胜利、实现中华民族伟大复兴的中国梦不懈奋斗。要加强对五四运动以来中国青年运动的研究,深刻把握当代中国青年运动的发展规律。我们党的历史上关于五四运动和五四精神的重要论述,有的是公开的演讲,有的表现为在公共媒介上发表的文字,更有以文件、贺信等形式对青年进行劝勉、鼓励,也有题词、口号等简短而有力的号召,在每个时代都对青年出路的探索和指引产生了重要价值和意义。对此进行挖掘、整理、研究,有助于我们从时序中梳理五四精神凝聚、提炼、丰富发展过程。从这一独特视角回望五四运动百年记忆史,可以看出无论从青年个体的生命历程,还是国家的整体命运的角度,爱国、进步、民主、科学的五四精神之延续与弘扬,始终指引着青年在时代的大背景下,把握人生的际遇与机缘,担当起党和人民所赋予的历史重任,为实现中华民族伟大复兴而不断努力。

# 钩沉一个民族的青春记忆
——五四运动百年记忆史整理与研究摭论

作为20世纪中华民族宝贵的精神遗产,常读常新的"五四",已伴随我们经历了一个世纪的岁月,成为我们挥之不去的一抹青春记忆。时值五四运动百年之际,我们以记忆史的整理与研究来纪念中华民族不老的青春记忆。"五四"记忆史之发掘和整理,在于追溯五四精神之初心,不忘五四精神之传承,启迪未来五四精神之发扬。

作为一个众所周知的学术概念,"五四"在内涵和外延上有着丰富的理解和阐释,"五四"概念之提出、涵化过程也体现出一个概念发展中的内涵和外延的发生生成及丰之或简之的过程。具体说,它指称的是发生于1919年5月4日,以北京学生为主体,以"外争主权、内惩国贼"为口号的学生游行示威事件。事件的发生在国内外引发强烈的反响,成为近代以来中国屡遭屈辱之愤懑情绪的总爆发。因此,事件后的第三天就有学者对其精神现象作了概括。时任北京大学教授的高一涵于5月6日的《晨报》上以《市民运动的研究》为题,对学生运动的性质和意义进行了敏锐的捕捉和描述。①时隔三周,罗家伦更是以《"五四运动"的精神》为题将这一精神事件命名为我们今天耳熟能详的指称。②之后,更有了诸如"五四事件""五四学生事件""五四新文化运动""五四风雷""五四学生运动"等不一而足的指代和称谓。时至今日,"五四运动"则成为一个约定俗成的指称。从外延上看,"五四运动"还有更为宽泛的含义,它可以囊括自《新青年》杂志创刊直至20世纪20年代中期的一系列文化思潮和现象,在很多情况下学界多以"五四新文化运动"呼之。

作为五四运动主体,学生身份的罗家伦直接将五四精神概括为"学生牺牲的精神""社会裁制的精神""民族自决的精神";作为导师的陈独秀则将之呼为"直接行动"与"牺牲的精神"。③无论是学生还是导师,作为当事人,他们的历史记忆与叙事都带有十分明显的"呈现"色彩。历史是一门关于时间的科学。无论世事沧桑还是时代变迁,无论是个人记忆还是集体记忆,也无论是历史记忆还是社会记忆,一种升华为民族与国家之青春记忆的精神符

---

① 高一涵:《市民运动的研究》,《晨报》1919年5月6日第6版。
② 罗家伦:《"五四运动"的精神》,《每周评论》第23号,1919年5月26日第1版。
③ 陈独秀:《五四运动的精神是什么?》,载《陈独秀文章选编(上)》,生活·读书·新知三联书店,1984,第518页。

号业已铸就。打捞"五四"记忆的历史迫切性在于:满载着家国情怀与天下胸怀的"五四"言说理应成为一座不朽的历史丰碑。

一

追溯五四运动前十年,呼唤青春应该说是文学与思想界的时代强音。时至"五四",这一声音更是达到了前所未有的高度。毕竟,辛亥之后,中华民族的伟大复兴理应呈现出生机勃勃、青春靓丽的伟岸形象。为此,一代又一代的启蒙先驱为了新中国美好的愿景而不懈努力。梁启超的《少年中国说》振臂高呼:"日本人之称我中国也,一则曰老大帝国,再则曰老大帝国。是语也,盖袭译欧西人之言也。呜呼!我中国其果老大矣乎?任公曰:恶!是何言!是何言!吾心目中有一少年中国在!"[①]"少年中国"正是青春中国的雏形。将摇摇晃晃、行将就木的老大帝国创造性地转化成朝气蓬勃、青春荡漾的新中国,这不只是梁启超一个人的梦想,更是一个先进知识群体的情怀。

"五四"之际,李大钊、陈独秀等一代思想先驱更是对"青春"情有独钟。李大钊在《时》中说道:"一生最好是少年,一年最好是青春。"[②]他又以《青春》为题劝告同人和青年:"由历史考之,新兴之国族与陈腐之国族遇,陈腐者必败;朝气横溢之生命力与死灰

---

① 梁启超:《少年中国说》,《清议报》第35册,1900年2月10日。
② 李大钊:《时》,载《李大钊全集》第4卷,河北教育出版社,1999,第288页。

沉滞之生命力遇,死灰沉滞者必败;青春之国民与白首之国民遇,白首者必败,此殆天演公例,莫或能逃者也。"以此类推之国家民族:"吾之国族,已阅长久之历史,而此长久之历史,积尘重压,以桎梏其生命而臻于衰敝者,又宁容讳?然而吾族青年所当信誓旦旦,以昭示于世者,不在龂龂辩证白首中国之不死,乃在汲汲孕育青春中国之再生。"寄希望于"新青年"、托未来于"青春",期待"以青春之我,创建青春之家庭,青春之国家,青春之民族"的有志青年呼之欲出、招之能来、来之能战。①凡此种种"青春"之歌,如同历史的主旋律一样飘扬在"五四"的天空。《新青年》创刊号上,陈独秀以《敬告青年》相共勉:"青年如初春,如朝日,如百卉之萌动,如利刃之新发于硎,人生最可宝贵之时期也。青年之于社会,犹新鲜活泼细胞之在人身。新陈代谢,陈腐朽败者无时不在天然淘汰之途,与新鲜活泼者以空间之位置及时间之生命。"②"青春中国"之构想,已成为重要的时代命题。

正是在这种比拟生物机体进化阐释的影响下,一代又一代的青年知识分子纷纷投入到时代的大潮中,彰显青春的价值和魅力。李大钊、王光祈主导的少年中国学会于1919年7月1日成立,蔡元培誉之为"最有希望"③的团体,会员中包括了毛泽东、邓中夏、恽代英、张闻天、高君宇、朱自清、田汉等一大批激扬文字、

---

① 李大钊:《青春》,《新青年》第2卷第1号,1916年9月1日。
② 陈独秀:《敬告青年》,《青年杂志》第1卷第1号,1915年9月15日。
③ 蔡元培:《工学互助团的大希望》,《少年中国》第1卷第7期,1920年1月15日。

指点江山的青年学子,正是以他们为代表的有志青年打造或留下了"青春"的历史底色。

## 二

在"青春"的链条中,我们还有一种"剪不断、理还乱"的记忆。我们所理解的"五四"先驱心目中期待并诉求的"青春",不单指年龄上的,而且还是心理上的。陈独秀所说的"年长而勿衰"①,就是从传统意义上的"少年老成"而来。李大钊所说的"进而纵现在青春之我,扑杀过去青春之我,促今日青春之我,禅让明日青春之我"②,更是充满着发展、进步的"再青春"、不断"青春"之理念。后来毛泽东于1957年11月17日在寄语留苏学生的勖勉中,更是道出了让青春出彩的希望:"世界是你们的,也是我们的,但是归根结底是你们的。你们青年人朝气蓬勃,正在兴旺时期,好像早晨八、九点钟的太阳。希望寄托在你们身上。"③五四运动青春的节奏和旋律,还留下了珍贵的文化遗产——青年节。

这样一个青春时代的记忆,是一代青年的社会记忆,更是一个民族和国家的集体记忆。历史是已经被"固化"了的过去,而在共时性的维度上,尤其是在历时性与共时性这一坐标的交叉点

---

① 陈独秀:《敬告青年》,《青年杂志》第1卷第1号,1915年9月15日。
② 李大钊:《青春》,《新青年》第2卷第1号,1916年9月1日。
③ 《毛主席在苏联的言论》,人民日报出版社,1957,第14页。

上,如何处理记忆之场与生俱来的张力,则是历史学家不能回避的一个命题。在历史哲学意义上,这也涉及"现象"与"本质"的关系问题。譬如"青春"主题,基本元素集中于爱国、进步、民主、科学等,很容易达成共识,而在关于"五四"的内涵及外延,尤其是关涉其性质、精神等问题上,近百年的时间里曾出现众说纷纭的不同理解与阐释。当年,"研究系"的刊物《晨报》与革命党人的刊物《民国日报》就在1920年5月4日"五四"周年纪念时出现了不同的发声。之后中国共产党与国民党对五四运动的意义、价值、性质也都有不同的立场和观点。考察近百年的"五四"研究学术史,学术界不同时期、不同领域、不同学科、不同年龄段的学者,也都在不同的学术视野中得出自己的看法和感悟。诚然,作为历史学家,谁也无法回避历史与记忆之间天然的张力。这也是历史学家能成为历史学家的原因:历史学家的担当充分体现在他对自然的、原生态的、客观的历史事实的拿捏和把握,以及必须具备的求真情怀。"历史是按照不同的节奏形成的,而历史学家的首要责任便是弄清楚这些节奏"①,根据能够占有的资料进行思考、描述与阐释。

进而言之,一个社会的历史进程总离不开个人身份与集体身份的双重确认,我们也就不能不面对如何处理好其中的个体与集体之间"单数"与"复数"关系的问题。对于历史事件,一个人的回忆总是个体的,同时也是个性化的体验。一旦进入集体记忆,很

---

① 雅克·勒高夫:《历史与记忆》,方仁杰、倪复生译,中国人民大学出版社,2010,《1986年意大利语版前言》第8页。

多历史细节,哪怕是对历史发展起着关键作用的"点"与"眼",都有可能被忽略或遮蔽。那么,谁来对历史负责?说得直接些,一个人的夙愿、诉求乃至梦寐以求都可能在"复数"的合唱中被淹没或压倒。对此,雅克·勒高夫论道:"过去"与"现在"的关系无疑是把握或拿捏历史分寸的瓶颈。这也是历史学的意义之所在,因为"过去/现在的差异,它存在于集体意识中,特别是存在于社会历史意识中,之前在评判过去/现在这对概念的中肯性时都是从其他视角出发的,而非集体回忆中的过去/现在和史学中的过去/现在"。基于这样一种设定,我们需要从"过去/现在"的历史模板中跳出来:"实际上,认知中的现实以及用'前'与'后'来界定的时间片段中的现实都是没有限制的,无论从个人还是从集体的角度来看,都很有必要在过去/现在的基础上再加上第三个维度:'未来'。"①从历史到记忆,用历史阐释的方法缓解固有的紧张并救赎难以化解的顽症,这种历史学的方法与年鉴派一以贯之的主张严丝合缝。这里,所谓"未来"就是历史研究的前瞻性。如果没有前瞻性,我们的历史研究无异于复制和克隆。再现过去不是为过去而过去,而是为了观照当下、映照未来。当然,"前瞻"不是说历史学家具有预测未来的能力,而恰恰是,历史学家能够站在历史的废墟上或站在思想巨人的肩膀上告诉未来:我们不能做什么或者应该避免什么。唯其如此,我们才能从古旧、死板、僵化的教条面相中解脱,从而在历史废墟上营造出学术的绿洲。如此,我们

---

① 雅克·勒高夫:《历史与记忆》,方仁杰、倪复生译,中国人民大学出版社,2010,第2页。

从事历史研究者才能从现在与过去的纠结中得以解脱。为了更好地观照当下、映照未来,百年五四运动记忆史的整理与研究理应立足于再现过去、回到现场、触摸历史,以立体生动的历史记忆梳理"五四"的"来龙",展望其"去脉"。

## 三

应该看到,历史记忆是一个文化重构、记忆重组的过程。针对这一现象和规律,马克思指出:"劳动是活的、塑造形象的火;是物的易逝性,物的暂时性,这种易逝性和暂时性表现为这些物通过活的时间而被赋予形式。"①记忆的社会性和重构性在涂尔干学派的代表人物哈布瓦赫那里也能得以印证:"进行记忆的是个体,而不是群体或机构,但是,这些植根在特定群体情境中的个体,也是利用这个情境去记忆或再现过去的……过去是由社会机制存储和解释的。"②书写百年"五四"这样一个既不是短时段也不是太长时段的历史记忆,具有回归与再撰的双重意义。百年"五四",我们可以理解为中时段的定位:一方面,鉴于"青春"主题已经在原有本色上被年轮涂刷上了一层层五颜六色、缤纷炫目的彩釉,当下的研究就有必要正本溯源、剥茧抽丝,以得"始终";另

---

① 马克思、恩格斯:《马克思恩格斯全集》第46卷上册,中共中央马克思恩格斯列宁斯大林著作编译局编译,人民出版社,1979,第331页。

② 莫里斯·哈布瓦赫:《论集体记忆》,毕然、郭金华译,上海人民出版社,2002,第40-43页。

一方面,再撰的意义无非是在回归的前提下,重新书写"五四"的林林总总、逶迤曲折,从而进一步建构起"五四学"的学术思想谱系。这一切,都必须建立在五四运动百年记忆史整理的基础之上。

"五四"记忆史的保留体现在主体、文本、空间、思想等方面,表现在人物记忆、学术记忆、地方记忆、公共记忆等各个方面,我们选择最为核心的记忆方面进行历史层面的梳理。学术记忆是持续的,也是随着社会演进话语体系变化较大的一个层面,百年的学术回眸,适时地对之进行学术再思考和评判可以推动此后学术研究的深化。作为记忆之主体,"五四"人物留下的记忆,经历了个人记忆、群体记忆、公共记忆、社会记忆到历史记忆的过程,我们想知道在演进中从个体记忆到历史记忆到底经历了什么样的过程。在公共话语层面,各个时期的报刊舆论对"五四"之纪念,主题充满了变化的时代感,这些公共舆论所构建起来的时代记忆无疑是解读当时中国所面临的最迫切的变化,"五四"记忆和精神在每个时间节点上都表现出最强的时代精神。在空间意义上,五四运动也成为诸多城市记忆之一部分,省域的、地域的、城市的,无论哪个层面,都体现出地方记忆对"五四"的地方价值和意义的重构。体现这些不同层面记忆史面相的是各种史料,只有大量收集,从中甄别,我们才能观察到"五四"记忆史之整个面貌、其中演进和重构之脉络、"五四"之时代精神和永恒之青春精神。这些记忆史的研究和史料整理,将成为我们关注与研究的对象和领域,也值得我们关注和研究,将历史记忆重构为记忆史的书写。

从人类文明史的视角出发,记忆史的重构过程远远不只是一种简单的历史书写。社会记忆对每一个民族来说,都是民族良知的具体彰显和流布。在这个意义上,在个体记忆与社会记忆基础上重构历史记忆乃是当下历史学的重要使命。在我们享受祖先馈赠之博大精深的中华文化的同时,我们也正受用着"五四"以来先驱哲人留给我们的精神遗产,从文言文流布的古典之美到白话文书写的新文学经典,同构起一个民族生生不息、源源不绝如江河奔涌之精神意象。郁达夫撰文纪念鲁迅时说:"没有伟大的人物出现的民族,是世界上最可怜的生物之群;有了伟大的人物,而不知拥护、爱戴、崇仰的国家,是没有希望的奴隶之邦。"①借鉴这句感人的肺腑之言,我们要说:一个没有历史的民族不能称得上是一个伟大的民族,但有历史却总被遗忘,不能为其后人铭记,则是悲哀的,甚至是灾难的。从这里出发,为百年来一直激励我们前行的精神符号——"五四"——建造一座历史精神的博物馆,是梦想,是情怀,更是担当。

---

① 郁达夫:《怀鲁迅》,《文学》第 7 卷第 5 号,1936 年 11 月 1 日。

# 对峙的意义:"新青年派"与"学衡派"文化论争的世纪回眸[①]

我今天要讲的题目是《对峙的意义:"新青年派"与"学衡派"文化论争的世纪回眸》。为什么讲这个题目呢?我们知道,从"新青年派"与"学衡派"的文化论争到现在,已经走过了100年的历史。近世以来,中国文化的发展始终绕不开中与西、新与旧的矛盾。到五四新文化运动时期,中西文化及新旧之争可以说达到了白热化的程度。"新青年派"和"学衡派"在文学观念的差异、文化话语权力的争夺以及思想谱系的颉颃方面,构成了今天我们进一步反思如何进行文化建设,如何使文化走向现代性的一个可资借

---

[①] 2019年9月26日和11月15日,笔者应华东师范大学思勉人文高等研究院和南京大学学衡研究院的邀请,围绕"五四"前后文化论争,以"新青年派"和"学衡派"的论争为主线,做了两场学术报告。本文系这两场报告的录音整理稿。

鉴的意义资源。在我看来,"新青年派"与"学衡派"的论争,是近一个世纪以来最重要的一场论争,这一个世纪的纠结一直缠绕着我们,构成了我们每位学人挥之不去的历史记忆,也构成了我们进一步思考的前提和基础。

我今天的讲座内容分为四个部分:第一部分讲"新青年派"与"学衡派"文化论争的缘起。鉴于这方面国内外的相关著述已经很多了,为了讲座的完整性,把来龙去脉说明白,所以这次还是要简单叙述一下;第二部分讲"新青年派"与"学衡派"文化论争的三个"观测点";第三部分讲"新青年派"与"学衡派"文化论争的三个错位,并对两派各自遵循的逻辑理路做一个挖掘;第四部分是本次讲座的主要部分,讲"新青年派"与"学衡派"文化论争的意义,即对峙的意义。

## 一、"新青年派"与"学衡派"文化论争的缘起

1915年9月15日,陈独秀在上海创办《青年杂志》(第2卷起改名为《新青年》)。以此为标志,五四新文化运动正式开始。五四新文化运动有很多的成绩和开创性的贡献,但最大的贡献和成就,就是关于中国书面语言的革新,也就是白话取代文言。然而,《新青年》刚创刊时,却本无意于推行白话文。你看,杂志第1卷全部6期内容几乎没有探讨文言与白话的关系。在创刊号上,陈

独秀提出"本志之作,盖欲与青年诸君商榷将来所以修身治国之道"①,在通信中也指出"改造青年之思想,辅导青年之修养,为本志之天职"②。那么《新青年》是如何开始提倡白话写作的呢？我认为《新青年》倡导白话文源自一场"美丽的邂逅",这个"美丽的邂逅"要从主撰陈独秀和他的乡友胡适的"神交"说起。

《新青年》在刚创刊的时候,门可罗雀,不但没有读者,也缺少经费,缺少作者。鲁迅就曾说过:"他们正办《新青年》,然而那时仿佛不特没有人赞同,并且也还没有人来反对,我想,他们许是感到寂寞了。"③所以杂志一创刊,陈独秀就想方设法延揽人才。陈独秀在延揽人才的时候想到一个人,这个人他没有谋过面,是他在日本协助章士钊编辑并发行《甲寅》杂志时知道的,并且还是他的乡友,叫胡适。胡适在《甲寅》杂志上投过《柏林之围》与《非留学(致〈甲寅〉杂志记者)》两篇稿子,陈独秀觉得很不错。陈独秀就想将胡适招到麾下。

此时的胡适正在美国留学,怎样才能与这位青年才俊搭上线呢？这时,陈独秀想到了一个人,就是亚东图书馆的老板汪孟邹。汪孟邹与胡适都是安徽绩溪人,汪孟邹同陈独秀和胡适关系都很好,但是陈独秀与胡适从来没有见过面。怎么办呢？那时候就靠写信,用今天的话来说就是"加微信"。汪孟邹作为陈、胡共同信

---

① 《社告》,《青年杂志》第1卷第1号,1915年9月15日。
② 《陈独秀致王庸工》,《青年杂志》第1卷第1号,1915年9月15日。
③ 鲁迅:《〈呐喊〉自序》,载《鲁迅全集》第1卷,人民文学出版社,1961,第7页。

任的朋友,就充当了红娘的角色,在陈独秀和胡适之间牵线搭桥,于是,陈胡之间就有了一个美丽的邂逅。

1915年10月6日,陈独秀通过汪孟邹将新出炉的《青年杂志》寄送给了胡适,同时写了一封信,通过汪孟邹向胡适约稿,汪孟邹说:"今日邮呈群益出版青年杂志一册,乃炼(指汪自己——引者)友人皖城陈独秀君主撰……拟请吾兄于校课之暇担任青年撰述……炼亦知兄校课甚忙,但陈君之意甚诚,务希拨冗为之所感幸。"①12月13日,汪孟邹又向胡适说:"陈君(独秀——引者)望吾兄来文甚于望岁,见面时即问吾兄有文来否……每期不过一篇,且短篇亦无不可。务求拨冗为之,以增该杂志光宠,至祷,至祷。否则陈君见面必问,炼将穷于应付也。"②1916年3月10日,汪孟邹继续向胡适催稿:"陈君盼吾兄文字有如大旱之望云霓,来函云新年中当有见赐,何以至今仍然寂寂,务请吾兄陆续撰寄。"③

胡适倒也很认真,每每细阅之后,都会有十分肯綮的"边角料"。"边角料"寄到陈独秀手中后,哪怕是只言片语有时也会被一字不漏地付梓于杂志。按理说,个人的来信是有隐私的,但陈独秀却把来信用通信的形式全部发表在《新青年》上。

一封关于胡适转译的《决斗》小说之往来书信表明,他对《新青年》的敢于直言之"诤友"角色的呈现更让乡友陈独秀对其刮目

---

① 唐宝林、林茂生编《陈独秀年谱》,上海人民出版社,1988,第69页。
② 唐宝林、林茂生编《陈独秀年谱》,上海人民出版社,1988,第70页。
③ 唐宝林、林茂生编《陈独秀年谱》,上海人民出版社,1988,第72页。

相看。"校阅"不细致、办刊宗旨不明确诸问题都是胡适直言不讳点出来的。比如《新青年》创刊时以"现实主义"声明为趋向,然而一首被推为"希世之音"的"古典主义"诗歌流布在杂志上时,胡适就坐不住了:"足下难免自相矛盾之诮。"胡适对陈独秀的主张自我矛盾提出了批评,陈独秀说:"一经足下指斥,曷胜惭感!"①当时陈独秀也算是一个十分自信且感情用事之人,但是他对胡适的指责却能接受,很谦虚并以"大糊涂"自省。这也是他们日后成为"神交""朋友""诤友",以谋事立业的基础。

我们看到,陈独秀、胡适二人是诤友,虽然没有见过面,但是在书信往来中敢于直言,尤其是胡适,敢于给陈独秀提意见。飞扬跋扈、舍我其谁的陈独秀为将胡适招至麾下,对胡适的意见和建议也很给面子,有点卤水点豆腐的味道。这也让胡适找到了感觉,于是他也加紧为《新青年》写文章,1916年2月3日,胡适的一纸文字将陈独秀引导到了广袤而开放的世界平台,也是一个全球的视野上:"今日欲为祖国造新文学,宜从输入欧西名著入手,使国中人士有所取法,有所观摩,然后乃有自己创造之新文学可言也。"②

值得注意的是,早在美国留学期间,胡适就与梅光迪等人讨论文学改革的问题,也正是通过这些争论,胡适逐步形成了自己的文学革新主张。他在接受陈独秀的约稿后,便顺势将自己的主张提了出来,并很快得到陈独秀的大力支持。格局上的转变使得

---

① 《通信》,《新青年》第2卷第2号,1916年10月1日。
② 唐宝林、林茂生编《陈独秀年谱》,上海人民出版社,1988,第71页。

境界蔚为大观,二人互相激荡,牵扯出一个大命题,新文学的发生正是在这两位安徽乡友的一唱一和、吁请逗引下出台的。

随后不久,胡适与陈独秀的越洋对话中有如此的你鼓我呼:1916年8月21日,胡适致信陈独秀说"今日文学之腐败极矣",死气沉沉、摇摇欲坠,那我们何不联袂携手呢?胡适继续说"适以足下洞晓世界文学之趋势,又有文学改革之宏愿,故敢贡其一得之愚"①,就是胡适认为陈独秀洞晓世界文学之趋势,又有文学改革之宏愿,你若愿意改,我就愿意贡献我的智慧。于是两人开始了一拍即合的打造新文学之路。可以说胡适和陈独秀一开始的兴奋点就在文学改革上。10月5日,陈独秀回信说:"文学改革,为吾国目前切要之事。此非戏言,更非空言……此事务求足下赐以所作写实文字,切实作一改良文学论文,寄登《青年》,均所至盼。"②

陈独秀这个话说得很重,他说你就切实写一篇文章给我,等于说这个"切实",是一个刺激的语言,也是将了胡适一军,这样胡适就寄来了《文学改良刍议》。

我们知道《文学改良刍议》这篇文章是推动中国文字书写变革的重要文章,它发表在1917年1月的《新青年》第2卷第5号上。在文中,胡适提出了具有革命性和颠覆性的文学改良八项主张:"须言之有物""不摹仿古人""须讲求文法""不作无病之呻吟"

---

① 《通信》,《新青年》第2卷第2号,1916年10月1日。
② 《陈独秀致胡适》,载中国社会科学院近代史研究所中华民国史研究室编《胡适来往书信选(上)》,社会科学文献出版社,2013,第4页。

"务去滥调套语""不用典""不讲对仗""不避俗字俗语"。他预言:"以今世历史进化的眼光观之,则白话文学之为中国文学之正宗,又为将来文学必用之利器,可断言也。"①

紧接着,在《新青年》第 2 卷第 6 号上,陈独秀趁热打铁,发表《文学革命论》,形成推波助澜之势:"政治界虽经三次革命,而黑暗未尝稍减。其原因之小部分,则为三次革命,皆虎头蛇尾,未能充分以鲜血洗净旧污;其大部分,则为盘踞吾人精神界根深蒂固之伦理、道德、文学、艺术诸端,莫不黑幕层张,垢污深积,并此虎头蛇尾之革命而未有焉。"进而提出"三推倒""三建设"的文学观念,即"推倒雕琢的阿谀的贵族文学,建设平易的抒情的国民文学""推倒陈腐的铺张的古典文学,建设新鲜的立诚的写实文学""推倒迂晦的艰涩的山林文学,建设明了的通俗的社会文学"。②可以看出,陈独秀表现得比胡适更果断、更霸气,走得更远。

陈独秀的态度比胡适的更为激进,两人一拍即合,联袂演绎了一场文学革命,就是白话文运动。他们俩取长补短,以白话书写为抓手,并在亲力亲为的实践中,取得了相应的"实绩",尤其是胡适。

胡适在真正加入"新青年派"之前,在陈独秀逗引下干的惊天动地的第一件事就是以白话文为正宗的文学改良与革命。这也是胡适一生最得意的一件事情。这一改变 20 世纪中国现代性走向的书写体变革至今还在影响着国家、民族和社会,到现在我们

---

① 胡适:《文学改良刍议》,《新青年》第 2 卷第 5 号,1917 年 1 月 1 日。
② 陈独秀:《文学革命论》,《新青年》第 2 卷第 6 号,1917 年 2 月 1 日。

在座的每一位都在享受着这份果实,我们今天书写都是用的白话文,这个白话文就来自这次运动。这一切,都来自20世纪初年的那场以《新青年》为平台的逗引与唱和。但是这场运动到现在还在隐隐地作痛,从它发生的那一天起就招来了很多的非难非议,乃至口诛笔伐。

我把第一部分的前半段内容讲完了,应该看到,从世界文化史来看,语言文字从来都是知识分子安身立命之尊严的象征。也正是这个原因,无论是哪一个国家或民族的知识分子对语言文字问题都十分敏感。你看文艺复兴,文艺复兴很多的问题也牵扯到语言的问题,民族化的问题,使用本国语言的问题。应该说,没有语言,作为人类的我们,无法寻觅到回家的路。因为语言是人类特有的、共同的、永远的乡愁,永远是我们寻求回归之路的通途,走向消解乡愁的归途。它是经过人类的祖先规训、拣择、浪淘的文化基因。如果文化尤其是承载着这样一个厚重人文传统的语言文字随意间走向放纵和粗暴,那我们必将在平庸、浅薄中走向低俗,毕竟,"语言"虽然是文化底座上最为表层的"设计",却是一个民族文化架构中最为深层的内蕴表征,语言之争是文化之争最直接、最直观,也是最根本的显示。所以,"新青年派"以简单、粗暴甚至专断的方式对待文言,在当时保守派文人看来,是一种最不理智的失敬和冒犯,他们认为这是大不敬,是冒祖宗之大不韪。

应该看到,对待语言的态度也是一个民族是否有文化自信的标志。网上一直流传着这样一句话:"汉语是世界上最美的语言。"这句话多出自情感的态度,属情感的认同。汉语是否最美这另有说法,需要我们客观冷静地看待。但从理性上看,可能每个国家的人都会认为自己国家的语言是最美的,比如法国著名作家都德在《最后一课》中就写道:"法国语言是世界上最美的语言。"这也与"汉语是世界上最美的语言"如出一辙,但是这也从一个侧面反映出我们对自己的母语都很热爱、很自信。语言问题毕竟是文化层面的,是相对的、多元的,在这个意义上,"文白之争"最能表现传统与现代、东方与西方文化之间的差异。因为这触及我们心灵上最柔软的、心底的一个部分了。

1922年1月,在白话文几成定局之时,《学衡》杂志创刊,并开始向"新青年派"发难。两派之间有很多争论,更多的也是集中在"文白之争"上。为此,敏感的胡适在日记中写道:"东南大学梅迪生等出的《学衡》,几乎专是攻击我的。"[①]因为他们认为胡适就是白话文运动兴风作浪的始作俑者。

## 二、"新青年派"与"学衡派"文化论争的三个"观测点"

如果说《新青年》烹调了一道"民主""科学"大餐,那么《学衡》奉献的则是一桌"示正道,明大伦"的人文盛宴。在两个"战队"以白话与文言之争为切入点的楚河汉界背后,还有着不为人知的深水区作业在等待着我们打捞。应该看到,《学衡》和《新青年》在精神上有许多暗合之处,这也构成了二者对垒的前提和基础。

---

① 中国社会科学院近代史研究所中华民国史研究室编《胡适的日记(上)》,中华书局,1985,第258页。

首先,《新青年》的"盖欲与青年诸君商榷将来所以修身治国之道"与《学衡》的"示正道,明大伦"有相通之处,都是讲修养、讲立人,只是二者"修养"的路径不一样、内容不一样。一个主张用西方思想来培养与传统决裂的"新青年";一个注重用人类最精华的元典来涵养人性,规约人的行为,培养中正之人。

其次,"新青年派"与"学衡派"之间并不存在要不要"民主"与"科学"的分歧,因为历经欧风美雨的海归们本就共执"德先生""赛先生"的"同途",只是在如何"民主"、何以"科学"的道路选择上步入"殊路"。

遵循自由和理性的指归,并同样立足于关怀未来中国的现代性走向,两个"群体"着力于评文学、论学风、谈教育,以此作为支点展开针锋相对的论战,而正是在这些唇枪舌剑的文字中,我们清晰地看到了一个世纪的纠结。刚才咱们说了,"新青年派"和"学衡派"有很多争论,但相对集中在"文白之争"上。而这三个"观测点"也皆是本着"文白之争"扩张而来。

(一)评文学

针对《新青年》为文言文所发"讣文","学衡派"尤不以为然。他们将火力点首先对准"文""白"的"死""活"问题上。

胡适在《建设的文学革命论》一文中说:"用死了的文言决不能做出有生命有价值的文学来。这一千多年的文学,凡是有真正文学价值的,没有一种不带有白话的性质,没有一种不靠这个'白话性质'的帮助。"①

《学衡》同人认为文言文历史悠长,通达高雅,是成熟的交流工具与文学正宗,《学衡》主编吴宓强调说明,"本杂志行文则力求明畅雅洁……总期以吾国文字,表西来之思想,既达且雅,以见文字之效用,实系于作者之才力。苟能运用得宜,则吾国文字,自可适时达意,固无须更张其一定之文法",而不需要俚俗的白话文"摧残其优美之形质也"。②

吴宓继而强调"文字之体制不可变,亦不能强变也",这是因为"文字之体制,乃由多年之习惯,全国人之行用,逐渐积累发达而成",而且,"字形有定而全国如一,语音常变而各方不同"。③

鉴于"新青年派"为"文白"之争锁定的"死""活"二元对立的新文学规则建立在"一时代有一时代之文学"④的直线进化观念基础上,"学衡派"打出了一张文学及其文化演进的涵化大牌:"文学之历代流变,非文学之递嬗进化,乃文学之推衍发展;非文学之器物的替代革新,乃文学之领土的随时扩大;非文学为适应其时代环境而新陈代谢、变化上进,乃文学之因缘其历史环境而推陈出新,积厚外伸也。文学为情感与艺术之产物,其本质无历史进化之要求,而只有时代发展之可能……其'变'者,乃推陈出新之

---

① 胡适:《建设的文学革命论》,《新青年》第4卷第4号,1918年4月15日。
② 《学衡杂志简章》,《学衡》第1期,1922年1月。
③ 吴宓:《论新文化运动》,《学衡》第4期,1922年4月。
④ 胡适:《文学改良刍议》,《新青年》第2卷第5号,1917年1月1日。

自由发展的创造作用,而非新陈代谢之天演进化的革命作用也。"①"学衡派"说,如果现代的文学一定胜过过去的文学,那谁能超过过去的唐诗、宋词呢?以唐诗、宋词为代表的文化高峰,后人难以超越。今天的感情一定比过去的纯粹、高尚、圣洁吗?感情有高低之分吗?

同时,胡先骕提出鲜明质疑:"文学进化论"是"误解科学误用科学之害"。②在"学衡"同人看来,属于人文学科的文学,不能用科学的进化规律来说明。文学的发展依靠对前代文学经典的传承与创造性转化:"文章成于摹仿(imitation),古今之大作者,其幼时率皆力效前人,节节规抚,初仅形似,继则神似,其后逐渐变化,始能自出心裁,未有不由摹仿而出者也"③,同时摹仿并非僵死不变的,而是在不断地丰富、发展和完善,因为"从事文学原不可以一家一书自足,其必取法百家,包罗万卷"。④

文学,不是靠激进生成,而是靠文化的渐进养成,走的是螺旋式发展路径。因此,他们质问并推断说:"何者为新?何者为旧?此至难判定者也。"所谓"新",无非是"层层改变递嬗而为新,未有无因而至者。故若不知旧物,则决不能言新"⑤。由此可见,"学衡派"文化群体并不是要否定"新"。梅光迪说:"夫建设新文化之

---

① 易峻:《评文学革命与文学专制》,《学衡》第79期,1933年7月。
② 胡先骕:《文学之标准》,《学衡》第31期,1924年7月。
③ 吴宓:《论新文化运动》,《学衡》第4期,1922年4月。
④ 吴芳吉:《再论吾人眼中之新旧文学观》,《学衡》第21期,1923年9月。
⑤ 吴宓:《论新文化运动》,《学衡》第4期,1922年4月。

必要,孰不知之?"①吴宓唯恐新文化同人曲解自己,还特别声明:"吾之所以不慊于新文化运动者,非以其新也,实以其所主张之道理,所输入之材料,多属一偏。"②"新青年派"以新压人、非新莫属、无新不欢,以致喜新厌旧,对新式个性自由、解放的追求造成无约束的放纵。

令"学衡派"诸君大为不满的是,在这种尚西、崇新的做法里,充斥着刚愎、武断的霸气,尤其是陈独秀在通信中的那段"指点":"改良文学之声已起于国中。赞成反对者各居其半。鄙意容纳异议、自由讨论,固为学术发达之原则。独至改良中国文学,当以白话为文学正宗之说,其是非甚明,必不容反对者有讨论之余地,必以吾辈所主张者为绝对之是,而不容他人之匡正也。"③如此激扬文字,盛气凌人,自然让人心有不快。对此,"学衡派"批判《新青年》是文学武断、白话专制,以及"新式学术专制",感到将为中国文化和社会的发展埋下可怕的隐患:"彼等固言学术思想之自由者也……然观其排斥异己,入主出奴,门户党派之见,牢不可破,实有不容他人讲学,而欲养成新式学术专制之势。"④

在1925年"火烧晨报馆"事件发生后,胡适致信陈独秀说:"我记得民国八年你被拘在警察厅的时候,署名营救你的人中有桐城派古文家马通伯与姚叔节。我记得那晚在桃李园请客的时

---

① 梅光迪:《评提倡新文化者》,《学衡》第1期,1922年1月。
② 吴宓:《论新文化运动》,《学衡》第4期,1922年4月。
③ 《通信》,《新青年》第3卷第3号,1917年5月1日。
④ 梅光迪:《评今人提倡学术之方法》,《学衡》第2期,1922年2月。

候,我心中感觉一种高兴。我觉得这个黑暗社会里还有一线光明:在那反对白话文学最激烈的空气里,居然有几个古文老辈肯出名保你,这个社会还勉强够得上一个'人的社会',还有一点人味儿。但这几年以来,却很不同了。不容忍的空气充满了国中,并不是旧势力的不容忍,他们早已没有摧残异己的能力了,最不容忍的乃是一班自命为最新人物的人。"①"不容忍"正是"学衡派"所反对的新式专制。

在"文""白"的"死""活"问题之外,一个更为关键的命题就是如何对待中西文化。陈独秀曾这样描述"新青年派"的文化选择路径:"万一不安本分,妄欲建设西洋式之新国家,组织西洋式之新社会,以求适今世之生存。则根本问题,不可不首先输入西洋式社会国家之基础,所谓平等人权之新信仰。对于与此新社会新国家新信仰不可相容之孔教,不可不有彻底之觉悟、猛勇之决心。否则不塞不流、不止不行。"②

针对"新青年派"非此即彼、不破不立的矫枉过正的病灶,"学衡派"开出一服"以中正之眼光""无偏无党,不激不随"的药剂。他们认为,自由和理性乃是各民族文化发展必须遵循的基本原则,要求本土情怀和世界胸怀兼备,不能采取封闭的文化路径,唯其如此,文化的选择与进步才会步入良性轨道。"学衡派"在坚守

---

① 胡适:《致陈独秀(稿)》,载耿云志、欧阳哲生编《胡适书信集(上)》,北京大学出版社,1996,第367页。

② 陈独秀:《宪法与孔教》,《新青年》第2卷第3号,1916年11月1日。

文化民族性的同时,更乐于在源头上"兼取中西文明之精华"。

基于这种认知,"学衡派"在创刊号上就将"吾国文化有可与日月争光之价值"①的标签贴到了《学衡》杂志上。他们认为我们国家的文化可以与日月争光。"学衡派"在"祭祖"的同时也不忘"数典",吴宓明确指出:"今欲造成中国之新文化,自当兼取中西文明之精华,而熔铸之,贯通之。吾国古今之学术德教,文艺典章,皆当研究之、保存之、昌明之、发挥而光大之。而西洋古今之学术德教,文艺典章,亦当研究之、吸取之、译述之、了解而受用之。若谓材料广博,时力人才有限,则当分别本末轻重、小大精粗,择其尤者而先为之。中国之文化,以孔教为中枢,以佛教为辅翼;西洋之文化,以希腊罗马之文章哲理与耶教融合孕育而成,今欲造成新文化,则当先通知旧有之文化。盖以文化乃源远流长,逐渐酝酿,孳乳煦育而成。非无因而遽至者,亦非摇旗呐喊,揠苗助长而可致者也。今既须通知旧有之文化矣,则当于以上所言之四者:孔教、佛教、希腊罗马之文章哲学及耶教之真义,首当着重研究,方为正道。"②

(二)论学风

用何种"学风"教化?这是作为少数精英分子的文化领袖、教育界知识分子责无旁贷、必须回答的问题:"学术关乎士风,士风关乎国运,始乎甚微,而终乎不可御者也。""学衡派"说:"能为天

---

① 《学衡杂志简章》,《学衡》第1期,1922年1月。
② 吴宓:《论新文化运动》,《学衡》第4期,1922年4月。

下示正道、明大伦,安老怀少,使斯民得享安居乐业之福者,则是士之任也。"①这既是"学衡派"同人追求的止于至善的人文关怀,也是他们针对"新青年派"着意打磨的文字。

"学衡派"从一开始就认定"新青年派"霸居文坛领袖之名,实乃沽名钓誉的伪士,因此,感到是可忍孰不可忍。梅光迪表示:"彼等不容纳他人,故有上下古今,唯我独尊之概。其论学也,未尝平心静气,使反对者毕其词,又不问反对者所持之理由,即肆行谩骂,令人难堪。……往者《新青年》杂志,以骂人特著于时。其骂人也,或取生吞活剥之法,如非洲南洋群岛土人之待其囚虏;或出龌龊不堪入耳之言,如村妪之角口……今则标榜之风加盛,出一新书,必序辞累篇,而文字中又好称'我的朋友'某君云云……盖其心理,一则欲炫其交游之众,声气之广,与其所提倡者势力之大;一则欲使其朋友有可称述价值,博魁儒大师之名,而己更借以自荣。……所谓'新文化'领袖人物……有自言一年能著书五六种,以自炫其为文敏妙者;有文后加署'作于某火车中''某日黎明脱稿',以显其精力过人者。夫著述之价值,视其内容而定,初不关于如何脱稿,曾需几何时日也。昔人有惨淡经营数十年而成一书者,有非静室冥坐清晨脑健,不能构思者。若果为不刊之作,世人决不究其成书之迟速与起稿时之情形也。"②

他认为,"吾国所谓学者,徒以剽袭贩卖为能,略涉外国时行书报,于其一学之名著及各派之实在价值,皆未之深究",甚或"道

---

① 邢琮:《罪言录》,《学衡》第 43 期,1925 年 7 月。
② 梅光迪:《评今人提倡学术之方法》,《学衡》第 2 期,1922 年 2 月。

听途说",唯一的标准只是"问其趋时与否",而非"是非真伪"。①胡先骕便曾指出"新青年派"毫无客观、精准的批评标准,写文章时"率尔下笔,信口雌黄"。②

因此,他们认为批判"新青年派",并重建学术规范、接续道统文统,乃是当务之急:"今日学者第一要务在继续前人之精神",即"圣哲所言大经大法",不能"视若无睹,甚至颠倒其说,谬悠其词"。③翻译成现在的白话文,就是说"新青年派"是在忽悠,而且是大忽悠,"新青年派"的那些东西都是伪学问。"语彼等以学问之标准与良知,犹语商贾以道德,娼妓以贞操也。"④

（三）谈教育

对于"学衡派"而言,无论是评文学还是论学风,抑或讲人文,他们始终坚守着一个万变不离其宗的中心——"立人",这是文艺复兴和启蒙运动以来追求现代性始终不变的主题。"新青年派"的"辅导青年之修养"讲的也是"立人",培养"新青年",由"立人"而"立国",但是他们倡导的"新青年"是什么样的呢?

陈独秀在《青年杂志》创刊伊始就提出了兽性主义教育方针:"日本福泽谕吉有言曰:'教育儿童,十岁以前,当以兽性主义。十

---

① 梅光迪:《论今日吾国学术界之需要》,《学衡》第4期,1922年4月。
② 胡先骕:《论批评家之责任》,《学衡》第3期,1922年3月。
③ 柳诒徵:《论大学生之责任》,《学衡》第6期,1922年6月。
④ 梅光迪:《评提倡新文化者》,《学衡》第1期,1922年1月。

岁以后,方以人性主义'……兽性之特长谓何?曰意志顽狠,善斗不屈也;曰体魄强健,力抗自然也……皙种之人,殖民事业遍于大地,唯此兽性故;日本称霸亚洲,唯此兽性故。"①他在《青年杂志》创刊号上就曾呐喊着"自觉奋斗""新鲜活泼之青年"的出现,起而运动国民,"用那最不和平的手段,将那顾全饭碗、阻碍和平的武人、议员、政客扫荡一空不可"。②

更有甚者,"中国的学校,简直是害人坑,是黑暗牢狱;请看有名的清华学校和北洋大学还是这样,别的不用说了。我也曾经害过人,现在想起来真是汗流浃背呵!这件事不但不必责备政府,并不必只望什么教育家,谁配当教育家?只有学生自己起来解决"。③

对此,梅光迪批判说:"彼等非教育家,乃政客也。近年以来,蒙彼等之毒者,莫如教育……五四运动以来,教育界虽略呈活泼气象,而教育根本已斫丧不少,人性莫不喜动而恶静……少年尤然,聚众罢学,结队游行之乐,盖胜于静室讲习,埋首故纸万万。"④

吴宓也义愤填膺:"近年国内有所谓新文化运动者焉……以政客之手段,到处鼓吹宣布。又握教育之权柄,值今日中国诸凡

---

① 陈独秀:《今日之教育方针》,《青年杂志》第1卷第2号,1915年10月15日。
② 陈独秀:《南北代表有什么用处?》,《每周评论》第19号,1919年4月27日第4版。
③ 《陈独秀答虞杏村》,《新青年》第7卷第3号,1920年2月1日。
④ 梅光迪:《评提倡新文化者》,《学衡》第1期,1922年1月。

变动之秋,群情激扰,少年学子热心西学,而苦不得研究之地、传授之人,遂误以此一派之宗师为惟一之泰山北斗,不暇审辨,无从抉择,尽成盲从,实大可哀矣。"①

应该看到,"学衡派"笃信白璧德的教诲,认为人是社会运转的中心和主体,因此,一定要防止人走向物化一极,失去"为人之道",导致人类走入人心迷失的乱世。"学衡派"认为教育应坚决维护"彬彬有礼""克己有序"的人文传统,包括对古典文学的维护、对元典文化的呵护、对人伦道统的说教,莫不如此。

## 三、"新青年派"和"学衡派"文化论争的三个错位

基于以上铺垫,我想从以下三个方面认识"学衡派"和"新青年派"文化论争的错位。

首先,当"新青年派"主导的新文化运动高潮过后,"学衡派"才怀揣新人文主义的装备上阵。因此这就有了时间上的错位。这个错位恰恰构成了二者紧张的前提。我们很容易看出来,"学衡派"在上阵之前,在理论上很是武装了一番,不然他们就很难对此前声势浩大的"新青年派"言论进行系统的清算和批判。为此,《学衡》对于《新青年》的"颐指",才有了后来居上的"气使"。不言而喻,虽然"新青年派"同人没有系统地正面回应,但那些流布在纸上并富有穿透力的文字却足以构成文化发展观的对峙和紧张。

---

① 吴宓:《论新文化运动》,《学衡》第4期,1922年4月。

这种对峙是经过精心的准备,是需要责任和担当的,在我们看来,"学衡派"这种勇气具有螳臂当车的历史悲情在里面。如果说"新青年派"志士如同鲁迅笔下那"敢于直面惨淡的人生"的"猛士",那么"学衡派"同人则是那宗奉"儒行"之忍辱负重、外柔内刚的"绅士"。

其次是空间上的错位,这个错位恰恰是紧张的实质和本质。"学衡派"立足于白璧德这位新人文主义大师,"新青年派"诸君着眼于进化论、实验主义哲学及科学主义观念。一只眼睛聚焦在东方文化的源头和元典上,充满着古典味,坚守着民族传统;一只眼睛完全为西方社会的文化现实所吸引,充满着现代味,高扬着时代精神。这就把"传统"和"现代"紧紧地勾连在一起。

在"新青年派"那里,同人们立足于现代性,更多地看到了以"孔子之道"为代表的传统文化与"现代生活"格格不入、水火不容的地方,因此他们把中国古代的"学术""政治""道德""文化"一起打包,并把精力用在了统统"推翻""打倒""废除"上。而"学衡派"同人们则更多地看到了传统文化积淀的不易,而且那是历史长河中智者为秩序、自律、稳定而设定的方案,因此必须注重提炼、维护、发展和建设。譬如以对孔子的态度而言,"学衡派"更多地看到孔学中"仁"之质地,"新青年派"则更多地非难孔教中"礼"之束缚。西方文化的源头希腊文化为"学衡派"所用,西方近现代文化为"新青年派"所取,本来是一根现代性主干上的细胞,却因路径歧出而分出了楚河汉界。同样是出于对人类文明走向的人文关怀,他们在此却也分道扬镳。"学衡派"担心非此即彼的文化成见、偏见会在"绝对之是""不容他人之匡正"的思维模式下形成"新式学术专制",我开场的时候就讲了这个问题。

对此,白璧德一语道破两个路径紧张的玄机。他说:"人是两种法则的产物:他有一个正常的或自然的自我,即冲动和欲望的自我;还有一个人性的自我,这一自我实际上被看做是一种控制冲动和欲望的力量。如果一个人要成为一个人性的人,他就一定不能任凭自己的冲动和欲望泛滥,而是必须以标准法则反对自己正常自我的一切过度的行为,不管是思想上的,还是行为上的,感情上的。这种对限制和均衡的坚持不仅可以正确地确定为希腊精神的本质,而且也是一般意义上的古典主义精神的本质。"①

不必赘言,"学衡派"尊崇的正是后一种古典精神。

其实,早在新文化运动前梅光迪便曾向胡适倾诉过其"人"的立场:"吾国之文化乃'人学主义的'(humanistic),故重养成个人。吾国文化之目的,在养成君子(即西方之 gentleman and scholar or humanist 也)。养成君子之法,在克去人性中固有之私欲,而以教育学力发达其德慧智术。君子者,难为者也。故无论何时,社会中只有少数君子,其多数乃流俗(The profane vulgar)而已。弟窃谓吾国今后文化之目的尚须在养成君子。君子愈多则社会愈良。故吾国之文化尚须为孔教之文化可断言也。

---

① 欧文·白璧德:《卢梭和浪漫主义》,孙宜学译,河北教育出版社,2003,第 11 页。

足下以为然否？"①

"学衡派"认为，中国文化精髓将潜修学术、砥砺德行视作唯一宗旨，目的是要"养成君子"，其要义在于"非可但求增加需要驱役物质以充满之，而在如何而能减少我之欲望使精神安宁快乐"。②可以看出，"新青年派"是用加法，提倡个性自由、恋爱自由、自我解放；"学衡派"则是用减法，安抚人心以减少我之欲望。因此，当"新青年派"过度宣扬个性解放并导致情感泛滥之际，他们自然看不惯甚至义愤填膺了。

最后，两个群体的错位还体现在不同的支点上。一个是"时文"，一个是"学问"。这就是学问家与舆论家的紧张，因为其立足点不同。我们看到，诸如章太炎、刘师培、黄侃、马叔伦等著作等身的大学问家也有过这样的"前科"。即使是在办《国粹学报》的当口也难掩他们关注时事的政治情怀。为革命，他们扮演了另一种角色。林纾先生这样一个老顽童也曾在"避乱析津，贫乏不能自存"之际为天津《大公报》撰写专栏时文以糊口。当学生汪辟疆写信告知其"媚世"与"传世"的利害后，他才收手"辞席"："迁就绳尺，吾亦知耻。"当陈独秀遇到文科学长的尴尬之际，蔡元培以学长的"学有专长"据理力争："精通训诂音韵。"以此证明陈独秀不是一个只会撰写策论时文之徒。考据学、文字学是学问家安身立命的本领。陈独秀在《国粹学报》上以陈仲名义发表的《说文申义

---

① 《梅光迪信四十五通》，载耿云志主编《胡适遗稿及秘藏书信》第33册，黄山书社，1994，第466页。

② 吴宓：《沃姆中国教育谈》，《学衡》第22期，1923年10月。

考》,为其奠定了基础,树立了学术威信。至于后来《新青年》上的文章,则多数属于策论时论一类,这也正是"学衡派"同人对其诟病且不以为意的根本原因。

在这里,我们对"学衡派"与"新青年派"文化论争各自遵循的逻辑理路做一次开掘。

对于两派的文化论争,我认为本质上是"物质之律"和"人事之律"的差别。吴宓曾这样分析自然科学与人文科学的区别,他说:"物质科学以积累而成,故其发达也,循直线以进,愈久愈详,愈晚出愈精妙。然人事之学,如历史、政治、文章、美术等,则或系于社会之实境,或由于个人之天才,其发达也,无一定之轨辙,故后来者不必居上,晚出者不必胜前。"①

显然,"新青年派"文化理路是在进化论这一"科学"圭臬下的直线演进路径。在这一理念的指导下,主将陈独秀希望"新青年"迅速养成"自主的""进步的""进取的""世界的""实利的""科学的"人格,成为社会中新鲜活泼的细胞。②鲁迅更为直白地表达这样的心态:"我一向是相信进化论的,总以为将来必胜于过去,青年必胜于老人。"③还有咱们前面提到的新文化运动的另一主将胡适,他将自己"历史的文学观念"直接挂在了进化论的战车上,反复说:"一时代有一时代之文学……古人已造古人之文学,今人

---

① 吴宓:《论新文化运动》,《学衡》第 4 期,1922 年 4 月。
② 陈独秀:《敬告青年》,《青年杂志》第 1 卷第 1 号,1915 年 9 月 15 日。
③ 鲁迅:《〈三闲集〉序言》,载《鲁迅全集》第 4 卷,人民文学出版社,1981,第 5 页。

当造今人之文学。"①

"学衡派"则坚持螺旋偶然性文学进化观,在他们看来,文学、文化的进化充满着偶然性,文化的发展需要涵化、拣择、"精审"、"持平"、规约、中正的心态。

追根溯源,"学衡派"的这一文化观是对文艺复兴尤其是启蒙运动以来的科学主义和感情主义之流弊深恶痛绝的反映。他们的宗师白璧德对人类文明产生的忧患意识来自那种以同情、泛爱、博爱为核心的人道主义:过分相信人类理性的能力;在将知识和同情抬举到天堂的同时,又将人类文明积淀下来的精粹诸如自律、秩序、克制视如敝屣,像破鞋子一样看待,甚至打入地狱。这样"学衡派"就不愿意了,为此,他指名道姓地点出了自然主义的代表培根和浪漫主义的代表卢梭。这就不难看出,进化论、实验主义等都是与白璧德主张的新人文主义格格不入的理论。由此也就不难理解 20 世纪 20 年代的"新青年派"和"学衡派"何以如此对峙了。

## 四、"新青年派"与"学衡派"文化论争的意义

接下来咱们讲第四部分,也是今天讲座的主要部分,"新青年派"与"学衡派"文化论争的意义,即对峙的意义。

---

① 胡适:《历史的文学观念论》,《新青年》第 3 卷第 3 号,1917 年 5 月 1 日。

回眸 20 世纪两个群体之间的文化论争,我们可以发现,从两个阵营的诉求来看,两者都是在文化振兴与民族复兴的大旗下进行着自己的蓝图设计,因此两者并没有本质上你死我活的动机差异。动机上没有差异,都是为了中国怎样走好,实现中国梦而设计的路线。在面对中国遭遇几千年未遇之惨烈变局时,他们同为中国文化建设殚精竭虑,为各自的信仰据理力争,共同凸显了"五四"一代知识分子可贵的担当精神与责任意识。他们主要是在关于传统文化的转换发展路径以及走向现代性的路径上出现了截然不同的思考。

他们一方倚重的是文化的民族性和历时性("学衡派");一方倚重的是文化的时代性、共时性("新青年派")。在"学衡派"那里,没有传统之"来龙",就找不到回家的路,从而也就失去了文化发展的方向,就像失舵的船一样随波逐流;在"新青年派"那里,一张白纸好写最新最美的文字,不掐断中国文化的来路,就无从把握"去脉",从而无法绘制中国文化的崭新蓝图。双方都良知淑世,并且各自都以为找到了民族何去何从的文化路径,找到了中国文化发展的正路,从而,双方的对峙尽显于各持一端的文化过分的自信当中。在"学衡派"看来,自己的文化诉求应运而生,纯粹正宗,非我莫属;在"新青年派"那里,自己的文化选择应时而生,舍我其谁,毋庸置疑。

应该看到,在"学衡派""无偏无党"的背后,同样隐藏着他们对"新青年派"情绪化的反感。其实,这又是他们的软肋,用情绪化的恶感去评论对方自然也难以"中正",自然也就招来鲁迅对

"学衡派"的痛击:"夫所谓《学衡》者,据我看来,实不过聚在'聚宝之门'左近的几个假古董所放的假毫光;虽然自称为'衡',而本身的称星尚且未曾订好,更何论于他所衡的轻重的是非。"①

"新青年派"的"一偏"的确被"学衡派"诸君命中了要害,但后者在自我的固执中也难免失于忽视时代性的偏颇。

因此,两个群体尽管在时间和空间上存在着错位,但对于中国的现代文化发展而言,他们的对话与争辩是异常可贵的,因为他们在中国现代文化思想进程中形成了难得的张力。这一张力同是围绕一个终极关怀——文化的现代性,中国走向现代之路——进行,只是由于追求变革的范式有着本质不同,因此就形成了"必要的张力",这是科学发展过程中"发散式思维"和"收敛式思维"互补的必要。恰恰是这种张力,为文化思想史的发展提供了原初的动力。一方面,"新青年派"的"推翻""打倒""破坏"激活了"学衡派"的守成;另一方面,"学衡派"对于古典的坚守,对于浪漫主义与情感泛滥的指责,也对"新青年派"形成了一种有力的补正。正是这种"必要的张力"的存在,才使得文化的发展具备了内在的动态结构,从而在有效防止某种观念极端化的同时,也保持了文化发展的流动性。各种文化形态间的相互约束、制衡、补正,有力地保障了文化发展的良性机制。

进一步而言,在他们对峙的语言张力背后,其实乃是更为深层次的同气相求。因为同样是在寻绎现代性的开放观念下,无论

---

① 鲁迅:《估〈学衡〉》,《晨报副刊》1922年2月9日第3版。

是"学衡派"还是"新青年派",都有一个基本的意念做支撑,就是自由和理性。如果有什么不同的话,那就是他们审视现代性命题的视阈各有千秋:《新青年》知识群体兴奋于日新月异、撩人心扉的"赛先生";《学衡》文化群体则是执着于日积月累、积淀深厚的元典遗存以及把持并守护千年老店的"古久先生"。不言而喻,"学衡派"更多地看到"科学"在"知识就是力量"这一励志标语下的控制欲、功利化与预测性的偏执。

他们担心的是,在以"优胜劣汰"之"力量""强权"为导向的时代,灵魂被搁置甚至被遗忘将会为社会带来沉重代价,于是也就有了双边互动和紧张。

因为这场论争的语言十分尖刻和犀利,也给我们后人在研究他们的过程中,带来很多的误解,事实上,知识分子的责任意识和信念伦理决定了他们终归只是文化路径的不同。"没有传统的现代化"过去不可能,将来也不可能;反过来也是一样,一味固执传统的现代化也不可能健全。在民族性和时代性、传统和现代的十字架上,文化先哲一直在寻找着相应的坐标。无论是"新青年派"还是"学衡派",还是其他派别,都在各自寻找着这么一个坐标,只是这两派表现得更为充分而已。

应该看到,从古至今,新、旧之间的张力是中外文化发展史上的共相。不论是中国、亚洲,还是西方,莫不如此。守成与创新的关系究竟呈现出怎样的一种"度",堪称一笔"剪不断、理还乱"的旧账。对此,古往今来的思想者都以不同的文字表达了对这一人文元命题的关注。历史上对这一命题以双重悖论的视角进行过的辩证与反思堪称汗牛充栋。这里,我们可以从"新青年派"与"学衡派"身上找到些许让我们得以缓释的答案。

英国学者C.P.斯诺曾于20世纪50年代末发表题为《两种文化和科学革命》的著名演讲:"在我们这个时代,实际存在着两种文化,一极是人文知识分子代表的人文文化,另一极是科学家所代表的科学文化。两者之间,很难沟通,有着很深的鸿沟。"① 这是斯诺根据自我的体验而得出的结论。的确,科学与人文的两极分化趋势,可谓发人深省。其实,根据人类文明行走之脚印的勘察,人文与科学从一对孪生兄妹到分庭抗礼,这不但是一个正常的现象,而且也是一个必要的分礼。这里,问题的关键并不是二者该不该平行二分,也不是要不要消泯这种紧张和对峙。我们面对的尴尬从根本上说还是"科学"与"人文"被引向极端化,从而招致偏执的命题。换言之,我们这个时代要正视的是"最科学"和"最人文"的命题。究其实质,"最科学"必将在违背科学本质规律的逻辑前提下滑向最不科学,而所谓的"最人文"也终将导致最不人文的窘境。

本来"人文"与"科学"虽然处于相互对立的两个极端,但是二者其实是辩证统一、相克相生、相辅相成的。因此,我们要"对不同文化和社会的价值的不可通约性的信仰"保持一种充分的尊重,保持一种必要的"温情和敬意""同情和理解"。

回到"新青年派"与"学衡派"的文化论争,所谓"最科学",说

---

① 卢嘉锡:《总序》,载李约瑟著、王钱国忠编《李约瑟文录》,李约瑟文献中心等译,浙江文艺出版社,2004,《总序》第1页。

的是以真理在握的心态张扬自我的确定性;所谓"最人文",说的则是以极端封闭的心态诉说"从来如此"的故事。前者对未来有一种全知全能、舍我其谁的自负与乐观,后者则有一种前途未卜、未来不定的自谦与忧患。

具体到"学衡派"同人和"新青年派"同志那里,两者之间尽管"很难沟通,有着很深的鸿沟",但在人类文明演进规律和良性运行的意义上,形成并立竞进、互补为用、张弛有致的文化之场,乃是我们应有的格局。进一步说,"新青年派"固然有着功利主义、科学至上等问题与不足,然而历史如按"学衡派"进行设计,也绝非康庄大道。只有在坚持"新青年派"所倡导的思想道路上,吸收"学衡派"思想中的合理成分,并对之进行有机的辩证、整合甚至扬弃,我们的文化发展才能更加充满生机活力。也正是在这一意义上,两者"必要的张力"及其对峙的意义跃然纸上。也许,这也正是我今天讲座的主旨所在吧。

最后,请允许本人用《文言与白话——一个世纪的纠结》一书的题词作为本次演讲的结束语:"学衡派",为灵魂寻找故乡的仁人;"新青年派",为故乡寻找灵魂的志士。

今天的讲座就到这里,谢谢大家!

# 下篇

# 两种理性与五四新文化运动的走向

关于理性的二分法,在中外思想史上不乏仁智之论。西方思想史上休谟的知识之"事实"("是"与"不是"的客观判断)和"价值"("应该"与"不应该"的价值判断)的二分法开启了相对理性的讨论。① 之后,皮亚杰的"正题法则"和"人文历史"的"科学"对待,②则使"实践"与"规范"两种理性分庭抗礼。在此基础上,波斯纳分别以"道德"和"经济"作为规范理性与实践理性的代表,③声名显赫的理性划分还有哈耶克关于经验理性和建构理性的分

---

① 休谟:《人性论》,关文运译,商务印书馆,1980。
② 皮亚杰:《人文科学认识论》,郑文彬译,中央编译出版社,1999,第7页。
③ 波斯纳:《性与理性》,苏力译,中国政法大学出版社,2005。

野。①凡此种种,不一而足。撇开理性二分法的变异与纷纭,本文将引用马克斯·韦伯的"价值"和"工具"两种理性作为主要的思想资源与理论支援。在这里,笔者从韦伯的丰富思想中提取的是这样一段关于"理性"的认识:"新教伦理强调勤俭和刻苦等职业道德,通过世俗工作的成功来荣耀上帝,以获得上帝的救赎。这一点促进了资本主义的发展,同时也使得工具理性获得了充足的发展。但是随着资本主义的发展,宗教动力开始丧失,物质和金钱成为了人们追求的直接目的,于是工具理性走向了极端化,手段成为了目的,成了套在人们身上的铁的牢笼。"②如果说人类文明的历史是兑现"真"与"善"的面值,那么笔者认为无论理性如何从不同视角诠释与发展,工具理性的求真和价值理性的求善都将构成两个大致维度。进而言之,人文以外的客观知识、事实数据、逻辑推理这些具有物理性、原理性、是非性的判断都属于工具畛域。相反,关乎人类自身的友善、美好、良知等具有人文主体之内涵的元素则属于价值范畴。

解释何谓两种理性之后,就该交代一下为何以两位"先生"为关键词或中心词审视百年前的新文化运动了。众所周知,人既是理性的动物,又是政治的动物。这话的出处在 2000 年前的古希

---

① 哈耶克:《自由秩序原理》,邓正来译,生活·读书·新知三联书店,1997。

② 马克斯·韦伯:《新教伦理与资本主义精神》,李修建、张云江译,中国社会科学出版社,2009。

腊,一个是柏拉图的思想名言,①一个是亚里士多德的哲理定义。②就此观察五四新文化先驱者的所作所为,我们不能不佩服先贤的微言大义。在新文化元典诞生的时代,《新青年》同人正是将"求真"与"求善"相提并论,才有了代表"真"的"赛先生"和代表"善"的"德先生"——科学文明和政治文明——舟车之两轮的并立竞进。也正是因为这两位"先生"飞奔驰入,方使中华民族由此焕发出无限的青春活力。当然,我们也不能不看到,当两位"先生"冠冕堂皇地成为至高无上的国民洗礼者后,它们在人文传统与法治意识"两头不到岸"境遇中的进退失据,也为中国现代性的演进埋下了磕磕绊绊的隐忧。显然,两种理性并非两位"先生",更非分属和代表,于是也才有了失去砝码的天平。在这里,"理性"们和"先生"们构成了多维重叠、交互乃至错位的复杂关系。正是这种关系的错综复杂才导致新文化运动"砝码"的错码、乱码以致失衡的面相。在《新青年》这一孕育新文化元典并成功运作新文化运动的平台百年之际,难免有这样一种反思的冲动与必要。

## 一、心同此"理":一本同人杂志的"公同担任"

学术界对《新青年》杂志的"同人性"没有什么异议,对这一历史事实的认可也是对围绕这一平台的知识群体论"道"说"理"之

---

① 柏拉图:《理想国》,郭斌和、张竹明译,商务印书馆,1996。
② 颜一编《亚里士多德选集(政治学卷)》,中国人民大学出版社,1999。

共识与并进的认同。我们还知道,《新青年》是在主撰陈独秀到北京大学赴任文科学长后获得"同人性"最大化的。这个最大化既包括作者队伍的数量,也包括稿源的质量。"公同担任"的轮流值编制度①,使得背靠北大的杂志得风顺水、左右逢源,很快成为时尚并畅销的"金(字招)牌"杂志②。在教授和编辑(也是作者,相当于自由撰稿人)的职业之间,"新青年派"同人是以作为饭碗的职业为本;在学问家和舆论家的双重身份之间,他们显然将学问作为"厚积"的知识资本而倚重并发挥着"舆论家"的才情③。

　　这些思想同人具有不同的家庭背景,不一样的游学经历,还有着师从学门等个体性的差异——这也是新文化运动呈现多重思想气质和哲学谱系的原因,但文化先驱者群体在将近世以来西方的现代性资源作为圭臬,同心协力打造中国现代性之路的总目标上并无二致,由此方形成了气势非凡、所向披靡的舆论攻势。进一步讲,新文化运动的思想先驱在一个共执的平台上协力布阵,集中思想舆论的火力向旧文化、旧制度宣战。新文化运动倡导者以《新青年》杂志为大本营的舆论"公共空间",尽管具有(组

---

　　①　《本杂志第六卷分期编辑表》,《新青年》第 6 卷第 1 号,1919 年 1 月 15 日。

　　②　胡适:《致李大钊等〈新青年〉编委》,载耿云志、欧阳哲生编《胡适书信集》上册,北京大学出版社,1996,第 75-77 页。

　　③　陈平原在为《回眸〈新青年〉》所作的序言中说:"舆论家(Journalist or publicist)之倚重学问家的思想资源,与大学教授之由传媒而获得刺激与灵感,二者互惠互利,相得益彰。"他说"舆论家(Journalist or publicist)"的说法来自胡适,并把它作为《新青年》的特点。载张宝明、王中江主编《回眸〈新青年〉》,河南文艺出版社,1998,《序三》第 11 页。

织)松散、(撰稿)自由甚至格格不入的精神气质①,但在以"妙手"著出"科学"文章、"铁肩"担当"民主"道义这一路径选择上却高度一致、整齐划一。在《新青年》创刊号上,陈独秀以头版、头条、头题"敬告青年":"国人而欲脱蒙昧时代,羞为浅化之民也,则急起直追,当以科学与人权并重……凡此无常识之思维,无理由之信仰,欲根治之,厥惟科学。"②这里的"人权"即民主,也即所谓"德先生"。主撰的导向很快成为同人们的共同担当:鲁迅"采取统一步调"的"听将令",周作人、李大钊、钱玄同、刘半农、高一涵、沈尹默台前幕后运筹帷幄,以德、赛两位"先生"为矛、盾,为新文化、新思潮、新政治、新社会的到来冲锋陷阵,"狠打了几次硬仗"。对此,新文化运动的另一位中坚——胡适有过这样的到位概括:"这三十年来,有一个名词在国内几乎做到了无上尊严的地位;无论懂与不懂的人,无论守旧和维新的人,都不敢公然对他表示轻视或戏侮的态度。那个名词就是'科学'。"③想当年,"赛先生"的气场就是这样一种咄咄逼人的情势。在同人们看来,中国的愚昧、滞后、落伍统统都可以归结为缺少这两位"先生"的指引。若要救

---

① 其中又以胡适和陈独秀为代表的文艺复兴和启蒙运动两种气质最为明显,这也是笔者一再将五四新文化运动看作具有双重气质之"运动"的原因。参见张宝明、张光芒:《百年五四:是文艺复兴还是启蒙运动?》,《社会科学论坛》2003年第11期;张光芒、张宝明:《中国启蒙:过去、现在和未来——"新启蒙"与"后启蒙"的对话》,《河南社会科学》2003年第1期。

② 陈独秀:《敬告青年》,《青年杂志》第1卷第1号,1915年9月15日。

③ 胡适:《〈科学与人生观〉序》,载《科学与人生观》,山东人民出版社,1997,第10页。

亡图存,重塑中国人的精神与人格,最终完成传统文明向现代社会的转型,就必须请进这两位"先生"。一时间,"五四"知识分子在面对国家、民族危亡时所怀抱的深沉使命感、义务感、责任感统统压在了"德先生"和"赛先生"身上。更为清晰的道理还在这里:"现在世界上有两条道路:一条是向共和的科学的无神的光明道路;一条是向专制的迷信的神权的黑暗道路。"①

如果说上述陈独秀的文字属于寻求知根知底的逻辑依据,那么下面一段针对社会围攻的"答辩"则显示了十足的防守意识和底线思维:"西洋人因为拥护德、赛两先生,闹了多少事,流了多少血,德、赛两先生才渐渐从黑暗中把他们救出,引到光明世界。我们现在认定,只有这两位先生可以救治中国政治上道德上学术上思想上一切的黑暗。若因为拥护这两位先生,一切政府的迫压,社会的攻击笑骂,就是断头流血,都不推辞。"②不言而喻,两位"先生"不但是用来冲锋陷阵的"尖矛",而且还是用来遮风挡雨的"盾牌"。"德先生"和"赛先生"的方法、能力、作用在陈独秀和胡适的"一唱一和"及其同人们及时的合作呼应中发挥到了淋漓尽致的地步。对此,我们可以从胡适关于科学之"普世价值"的言说中得到验证:"科学的根本精神在于求真理",而"只有真理可以使你打破你的环境的一切束缚",一切的一切还在于"科学的文明教人训练我们的官能智慧,一点一滴地去寻求真理……这是求真理

---

① 陈独秀:《克林德碑》,《新青年》第 5 卷第 5 号,1918 年 10 月 15 日。
② 陈独秀:《本志罪案之答辩书》,《新青年》第 6 卷第 1 号,1919 年 1 月 15 日。

的唯一法门"。①不难理解,唯科学主义与唯民主主义的阳关大道就是在这样一种叱咤风云、舍我其谁的气势和思维下铸成的。如果承认五四新文化运动的启蒙气质浓郁于文艺复兴或压过其他氛围的话,那么这一启蒙运动造就的"民主"和"科学"理性可谓照亮了中国现代性的前程。与此同时,以"民主"与"科学"为前驱的中国现代性演进之路并非一帆风顺,这正是我们当下需要正视并反思的学术命题。

## 二、求同存"异":一个知识群体的和而不同

"和而不同"的完整表述是"君子和而不同,小人同而不和"。②上述我们重点强调的是"新青年派"的"和",即标题昭示的"心同此'理'"之中的"理"。着实说来,《新青年》同人的"同"是公心的"同",是大目标、大方向、大理想之同气相求下的"和"。同时,我们也不能不看到,在这个大致相同的历史背景后,还有着家庭背景、个人游学经历、各自知识谱系的差异,这些差异在某种意义上正是他们相互借鉴、取长补短并相得益彰的根本原因。这里,"不同"是"和"之原因,"和"是"不同"的结果。恰恰是这个"不同",才孕育出20世纪思想史上为新中国、新政治、新社会之到来鼓与呼的五四新文化运动。也正因为有了这样一个如火如荼、狂飙突起

---

① 胡适:《我们对待西洋近代文明的态度》,载《胡适文集》,北京大学出版社,1998,第104页。

② 杨伯峻译注《论语》,中华书局,1980,第141页。

的文化大格局、舆论大气势、思想大动作的铺垫和准备,从近代到现代的中国转型才可谓惊涛拍岸、翻天覆地。

众所周知,新文化运动的发轫是以《青年杂志》的创刊为标志的,而其发生与发展则仰赖众多同人的凝心聚力。一个著名的思想史命题已经为学界所公认,即胡适加盟《新青年》后,曾与主撰陈独秀达成一个不成文的君子协议——"二十年不谈政治"①。尽管"二十年不谈政治"是主撰在步履维艰、等米下锅的情境下为杂志延揽作者队伍而采取的妥协策略,但应该看到这个权宜之计是陈独秀布下的一招妙棋。他可以遵循自己的办刊宗旨而越线甚至食言,但一个不能否认的事实是,在主撰委曲求全或逶迤曲折地招惹"政治"的权且和变通之下,《新青年》杂志的舆论基本上还是按照陈胡二人达成的运作规则而运行的:妥协与原则并存、让步与自我同在。这一点正如钱玄同在给朱经农、任鸿隽两人的回信中所说的那样:"同人做《新青年》的文章,不过是各本其良心见解,说几句革新铲旧的话;但是各人的大目的虽然相同,而各人所想的手段方法,当然不能一致。所以彼此议论时有异同,绝不足奇,并无所设'自相矛盾'。"②在同人们看来,这样的思想格局不但不是障碍,而且是思想史上公共空间的必要张力。唯其如

---

① 胡适早年和晚年的回忆都表明,当年两人刚刚携手之际,确有"不谈政治"的摊牌:"在民国六年,大家办《新青年》的时候,本有一个理想,就是二十年不谈政治,二十年离开政治,而从教育思想文化等等,非政治的因子上建设政治基础。"参见胡适:《陈独秀与文学革命》,载王树棣等编《陈独秀评论选编》下册,河南人民出版社,1982,第289页。

② 钱玄同:《通信》,《新青年》第5卷第2号,1918年8月15日。

此,才能在开放、多元之平等对话的前提下实现资源的共享。

"从教育思想文化等等,非政治的因子上建设政治基础",这不但道出了胡适的初衷,也是他与陈独秀等同人协力谋事的底线。这从他对陈独秀一度"食言"的微词中不难窥见一斑。晚年口述自传中的追悔足见胡适对当年设防无效的耿耿于怀:"在一九一九年所发生的'五四运动',实是这整个文化运动中的,一项历史性的政治干扰。它把一个文化运动转变成一个政治运动",因为"我们那时可能是由于一番愚忧想把这一运动,维持成一个纯粹的文化运动和文学改良运动——但是它终于不幸地被政治所阻挠而中断了!"① 不过,我们也看到,一直以"后卫"身份定位的胡适对陈独秀向来的"前锋"角色还是有所牵制的。陈独秀在一些约定原则上的忍让、自律和妥协,在不同程度上也兑现了自己的承诺。我们看到,即使是"谈政治",他也是拐弯抹角、曲折逶迤地"谈",而且声明不是直接谈"官场"的、"行政"的"普通政治问题",而是立足于关涉国人"彻底的觉悟"以及"国家民族根本存亡的政治根本问题"的舆论和学说:"国家现象,往往随学说为转移。我们中国,已经被历代悖谬的学说败坏得不成样子了。目下政治上、社会上种种暗云密布,也都有几种悖谬学说在那里作祟。慢说一班老腐败了,就是头脑不清的青年,也往往为悖谬学说所惑;

---

① 胡适:《胡适口述自传》,唐德刚译,华文出版社,1992,第206-210页。

我所以放胆一言,以促我青年之猛醒!"①这里,陈独秀所说的"政治根本问题",也就是他和胡适有着公约和共识的政治之"基础":"万一不安本分,妄欲建设西洋式之新国家,组织西洋式之新社会,以求适今世之生存。则根本问题,不可不首先输入西洋式社会国家之基础,所谓平等人权之新信仰。对于与此新社会、新国家、新信仰不可相容之孔教,不可不有彻底之觉悟、猛勇之决心。否则不塞不流、不止不行。"②陈独秀的造舆论、打基础和胡适"非政治的因子"没有明显差异,"建设政治基础"和"输入西洋式社会国家之基础"是同一个"基础"的两个说法。为了使得这个"基础"能在新旧思潮的激战中获得话语权,陈独秀一再表述"不塞不流、不止不行"之不破不立逻辑,目的就是要将专制的政治基础存活的文化土壤——"孔教"铲除,从而让民主共和之新政治的基础移植中国,以期赢得"实行民治的基础"③。

在走向共和与民主的大方向上,陈独秀和胡适等"新青年派"舆论家的逻辑无非是由下而上地打牢学说的"事实"基础,以形成木已成舟之雄辩定式换得法治政治的"软着陆"。陈独秀对其与众不同的见解做出了直接说明:"我以为法律产生事实的力量小,事实产生法律的力量大,社会上先有一种已成的事实,政府承认

---

① 陈独秀:《今日中国之政治问题》,《新青年》第5卷第1号,1918年7月15日。
② 陈独秀:《宪法与孔教》,《新青年》第2卷第3号,1916年11月1日。
③ 陈独秀:《实行民治的基础》,《新青年》第7卷第1号,1919年12月1日。

他的'当然'就是法律,学者说明他的'所以然'就是学说,一切法律和学说,大概都从已成的事实产生出来的。"①这里的"事实"即是"人民创造"的事实,是社会需要的"事实"。既然中外的社会发展都无一例外地证明了"事实"的需要,那么对中国这样一个"情感"大于"法治"的国家来说,②学者有必要担当起诠释"所以然"学说的舆论家角色。从政治思想史的视角审视"五四"先驱的文化选择,这一选择是对"政治"前提与基础的文化担当。"新青年派"舆论家的新文化运动,"运动"的是一种与传统政治文化迥异的政治文化,"每个政治共同体都有自己特定的物质和精神生存环境,那么就必然会形成与之相符合、相平衡的政治文化。每个政治共同体的成员生活在一定的政治文化的环境之中,在这种环境中学习政治文化,培养自己的政治个性,接受政治共同体或一定阶级的政治观念,领略或继承代表一定政治生活方式的政治信念,最后成为一个'政治人',具备了大致固定的政治观念"。③对"政治人"这样一个理念,陈独秀和胡适都有清醒的认识。胡适就曾貌似恍然大悟地道:"我们本不愿意谈实际的政治,但是政治却没有一时一刻不来妨害我们。"④陈独秀说得更为直截了当:"你

---

① 陈独秀:《实行民治的基础》,《新青年》第7卷第1号,1919年12月1日。
② 陈独秀:《东西民族根本思想之差异》,《青年杂志》第1卷第4号,1915年12月15日。
③ 王沪宁:《比较政治分析》,上海人民出版社,1987,第157页。
④ 这是1920年8月1日,由胡适执笔,蒋梦麟、陶履恭、王徵、张祖慰、李大钊、高一涵等七人联袂发表在《晨报》上的《争自由的宣言》中开宗明义的文字。该文与陈独秀《谈政治》的公然申明写作时间基本同时。

谈政治也罢,不谈政治也罢,除非逃在深山人迹绝对不到的地方,政治总会寻着你的。"①

正是基于这样的理念,"新青年派"舆论家开始了对中国传统政治文化全面"反动"的启蒙。他们从专制政治所依附的政治文化即"旧伦理"中寻求渡口,要为未来中国之新政治、新制度、新信仰、新社会寻找到一种与之相适应、匹配、符合、平衡的文化、思想、舆论基础。陈独秀认识到,民主与专制的两种新旧政治势不两立、难以调和,与此相应的政治文化若不置换,必将"自家冲撞"、难有宁日。纵观世界文明史,伦理、宗教与政治的暧昧、勾连已成通病,俯视中国更见其剪不断、理还乱的缠绕网格。于是,舆论家发出了振聋发聩的呐喊:"自西洋文明输入吾国,最初促吾人之觉悟者为学术,相形见绌,举国所知矣;其次为政治,年来政象所证明,已有不克守缺抱残之势。继今以往,国人所怀疑莫决者,当为伦理问题。此而不能觉悟,则前之所谓觉悟者,非彻底之觉悟,盖犹在惝恍迷离之境。吾敢断言曰:伦理的觉悟,为吾人最后觉悟之最后觉悟。"②这"伦理的觉悟"就是"五四"一代舆论家价值诉求的核心,也是启蒙者的核心价值追求。他们抒崇论、发宏议,为中国现代性的走向营造了清澈透明的舆论环境,奠定了坚实的舆论文化基础。

在"新青年派"的阵营里,虽然没有具体分工,但陈独秀的"前

---

① 陈独秀:《谈政治》,《新青年》第8卷第1号,1920年9月1日。
② 陈独秀:《吾人最后之觉悟》,《青年杂志》第1卷第6号,1916年2月15日。

锋"、胡适的"后卫"之布局仿佛天造地设。尽管对"二十年不谈政治"的初衷始乱终弃,但《新青年》同人在共约、互动与协力中呈现了新文化运动的辉煌。这从后五四时期"新青年派"同人对当时舆论文字的忆念中不难窥见对此前的反思与重构。值得一提的是,胡适在1935年偶然间读到汤尔和日记时的唏嘘:"独秀因此离去北大,以后中国共产党的创立及后来国中思想的左倾,《新青年》的分化,北大自由主义的变弱,皆起于此夜之会。独秀在北大,颇受我与孟和(英美派)的影响,故不致十分左倾。独秀离开北大之后,渐渐脱离自由主义者的立场,就更左倾了。此夜之会,虽有尹默、夷初在后面捣鬼,然孑民先生最敬重先生,是夜先生之议论风生,不但决定北大的命运,实开后来十余年的政治与思想的分野。"①"此夜之会"是1919年3月26日决定陈独秀离开北大的晚间会议。时间已过16年,但在胡适看来往事并不如烟:"若无三月廿六夜的事,独秀尽管仍须因五月十一夜的事被捕,至少蔡、汤两公不会使我感觉他们因'头巾见解'和'小报流言'而放逐一个有主张的'不羁之才'了。"②

心同此"理",理出了"德先生"和"赛先生";求同存"异",以其"不同"走出而最终在现代性的舆论空间中汇聚。问题的关键还在于,新思潮、新思想中以"伦理的觉悟"为中心的文化选择,离法

---

① 《胡适致汤尔和(12月23日,稿)》,载中国社会科学院近代史研究所中华民国史组编《胡适来往书信选(中)》,中华书局,1979,第281-282页。
② 《胡适致汤尔和(1月2日,稿)》,载中国社会科学院近代史研究所中华民国史组编《胡适来往书信选(中)》,中华书局,1979,第294页。

治思维是近还是远？

## 三、进退失"据"(上)：在"科学"与"人文"之间

作为舆论家，"新青年派"知识群体在启蒙思想史上的影响之大是空前的，将之誉为20世纪辉煌的一页也并不为过。当然，我们也要看到，辉煌的事业总要有所附丽才不至于沦为明日黄花。进一步说，缺乏人文传统支撑之不破不立的启蒙逻辑不免马失前蹄，因为缺乏无所附丽的创造性转化平台而徒具虚名；如果没有坐实的计划、策略和步骤，启蒙事业也只能停留在声势的"虚张"、妄言的飞沫之文化乌托邦上。文化舆论和启蒙思想的传播绝对不能以名词对名词、概念对概念的形式进行。事实证明，无论是失去人文传统"砝码"还是失去法治"砝码"的启蒙运动，都将如两头不到岸的船儿一样随波逐流，永远无法停泊。换言之，只有以法治为指归的启蒙之舟才是文明的终极归依。判断一个国家的文明程度有很多指数，这些指数都是透过生活于其间的"人"而折射出来的，其中权重最高的无非以下两个观测点：一个是个人所具备的人文素养；一个是个人所具备的法治意识。回到"五四"的历史现场，新文化运动的启蒙天平却痛失砝码：在前者，几千年的悠久文明积淀深厚，简单地以妄自菲薄而虚化乃至虚无的逻辑革新人文传统，民族之人何以依托？在后者，尽管"民主"之声不绝

于耳,与共和宪法犹如"相隔一层纸"①,但这"一层纸"却让中国人苦苦等待了几千年,默默追随了100年。

在此,新文化运动呈现的第一个短板就是将"舶来"的科学理念与固有的人文传统放在了一把尺子上。这一时期的新旧思潮之激战是空前的:以全盘西化为目标,以全盘"打倒"传统文化为代价。最有代表性的言论还是陈独秀的"勿依违,勿调和"的是非分明的泾渭之述,②理由便是"不止不行、不塞不流","'脚踩两只船'的办法,必至非驴非马",③逻辑根据则是并不复杂的"不破不立"。《新青年》同人与传统文化决裂的愤激心理,在他们同仇敌忾的作战方式和势不两立的过激文字中得到淋漓尽致的体现。鉴于几千年的"古家的簿子"满本都写着"吃人"两个字,④鲁迅甚至提议"最好不读中国书"。同理,胡适与陈独秀在取得"旧文学、旧政治、旧伦理本是一家眷属,固不得去此取彼"的共识后,⑤就再也没停止过对"吃人礼教"的批判,近乎以"百事不如人"的态度忏悔,把中国传统的罪恶一言以蔽之归为"祖宗的罪恶"。⑥钱

---

① 刘半农:《相隔一层纸》,《新青年》第4卷第1号,1918年1月15日。
② 陈独秀:《孔子之道与现代生活》,《新青年》第2卷第4号,1916年12月1日。
③ 陈独秀:《旧思想与国体问题》,《新青年》第3卷第3号,1917年5月1日。
④ 鲁迅:《狂人日记》,《新青年》第4卷第5号,1918年5月15日。
⑤ 胡适、陈独秀:《通信》,《新青年》第5卷第4号,1918年10月15日。
⑥ 胡适:《三论信心与反省》,《独立评论》第107号,1934年7月1日。

玄同的做法更为决绝,为了把传统文化打扫得一干二净,他甚至要把记载旧物的文字连根拔起:"中国文字不足以记载新事新理,欲使中国人智识长进,头脑清楚,非将汉字根本打消不可。"①直到1924年,钱玄同还在日记中对旧文化耿耿于怀、不愿放过:"旧则旧,新则新,两者调和,实在没有道理,制度是有机体,牵一发而全身动摇也。我以为真应该将东方文化连根拔起,西方文化全盘承受才是。"②这与其在新文化运动初期发表的"选学妖孽、桐城谬种"之论同出一辙,尤其当《学衡》这一旨在推动文化复兴的杂志面世后,钱玄同更是怒火满腔,"烧毁中国书"念头又死灰复燃了。③在他们那里,人文科学不但一无是处,而且是阻碍现代社会发展的绊脚石;自然科学则是大获全胜的法则,完全可以压倒一切。鉴于此,"新青年派"那种咄咄逼人、持续发酵、去一取一的态度和逻辑被后世海外学者定论为:"借思想文化以解决问题的途径,是受根深蒂固、其形态为一元论和唯智论思想模式的中国传统文化倾向的影响。它并未受任何西方思想源流的直接影响。"④

钱玄同作为"新青年派"的代表,无论是激进态度还是反思心态都值得援引举证。在新文化运动高潮之后,钱玄同也不乏冷

---

① 钱玄同:《通信》,《新青年》第5卷第2号,1918年8月15日。
② 杨天石主编《钱玄同日记(整理本)(中)》,北京大学出版社,2014,第580页。
③ 转引自《文史资料选辑》第94辑,中国文史出版社,2009,第110页。
④ 林毓生:《中国意识的危机》,贵州人民出版社,1988,第48页。

静、理性之墨。他曾在给周作人的一封信中如此表述:"我们以后,不要再用那'必以吾辈所主张者为绝对之是而不容他人之匡正'的态度来作訑訑之相了。前几年那种排斥孔教,排斥旧文学的态度狠应改变。若有人肯研究孔教与旧文学,鳃理而整治之,这是求之不得的事。即使那整理的人,佩服孔教与旧文学,只是所佩服的确是它们精髓的一部分,也是很正当,很应该的。但即使盲目的崇拜孔教与旧文学,只要是他一人的信仰,不波及社会——波及社会,应当以危害社会为界——也应该听其自由。"① 这样的反思态度与重构努力,一改之前的刚愎自用和专断跋扈,可以说是后五四时期的自我矫正。

西方文明发生与发展的历史进程显示,启蒙运动将文艺复兴以来的人文资源发挥到了极致,而五四新文化运动先驱自西方文明圣殿接力而来的"圣火"资源,则以走捷径、超常规的方式进行,撇开的历史时段则是绵延了几个世纪的文艺复兴运动,但这一运动强调"人的本性中的意志和感情,而不是理性方面"。这一关乎文化素养、"个人的发展"、"人的发现"之人文精神,正是五四新文化运动所失落的。我们说这一运动具有文艺复兴和启蒙运动的双重气质也不是没有根据,但在大旨与要义上,五四新文化运动的启蒙气质更为浓厚、纯正,文艺复兴的气质有一种来不及开始便匆匆结束的无奈与尴尬。正因如此,时至 21 世纪,还有学者一再呼吁中国需要一场文艺复兴以补"五四"之阙。"五四"先驱的

---

① 《钱玄同致周作人》(1932 年 4 月 8 日),载北京鲁迅博物馆鲁迅研究室编《鲁迅研究资料》第 9 辑,天津人民出版社,1982,第 113 页。

"科学""民主"等启蒙元素确为中国所急需,但是过分加热并散发着浓烈气息的理性元典却将中国悠久、醇香的人文底蕴统统给遮蔽、湮没了。在他们那里,"科学"之真理的绝对性构成了对旧的传统的质疑和解构,"赛先生"由此担负起了"破旧立新"的历史使命。的确,"赛先生"对人文与"德先生"的理解出现了偏差,而且在不分青红皂白的情况下的两肋插刀,显然对人文所受到的侵害难辞其咎。

陈独秀就是这样一位典型的以"科学"为利器对"人文"发难的"狙击手"。他以法兰西文明为中国启蒙模板,在《新青年》上"薄积厚发",而且字里行间洋溢着对欧洲启蒙运动中心国家的服膺与膜拜之情。出于对"法兰西人之嗜爱平等博爱自由"的尊崇,他如此评价法国在欧洲文明史上的主导地位:"欧罗巴之文明,欧罗巴各国人民皆有所贡献,而其先发主动者率为法兰西人。"最后的感叹更显法兰西的伟大、光明、进步至高无上:"世界而无法兰西,今日之黑暗不识仍居何等?"①原来,早在新文化运动一开始的预设中就不曾有情感和传统这些古代固有的博雅与淑世之人文关怀。《新青年》尚未创刊之时,陈独秀发表在《甲寅》杂志上的一篇谈论情感与理智的文章就已经初露端倪:"爱国心,情之属也;自觉心,智之属也。爱国者何?爱其为保障吾人权利谋益吾人幸福之团体也。自觉者何?觉其国家之目的与情势也。是故不知国家之目的而爱之则罔;不知国家之情势而爱之则殆;罔与

---

① 陈独秀:《法兰西与近世文明》,《青年杂志》第1卷第1号,1915年9月15日。

殆其蔽一也。"①这段文字在折射作者民族主义情感下沉、世界主义意识上升之思想特征的同时,更标志着作者启蒙理性的自觉。更值得注意的是,在"五四"先驱者看来,古老的传统正阻碍和破坏着当下中国人的进步与生活,必须移植西方先进的思想文化资源加以破除。为此,他们不惜牺牲自己民族的丰富精神遗产,恨不得一夜之间将积淀千年的文化资源完全、彻底地涤荡、清洗。

由上可见,后人必须注意到民主的层次与起点在制度重建中的地位与作用,如果失去自己赖以存在的文化背景,就难以创造出高档次、高品位的民主制度。毕竟,民主的品位和层次靠的是质量而非数量。应该说,传统文化中人文精神乃是辅佐和提升民主品质的必要支援和铺垫。一人一票固然是应该称道的民主底线发明,但这并非民主的全部。著名哲学家苏格拉底之死残酷地为低品质民主作了注脚,人类历史上以正义名义进行的镇压、流血以及政变一而再、再而三地印证了"多数"同样可能产生暴政的事实。可以肯定,失去人文制衡的民主终将给文明抹黑甚至招致灾难。因此,反思"五四",就要强调"'民主'与'人文'之间的互相支援"。②当民主没有成为一种文化习惯和一种生活方式时,我们更有理由如是说。

---

① 陈独秀:《爱国心与自觉心》,载《陈独秀文章选编(上)》,生活·读书·新知三联书店,1984,第 68 页。

② 余英时:《人文与民主》,时报文化出版企业有限公司,2010,第 102 页。

## 四、进退失"据"(下):在"民主"与"法治"之间

承上所论,新文化运动的第二块短板就是与"德先生""赛先生"只有一步之遥的法治。作为操作层面的实践性命题,似乎不曾受到《新青年》同人的"千呼万唤"的待见,于是也就不曾"犹抱琵琶"。对此,我们不妨关口前移,追溯一下作为"政治"命题之"民主"和"法治"的微妙关系。

如上所述,一方面胡适与陈独秀的"约定"对新文化运动起到一定的规制性作用,以至于陈独秀只好"虚与委蛇",对关涉政治的法制、法律、法治鲜有直接的评头论足。除此之外,这种"不谈政治"在很大程度上是力图摆脱世纪初年以来受辛亥革命、护国运动、护法运动等前仆后继之命运的捉弄。"五四"一代要另起炉灶,重新设定一条前所未有的现代性路径。于是我们看到,尽管主撰在第1卷第4号上就对西洋民族的"以法治为本位、以实利为本位"的"根本思想"推崇备至,同时对东方民族"以感情为本位、以虚文为本位"疾恶如仇,①但最终还是没能走出传统的感情、虚文"本位"的窠臼,最终在感情用事中完成了对新一轮偶像"德先生""赛先生"的膜拜皈依。继"科学与人权并重"救世处方开出后,陈独秀及其同人就走上了一条激情不归路。在这条路上,他们唯德、赛两"先生"为核心的价值观念是从,堪称罢黜它

---

① 陈独秀:《东西民族根本思想之差异》,《青年杂志》第1卷第4号,1915年12月15日。

家、唯其是尊。本来,"民主"与"科学"作为走向文明的手段和方法,是比"法治"这一保障个人自由的手段和方法更为靠前的关口,不料两位"先生"在关口前移的过程中独占鳌头,成为顶天立地的不二法门。当然,当事人对此不是没有自己的诠释。譬如,1920年,新文化运动高潮过后,陈独秀在南洋公学的演讲中就曾高谈新政治的"理想",阔论新政治的"组织"之未来目标,唯独对政治与宪法的先行做法腾挪迂回:"有人批评新文化运动的人太偏于社会方面,把政治忽略了,又有人批评我们何以不曾讨论重大的宪法问题。我的回答是:我们不是忽略了政治问题,是因为十八世纪以来旧的政治已经破产,中国政治界所演的丑态,就是破产时代应有的现象,我们正要站在社会的基础上,造成新的政治,新的政治理想。不是不要宪法,是要合乎二十世纪的时代精神、能解决社会经济问题的新式宪法,而且要先在现在社会上造成自然需要新宪法的实质。至于凭空讨论形式的宪法条文,简直是儿戏,和实际社会没有关系。"①毋庸讳言,这样的论证当然是对民国初年约法屡遭践踏、制宪一再搁置之现实政治的准确反映。在当时特定的历史年代,旧式宪法只能是所谓的"破产宪法",此刻的重要命题不是法律问题,而是符合时代精神的社会改造即"革命"。因此,也才有了将法治问题视作"儿戏",将宪法条文视为凭空臆想、与现实没有关系的"天书"言说。尽管这样的自我解脱与答辩只能让原本就有些迷惑的质疑者懵懂,但新文化的

---

① 陈独秀:《我的解决中国政治方针》,《时事新报》1920年5月24日第4张第1版。

领衔者还是津津乐道,在《谈政治》中不但回味了这段话,而且进一步发挥道:"我们不是不要宪法,是要在社会上造成自然需要新宪法底实质,凭空讨论形式的条文,是一件无益的事。"①这里所说的"自然需要新宪法底实质"与我们所说的民间和学者手中的"事实"一脉相承。不过需要说明的是,该文已经在宪法"和实际社会没有关系"的基础上发展成为于社会"无益"的一纸空文。

鉴于这一问题是启蒙思想史上非常重要的命题,因此还有进一步按图索骥的必要。为便于坐实,我们不妨以倒逼的形式将言行一致起来予以思想考古。1920年4月,在五四运动过去将近一年后,陈独秀在中国公学第二次演讲会上如此一步到位地概括"五四运动的精神":"(一)直接行动;(二)牺牲的精神。"接下来,他对"直接行动"还有更为明了的诠释:"直接行动就是人民对于社会国家的黑暗,由人民直接行动加以制裁,不诉诸法律,不利用特殊势力,不依赖代表。因为法律是强权的护符,特殊势力是民权的仇敌,代议员是欺骗者,决不能代表公众的意见。"②不难理解,这样一种法治观念和思维下的新文化运动自然会留下与西方文艺复兴、启蒙运动都有所不同的痕迹。基于对法律是强权的"护符"、少数人的"后盾"这样一种理解,陈独秀于"五四"前夕在《新青年》姊妹刊物《每周评论》上发表一篇随感,小标题就义愤填膺地问道:"法

---

① 陈独秀:《谈政治》,《新青年》第8卷第1号,1920年9月1日。
② 《陈独秀最近之演说》,《时事新报》1920年4月22日第3张第1版。

律是什么东西？"①全篇尽管三言两语，却将自己对法制的愤愤不平暴露无遗。即使是对表达"国内和平意见"的国会、宪法的考量，他也无法以平和心态加以对待：一方面"不藐视法律"，另一方面也"不迷信法律"；一方面法律的"假面"常在，另一方面又不能不"尊重"。②这种纠结、矛盾和忐忑的心理一直交战于胸。如果再将时间的镜头前移，我们还会发现，主撰的法治思维一以贯之，这乃是书生革命家在特定时代产生的特殊逻辑。正是在这一思维和心理的作用下，他在新文化运动渐进高潮之际，在"研究室"和"监狱"之间演绎了言与行、舆论家和革命家的一幕壮举。③当年陈独秀等"五四"先驱为参与游行、火烧、暴力的青年学生鼓动与欢呼，无疑也是这样一种心理逻辑暗示和外化的结果。当学生受巴黎和会刺激而走向激进后，针对"奋空拳、扬白手"④，"火烧赵家楼""膺惩中国卖

---

① 陈独秀：《随感录·法律是什么东西？》，《每周评论》第 19 号，1919 年 4 月 27 日第 4 版。

② 陈独秀：《我的国内和平意见》，《每周评论》第 11 号，1919 年 3 月 2 日第 2 版。

③ 1919 年 6 月 11 日，陈独秀在北京街头散发《北京市民宣言》被捕。在入狱前，他于 6 月 8 日发表随感录，以《研究室与监狱》为题说："我们青年要立志出了研究室就入监狱，出了监狱就入研究室。"20 世纪 30 年代，陈独秀被国民党关押在江苏第一模范监狱，俗称老虎桥监狱，设有不准探监、看书、看报之规定。陈独秀针对典狱长"恶法胜于无法"的解释强烈抗议，并以"恶法就要打倒"之语反唇相讥。纵观陈独秀的生平，他六次被捕都以大义凛然、毫不畏惧之态面对，足见其革命家气质，同时为他藐视法律、不以法律为上提供了旁注。

④ 毅（罗家伦）：《"五四运动"的精神》，《每周评论》第 23 号，1919 年 5 月 26 日第 1 版。

国贼"之学生的所作所为①,梁启超曾以"感情冲动"名之②,蔡元培以"损失的分量突过功效"相论③,梁漱溟从法治的视角出发做出的点评堪称远见与卓识同在:"我的意思狠平常,我愿意学生事件付法庭办理,愿意检厅去提起公诉,审厅去审理判罪,学生去遵判服罪。检厅如果因人多检查的不清楚,不好办理,我们尽可一一自首,就是情愿牺牲,因为如不如此,我们所失的更大。在道理上讲,打伤人是现行犯,是无可讳的。纵然曹、章罪大恶极,在罪名未成立时,他仍有他的自由。我们纵然是爱国急公的行为,也不能侵犯他,加暴行于他。纵然是国民公众的举动,也不能横行,不管不顾。绝不能说我们所作的都对,就犯法也可以使得……我以为这实是极大的毛病。什么毛病?就是专顾自己不管别人,这是几千年的专制(处处都是专制,不但政治一事)养成的。"④以平常心论不平常事件,出不平常思维,这就是那位以"新儒家"著称的保守主义者的底线思维。力推"民主"的"五四"先驱最终没有兑现"法治"的票面,反而让法治成为不合规格的空头支票。无疑,在那种非常时期,用正常的法治观念对政治上的是非问题评价难免有书生之气,

---

① 李大钊:《这一周》,载杨琥编《民国时期名人谈五四》,福建教育出版社,2011,第130页。

② 梁启超:《"五四纪念日"感言》,《晨报》1920年5月4日五四纪念增刊。

③ 蔡元培:《去年五月四日以来的回顾与今后的希望》,《晨报》1920年5月4日五四纪念增刊。

④ 梁漱溟:《论学生事件》,《每周评论》特别附录,1919年5月18日第1版。

但问题是,一旦蔑视法治并形成了蔑视法治的习惯力量,那么当新政治生成之后,若想再改变蔑视法治的思维而树立法治的尊严就会极其困难。历史证明,这是一道相当棘手而难以解决好的问题。与西方"启蒙运动的思想家首先讨论理智与感情的关系",最后在"法制"问题上生根开花相比①,新文化运动倡导者的革命精神令人鼓舞,但其"以身试法"之"进取"方式,从历史发展的长时段看,则不免为此后中国留下难解之局。顺便指出,梁漱溟的所言所行也为人文与民主、法治的关系做了一个意味深长的脚注:以儒家为中心的守成主义文化资源是创建现代民主、正义、法治社会的正能量和助推器。

## 五、虚实相"间":在理性与理想之间

这里,虚实相"间"之"间"有双重的意义:一层是双方互动、互位、互补,另一层则是两种力量的较量、颉颃、错位。就本文的意旨来说,前一层是应有之义,而后一层则是走错了房间之"离间"。需要予以说明的是,本来,理性的双重性就有多重诠释,加上本文涉及的理性既有同一的理性的两个侧面,譬如"民主"与"科学";又有两种理性集于一营的交织,譬如"新青年派"阵营中的经验与建构两重理性的叠加。细究起来,还有一种理性内部的二元或多元、二重理性在一人身上的重合与紧张等等。这一历史底座的丰

---

① 参见《大不列颠百科全书》第6卷,中国大百科全书出版社,1994,第236页。

富性在给思想史研究带来无限可能性的同时,也增加了无限的复杂性。在"理性"后面再加以"理想",便将本来就不简单的问题扩容,显然不合时宜。不过,这里笔者期待通过这个"理想"添加收到理想之果:归拢前言,结束本论。

通过以上对"新青年派"与新文化运动走向的观察,我们从历史和当时现实中都会得出"理解之同情"的结论。首先,中国传统社会毕竟是一个重情感的社会。这固然不能说毫无益处,但与世界现代性的接轨恐怕单凭这一点远远不够,这也是那一代思想先驱对传统"全盘性"地"下猛药""出重拳"的一个根本原因。其次,面对辛亥革命、二次革命、护法运动之20世纪初期中国的社会现实,在"共和"不保、"约法"不约、"民国"不国的情势下,他们心焦如焚,从而采取了"矫枉必须过正"的策略,于是以强烈的"时代精神"从事着社会改造的工作,具体反映在现实中,即是以大无畏的精神以"现代"取代"传统"、以"科学"对峙"人文"、以"民主"对抗"专制"。最后,他们是在中西文化冲突的大背景下所发生的深刻体认,因此将其行为置于全球视野,引进以"德先生""赛先生"为核心的西方价值观念导引中国适逢其时。只是,在21世纪的当下,在我们以历史的态度对其"理解之同情"的同时,也要在启蒙的立场上对先驱所做的工作做一些必要的"重构之反思"。

如前所示,本文是以"德先生"和"赛先生"为中心的历史考察,如同解铃系铃一样,要把问题坐实,还需回到历史现场两位"先生"那里。1915年9月,"德先生""赛先生"强势进驻新文化运动的大本营——《青年杂志》。一个不能忽视的事实是,两位

"先生"的如日中天要归功于两位幕后"推手",那就是作为海归派的思想界"经纪人"——陈独秀和胡适。如果没有两位思想先驱的全心努力,德、赛两"先生"远远不能受如此待见,获那般礼遇。这里,也就有了本文对五四新文化运动之引进"民主""科学"的第一印象,两位"先生"是被以其为主角的"先生们"打造"上市"的。这样的说法只是一个立体、形象化的比喻。

就"民主"和"科学"两者之间的关系来看,"赛先生"的名分和地位在五四时期是大于"德先生"的。虽然我们在《新青年》的同人文章中看到"德先生"的排名和座次总是在"赛先生"之前,但具体受到待见的礼遇程度,前者是逊于后者的。一个不容忽视的事实是,尽管新文化运动的先驱者言必称"德先生"和"赛先生",而且在与旧势力的维护者宣战时也每每将两者相提并论,甚至给人以"德先生"打头在前、"赛先生"陪绑在后的错觉——那"《新青年》罪案之答辩书"就是最为直观的证词,纵观那一时期的多次论争不难发现,除却一些出镜率较高的"人权""德谟克拉西""赛先生"等自说自话,诸如像"科学与人生观"那般场面宏大、气势恢宏、时间长久的擂台还不曾有过。①相形之下,"赛先生"在"五四"的舞台上出尽了风头,"新青年派"给足了

---

① 1923年2月14日,张君劢在清华大学作了一场关于"人生观"的讲演,对"科学万能"的唯科学主义提出批评。张君劢总结道:"人生观之特点所在,曰主观的,曰直觉的,曰综合的,曰自由意志,曰单一性的。这一切,都是与科学的特点截然不同的。"4月,丁文江在《努力周刊》上发表《玄学与科学》一文为科学辩护,并指出张君劢的人生观"决逃不出科学的范围"。之后,梁启超等人发表文章支持张君劢,胡适、吴稚晖等人则写文章批评玄学派,支持丁文江。胡适与陈独秀高度关注、积极参与,并在笔墨官司结束后分别为论战结集作序。"科玄论战"自1923年2月开始,一直到1924年底才渐趋平静,历时两年之久。

其面子。这也就难怪胡适这样高看"赛先生"的地位了:"这三十年来,有一个名词在国内几乎做到了无上尊严的地位;无论懂与不懂的人,无论守旧和维新的人,都不敢公然对他表示轻视或戏侮的态度。那个名词就是'科学'。"①"赛先生"以其至高无上的神圣性、无可取代的权威性横刀夺马、咄咄逼人。

在"民主"与"科学"同等重要的历史表象背后还有着另外一种历史的真实。本来,在启蒙意义上的"理性"设定,两位可以分工不分家。但就两位"先生"固有的本相而言,又有各司其职的基本分工。"科学"的开放性和包容性与"民主"的多元性和透明性本应是互补的一对,即使有相应的工种也无可非议。但是我们看到的两位"先生"却在"新青年派"的驱动下走错了房间不说,还有一种被宠坏了的放纵与骄嚣。"科学"将理性的"芯片"植入"文学"的肌体,让本来具有浪漫、想象、理想之情愫的活体审美艺术变性为刻板、僵硬、实用的工具。在"赛先生"的打压下,科学主义过度夸大科学的功用,似乎放之四海而皆准。新文化运动的推动者不但以"科学"侵占文学的园地、剥夺文学自身的价值,而且还株连到所有传统的人文学科。这一"理性的殖民"在一定程度上造成了人文价值及其精神的下滑与失落。

与此同时,人文传统的疏离,又将导致"科学"与"民主"自身式微而孤立无援,最终使中国的现代性走向陷入困局。对此,作为当事人的钱玄同曾经客观反思道:"我近来觉得改变中国人的

---

① 胡适:《〈科学与人生观〉序》,载《科学与人生观》,山东人民出版社,1997,第 10 页。

思想真是唯一要义。中国人'专制'、'一尊'的思想,用来讲孔教、讲皇帝、讲伦常……固然是要不得;但是用它来讲德莫克拉西……安那其主义、讲赛因斯……还是一样的要不得。反之,用科学的精神(分析条理的精神),容纳的态度来讲东西,讲德先生和赛先生固佳,即讲孔教,讲伦常,只是说明它们的真相,也岂不甚好。我们从前常说'在四只眼睛的仓神菩萨面前刚刚爬起来,又向柴先师的脚下跪倒',这实在是很危险的事。我在近一年来时怀杞忧……这条'小河'一旦洪水横流,泛滥于两岸,则我等栗树,小草们实在不免胆战心惊,而且这河恐怕非贾让能治,非请教神禹不可了。"①本来,感悟、直觉、情感、信仰这些具有精神性的质地都是人文学科的禀性,尤其是东方文化之中庸、仁道、内敛、博雅等淑世底蕴,更是人文学科不可或缺的基本元素。但是,这一切在新文化的倡导者看来却一文不值,甚至还情绪化地"踏上一只脚":传统的文学、历史、哲学、伦理、美学等艺术、信仰之类的"玄想"都是"丑恶病态的",包括语言、文字以及由此写成的"国故""纸堆"都是应该灭亡的"臭东西"②。"危险的事"不仅说"科学"的独尊,也道出了"民主"的唯一。"德先生"在用来针对几千年传统专制体制下猛药、出狠招的时候,也一股脑儿将可以为我所用的人文资源统统铲除了。

---

① 《钱玄同致周作人》(1932年4月8日),载北京鲁迅博物馆鲁迅研究室编《鲁迅研究资料》第9辑,天津人民出版社,1982,第112页。

② 吴稚晖:《青年与工具》,《新青年》第2卷第2号,1916年10月1日。

"科学"没有发挥其应有的"条分缕析"精神,"民主"也没有能释放开放和包容的情怀,理性的错位与越位让它们在现代性的演进中埋下了隐忧。

一是五四新文化运动对于"民主""科学"的传播流于概念化,还远远没有达到启蒙的效果和目的,这也是常说五四运动的任务没有完成的原因之一。在情感、理性、法治三者之间,《新青年》同人有不同程度的哲学体认。陈独秀在《东西民族根本思想之差异》中就有"法治"("实利")、"感情"("虚文")之分。对"民主"的极力推销,也说明了对"理性"和"法治"之近亲关系的认识到位。固然,人文情感和思想理性一样对法治不可或缺,但是就法治体制来说,民主则是其牢不可破、至关重要的直接哲学基础。"民主"作为一种法治的必要条件(不是充要条件),是法治的基本底色理念。但同时启蒙运动先驱必须认识到,现代文明的最后落定需要法治这一"实利"的载体来兑现。所以启蒙就不能停留在舆论和理念的平台上。实际说来,理性是土壤,民主等关键理性之念则是盛开的花朵,法治才是阳光雨露、得风顺水后结出的果实。

二是要认识到,无论民主、法治抑或科学都是文明史上为人类提供福祉的手段和方法,而非目的。任何一种手段和方法都不具有唯一性和全能性。只有客观、冷静地认识"民主""科学"等思想史关键词作为启蒙手段和方法的相对性、互补性和自我性,才能不失时机地在现代性演进中有所为而有所不为。历史一再证明,将"德先生""赛先生"作为"德菩萨""赛菩萨",是与科学和民主的精神南辕北辙的。当先知先觉以为引进了"德先生"和"赛先生"就是抓住了挽大厦于将倾的启蒙利剑和思想杠杆后,难免有一劳永逸、万事大吉的心态和逻辑。这样一种启蒙逻辑显然违背了人类文明发展的真实状况,也掩盖了启蒙中国的历史真实。对此,不但新文化运动高潮过后以悲壮色彩异军突起的"学衡派"同人有过尖锐批评①,就是新文化运动高潮期间"新青年派"同人内部也有或多或少的提醒。胡适在"问题与主义之争"中对将学理的手段流于目的的病灶之批评便富有代表性:"我常说中国人(其实不单是中国人)有一个大毛病,这病有两种病征:一方面是'目的热',一方面是'方法盲'。"②这一"毛病"是世界启蒙思想界的通病。对此,马克斯·韦伯将这种理性分裂和错位的通病以"价值理性"和"工具理性"名之,前者相信的是出发点,强调对付出努力行为之无条件价值的承认,"价值"即看中动机的纯正,对采取的手段和路径不计后果。与之相对,工具理性的注意力放在了功利与效果的最大化上,只要选择了理性路径,哪怕是牺牲人的情感和精神价值也要不惜一切代价地让激情携带着梦想一起飞。在"价值"合理性与"工具"合理性之间,存在着蓝图(目标)和实施(手段)的关系。一旦手段和方法成为停滞不前的唯一诉求和目

---

① 1922年1月,在《新青年》行将停刊之际,《学衡》杂志在南京创刊,杂志以"论究学术,阐求真理,昌明国故,融化新知"为宗旨。借助于该杂志,聚集于东南大学的一批海归学人开始了对曾经云集于北京大学的《新青年》杂志同人的批评与反思。他们以白璧德的新人文主义为文化立场,从学理层面撰文反对"新青年派"所倡导的新文化运动,对科学(赛先生)包办文学、人生观,民主(德先生)僭越人文等舆论提出批评。

② 胡适:《问题与主义》,载《胡适文存》卷二,亚东图书馆,1926,第187页。

的地,就会有不断激进、梦化理想甚至滑向政治浪漫主义的危险。①当"民主""科学"幻化为一种至善、至真、至美的抽象和浪漫的舆论教化后,它们往往会走向自己的反面。

　　最后需要指出的是,无论是民主还是科学,抑或下一步的法治,都是手段和方法。它们之间的关系应该是并存互补的关系,谁也无法高于谁或取代谁。相比之下,坐实法治是走向文明手段的最后一步,但也是一步,而非目的。保障公民而且是每一位公民——既不是少数也不能是多数——的自由才是法治的目的。当然,这个保障又是以守法公民为对象的。换言之,守法是公民受到保护的前提或底线,否则将成为绳之以法的"专政"对象。法律的神圣性在于,在法治面前人人平等,谁都无法将自己置于法治之上而为所欲为。如此推理,与人有关的言论、行为都要在符合法治的范围内运作。回到现场,作为新文化运动领导者之一的陈独秀在五四时期的言论需要引起我们的警惕。他说:"世界上有一种政府,自己不守法律,还要压迫人民并不违背法律的言论,我们现在不去论他,我们要记住的正是政府一方面自己应该遵守法律,一方面不但要尊重人民法律以内的言论自由,并且不宜压迫人民'法律以外的言论自由'……法律只应拘束人民的行为,不应拘束人民的言论,因为言论要有逾越现行法律以外的绝

---

① 参见苏国勋:《理性化及其限制:韦伯思想引论》,上海人民出版社,1988,第227页。

对自由,才能够发现现在文明的弊端、现在法律的缺点。"①从这段话可以得出两个结论:一是将"民主"置于"法治"之上;二是"法律以外的言论自由"显然是一种独自享受豁免权的自由特区。《新青年》时代要求舆论的自由,也就是要求舆论家的自由,逻辑是为了创造未来的新文明,而且是为了宣传"民主",以"民主"的名义获得逾越和"绝对自由"。这样的思想论说是特定历史环境和时代条件下的具体产物,但在正常的历史条件下,法治保障的是人人,不是单独的"你"或"我",不是少数亦不是多数。法律没有例外,陈独秀所要的"违背法律的自由",当时无例,现在没有,未来也不能出现。

"五四"先驱者的法治观念尚且如此,我们的法治建设的确一直在路上。这也是我们纪念百年刊物《新青年》以及反思那场轰轰烈烈的文化运动的重要理由之一。

---

① 陈独秀:《法律与言论自由》,《新青年》第7卷第1号,1919年12月1日。

# 百年回眸:"五四"双重气质再寻绎
## ——以文艺复兴与文化启蒙两大谱系为主体的"运动"解析

回首百年"五四",需从其"文艺复兴"与"启蒙运动"双重气质说起。置于历史时代背景之下,从"文艺"和"启蒙"双重维度审视新文化运动的起伏、颉颃、变奏,可以清晰把握其"来龙"与"去脉"。以"文学"作为共执的支点,胡适"改良"的谦和、不确定性与陈独秀"革命"之坚定无比、彻底决绝正是文艺复兴与启蒙运动气质的根本差异。"问题与主义"之争、"自由与解放"之争、"提高与普及"之争等都是胡适与陈独秀等《新青年》同人对于"文艺复兴"与"启蒙运动"的不同拣择与流布,是"复兴"与"运动"的分野。最终在中国语境下,新一代知识分子纷纷从书斋中走出,与工农大众为伍,"运动"以强劲态势压倒"复兴"。从双重气质到单一气质,由复调到单调,"五四"经历了由乐章到华章之血与火的历练。

## 一、旧题新说:双重气质的"五四"

"救亡压倒启蒙",是李泽厚先生在20世纪80年代提出的一个观点。在他看来,"五四"所包含的"新文化"和"学生爱国反帝"这两个不同性质的运动之间关系复杂,其中"启蒙"与"救亡"一度"相互促进",而在后来的思想发展中前者则为后者所"挤压"或者说"压倒"。①应该说,"双重变奏"或"五四"主题的双重性由此得以确立。沿着双重性的思路,一边是学术界的众声喝彩,同时也有学者进一步刨根问底:"启蒙是'迂远'的救亡,即由立人而立国,它同后来的'革命'一样,同是救国手段和工具,何以手段将目标切断?"②由此20世纪90年代就有了"启蒙与革命"之双重变奏的变形。在将"五四"切割为文化与政治、多元与一元、个体与群体、提高与普及的分野后,就有了"文艺复兴"与"启蒙运动"双重性学术见解的萌芽或说雏形。时至21世纪初年,因一场对话,笔者正式提出"五四"的双重气质一说,其后不断重申这种双重

---

① 李泽厚:《启蒙与救亡的双重变奏》,载《中国现代思想史论》,东方出版社,1987,第7-49页。
② 张宝明:《启蒙与革命——"五四"激进派的两难》,学林出版社,1998,第3页。

性。①近年来,笔者反复思考这一类由来已久的思想史命题:"启蒙与救亡""启蒙与革命""文化与政治"等的纠葛,一个基本的考量是:百年"五四"所有的二元式纠结都需要从文艺复兴与启蒙运动的双重气质说起。

就"文艺复兴"的权威解释来看,文艺复兴(Renaissance)是指发生在14至16世纪的一场反映新兴资产阶级要求的思想文化运动。这一概念一开始就被意大利的作家和学者频繁使用,他们期望希腊、罗马古典时期高度繁荣的文化艺术摆脱中世纪黑暗时代的桎梏,得以"再生"与"复兴",故名"文艺复兴"。借助复兴古典文化来表达自己的文化主张,实质上是资产阶级反封建的新文化运动。以意大利为中心,这一文化运动逐渐传播到欧洲各地,在文学、艺术方面取得了辉煌的成就。但丁、彼特拉克、薄伽丘是这一时期的文学先驱和代表人物,其基本格调是以人文主义为主旨。人文主义"以人性及其成就为研究对象",强调"所有哲学和神学派别体系中的真理统一性和兼容性"以及"人的尊严",要求"重振失去的人文精神和才智"。"人文主义帮助人们挣脱正统宗教加之于他们的精神枷锁,倡导自由探讨和批评,启发人们对人的思想和创造的可能性的信心。"②研究文艺复兴的权威学

---

① 张宝明、张光芒:《百年"五四":是"文艺复兴"还是"启蒙运动"?——关于五四新文化运动性质的对话》,《社会科学论坛》2003年第11期;张宝明:《重申启蒙:再说新文化运动的名实》,《读书》2018年第10期。

② 参见《不列颠百科全书》第14卷"文艺复兴"词条,中国大百科全书出版社,1999,第213页。

者布克哈特则认为这个时期"给了个性以最高度的发展",并且"引导个人以一切形式和在一切条件下对自己做最热诚的和最彻底的研究"。①强调人性的尊严、个性的张扬乃是对此一时期人文主义诉求的基本共识:"人文主义关于人的概念是要通过内省和检验人的实际行为来研究人,强调人的本性中的意志和感情方面,而不是理性方面。"②需要特别指出的是,文艺复兴之所以被作为西方文明史上一个重要精神事件和历史时段而不可绕过,还在于它体现了一种新的无所不包的近代精神。这也是它既能和宗教改革紧密相连也能和启蒙运动休戚与共的根本所在。"从宗教改革到17世纪期间,文艺复兴的研究被置于次要地位。启蒙运动又重新增加了人们对它的兴趣。到19世纪早期,把文艺复兴视为对西方文明有重要贡献的一个特定时代的思想发展起来",究其根本,"人文主义的发展显示了一种广泛的社会倾向,标志着世俗文化时代的到来"。③

就此而言,启蒙运动(The Enlightenment)也就有了不同定位:与文艺复兴的突出个性、意志和情感相比,理性、科学、自然、人类与上帝等各种相互关联的观念更为受关注。"在理论方面,启蒙运动的思想家首先讨论理智与感情的关系,最后讲到法制问

---

① 雅各布·布克哈特:《意大利文艺复兴时期的文化》,何新译,商务印书馆,1983,第302页。

② 参见《简明不列颠百科全书》第8卷"文艺复兴"词条,中国大百科全书出版社,1986,第267页。

③ 参见《简明不列颠百科全书》第8卷"文艺复兴"词条,中国大百科全书出版社,1986,第267-268页。

题。启蒙运动思想大致有人道主义、社会思想和历史观几个方面。在人道主义方面,启蒙运动思想家发现人类有共同的属性,进而又从人类社会的固有现象转而研究人类社会应有的现象,从而提出批判,鼓吹改良,进而主张革命。……在启蒙运动接近尾声之际,西方思想界开始逐步走向伯克、黑格尔、达尔文和马克思的理论所标志的道路。"①《不列颠百科全书》这样定义"启蒙运动":"17、18世纪欧洲的一次思想运动,把有关上帝、理性、自然和人等诸种概念综合为一种世界观,得到广泛赞同,由此引起艺术、哲学及政治等方面的各种革命性的发展变化。启蒙运动的思想重点是对理性的运用和赞扬,理性是人类了解宇宙和改善自身条件的一种力量。具有理性的人把知识、自由与幸福看做三大目标。"然而"启蒙运动因过度而导致自身的终结","对抽象理性的推崇引起浪漫主义运动中开始探索感知与感情世界时的矛盾心境。法国大革命后的恐怖统治时期,对于人能自律这个信念是个严酷考验。不过,启蒙运动思想在多方面表现出的高度乐观主义,便作为运动永久有价值的遗产之一而存留下来,即:人类历史是一部人类普遍进步的记录这样一种信念"。②

要言之,14至16世纪的文艺复兴与17至18世纪的启蒙运动不只存在时空差异,更重要的是以下三种观念的不同:一是人

---

① 参见《简明不列颠百科全书》第6卷"启蒙运动"词条,中国大百科全书出版社,1986,第595页。

② 参见《不列颠百科全书》第6卷"启蒙运动"词条,中国大百科全书出版社,1999,第76-77页。

文(主义)与人道(主义)的歧义①;二是"世俗"性与"乐观"性的区别;三是"可能性"与"确定性"的紧张。以启蒙运动的"人道""乐观""确定性"三者的关系而言,直线进步的心态有着必然以革命为终结的思维逻辑。由于中国"后发现代性"的特殊性,我们在使用这两个概念时尤其要注意两者在中国语境中的独特性与变异。在西方原初语境中,文艺复兴和启蒙运动在人类文明史上现代性趋同背后的不同诉求,没有所谓的变奏,有的只是前后的抑扬、旋律的高低、诉求的差异;而在20世纪初年的五四新文化运动中则同时并存,有了颉颃、胶着、变奏的成分。所谓"五四"的双重性,并非指"不是东风压倒西风,就是西方压倒东风"式的非此即彼的二元对立,而是将"五四"始终视为一种动态发展的过程,"文艺复兴"与"启蒙运动"的双重性质也因为社会形势、思想征候与舆论氛围的变化而呈现出纠缠、颉颃、对抗等多种样态,甚至在某种情势下表现为你中有我、我中有你的"同一性"。

## 二、回到初心:"各怀心事"的"文艺"支点

追本溯源,"五四"的双重气质要从新文化运动的领袖陈独秀与胡适的"初心"说起。《新青年》创办初期,他们在办刊宗旨、用稿标准、言说路径上的紧张与冲突就时隐时现。表面上看,是两

---

① 参见张宝明:《新青年派与学衡派文白之争的逻辑构成及其意义》,《中国社会科学》2011年第2期。

人联袂、通力合作发起了一场声势浩大的新文化运动,但在这一精神事件背后潜藏着各自不同的初心。胡适晚年坦言:"从我们所说的'中国文艺复兴'这个文化运动的观点来看,那项由北京学生所发动而为全国人民一致支持的,在一九一九年所发生的'五四运动',实是这整个文化运动中的,一项历史性的政治干扰。它把一个文化运动转变成一个政治运动。"①如果说当年胡适与陈独秀在《新青年》办刊宗旨上的固执己见多少有些遮遮掩掩的味道,那么这一坦言可算将其内心所想表达得淋漓尽致。

这里我们将从两人共执的支点——"文学革命"说起,以便更好地理解"文艺复兴"和"启蒙运动"双重气质的契合与分歧。在西方,无论是14至16世纪以意大利为中心的文艺复兴还是18世纪以法国为中心的启蒙运动,两者都是以文学作为开场、以文学巨匠作为舞台主角而拉开序幕的。新文化运动,与西方的文艺复兴和启蒙运动如出一辙,以"文艺"为支点,正是在这里陈独秀们和胡适们在不和谐中唱出了"同气相求"的和声,《新青年》同人在"文学"一脉上可谓一拍即合。尽管《新青年》同人在文化观念、思想认识、运动路径等方面有着很大的分歧,甚至在具体的文学观念上也有很大差异,但有一点却是可以肯定的,那就是他们以"文学"作为支点,将其作为"革命"(改良)的对象,并以此作为新文化运动的敲门砖。革命也好,改良也好,激进也好,温和也好,态度可以不同,认识可以不一致,但没有路径上的异议,更没有不

---

① 胡适:《胡适口述自传》,唐德刚译,华文出版社,1992,第206页。

愿为伍的固执。

然而,在表面的"态度的同一性"背后,值得注意的是陈独秀、胡适二人的隐忍不发以及文学预设的根本差异,而正是后者,构成了"五四"的双重性与复调性。

首先,选择文学支点的主动与被动之别。1915年陈独秀创办《青年杂志》,宣扬法兰西文明、反思国民觉悟、批判孔子,用力不可谓不勤,却始终没有找到聚焦点与突破口。文学(翻译与古诗)虽然也在杂志中偶尔出现,但更多是其个人爱好而非杂志的主要关注点。直到遇见胡适,《新青年》的文艺改革方向才逐渐明晰起来。以文友、乡友之"神交"身份自居的陈独秀向胡适发出吁请:"此事务求足下赐以所作写实文学,切实作一改良文学论文,寄登《青年》。"①这一切都源于《新青年》中文学作品发表后编辑与读者之间的互动。胡适在美国看到《新青年》发表了屠格涅夫的《春潮》,便将自己翻译的《决斗》投了过去。提倡写实主义的《新青年》发表古典主义诗作,更是遭到了胡适的讥诮。于是,针对"今日文学之腐败""堕落",便有了"文学革命"的"八事"②,《文学改良刍议》的"切实"之作也呼之欲出。加之对文学译作"编外校对"的投入,胡适深得"主撰"的信任,尤其是对作为《新青年》支点的"文学革命",陈独秀更是言听计从,这样便有了《文学革命论》的发表。之后,不论是"一发而不可收"、彰显"'文学革命'的

---

① 《陈独秀答胡适之》,载水如编《陈独秀书信集》,新华出版社,1987,第46页。
② 《通信》,《新青年》第2卷第2号,1916年10月1日。

实绩"的鲁迅小说,还是周作人清新可人的诗歌和散文,都与陈独秀、胡适二人的合作有着重要的关系。但从对文学革命的过程梳理来看,胡适无疑是主动与引领方向的一方,而陈独秀更多起到的是推波助澜的作用。

值得一提的是,尽管西方文艺复兴和启蒙运动都是文学家的舞台,但必须看到,同是文学,撇开时代性和本体论,其人文诉求和价值导向不可能完全一致。具体到新文化运动,虽然都在倡导文学革命,但陈独秀、胡适二人对此的设计显然不同。在陈独秀"撕毁""不谈政治"的君子协定并将自己的真实意图暴露无遗时,双方分别以各视其是、各执其事的姿态由"暗斗"变成"明争"。针对十字路口的青年学生,陈独秀和胡适都想将他们拉入自己的阵营。胡适率先以《新思潮的意义》对几年来新文化运动的手段、取向、态度、根本意义作了周密的总结,其中最关键的还是对新文化运动走向的根本性布置。他在标题下面十分醒目地列出"研究问题,输入学理,整理国故,再造文明"十六个字①。其中,"研究问题"是思想态度,"输入学理"和"整理国故"为手段和工具,"再造文明"则是新文化运动以后努力的方向和目标。仿佛是针对胡适有意为之的"激扬文字",陈独秀不甘示弱,俨然以主将自命,强调于中西文化的基础上再创文明的同时,特别提出"新文化运动要

---

① 胡适:《新思潮的意义》,《新青年》第 7 卷第 1 号,1919 年 12 月 1 日。

注重团体的活动"和"要影响到别的运动上面"。①比较陈独秀、胡适两人的文章,除表面上共同强调新文化运动何去何从的问题外,他们在价值取向上却有着路径与诉求的根本差异。

其次,新文学发展之"可能性"与"确定性"的紧张。抛开新文学之"来龙"与"去脉"的复杂性以及陈独秀、胡适等人文学观念的逶迤曲折,仅以他们在文学本体性及功能上的认识就足以见出两者之间的内在张力。胡适从文学自身发展衍变的规律上认识改良的可行性,陈独秀则是从社会发展规律上论证文学革命的必要性。1916年11月,胡适将自己对文学改良的感想写成文字,并于1917年1月1日在《新青年》第2卷第5号上以《文学改良刍议》为题发表,以治学的态度、学者的口吻"提出八条很温和的建议"②。即使是这样,他在文章中还是不时流露出瞻前顾后的谨慎心理。文章开篇即指出:"今之谈文学改良者众矣,记者末学不文,何足以言此?然年来颇于此事再四研思,辅以友朋辩论,其结果所得,颇不无讨论之价值。"抱着钻研学理的审慎态度作了一番谦恭之后,胡适在文末又附言:"上述八事,乃吾年来研思此一大问题之结果。远在异国,既无读书之暇晷,又不得就国中先生长者质疑问难,其所主张容有矫枉过正之处。然此八事皆文学上根本问题,一一有研究之价值,故草成此论以为海内外留心此问题者作一草案。谓之刍议,犹云未定草也,伏惟国人同志有以匡纠

---

① 陈独秀:《新文化运动是什么?》,《新青年》第7卷第5号,1920年4月1日。

② 胡适:《胡适口述自传》,唐德刚译,华文出版社,1992,第149页。

是正之。"①与胡适的谦和、"改良"及不确定性相比,陈独秀不容商榷、非我莫属、彻底决绝的口气显示出其坚定无比的心态:"鄙意容纳异议、自由讨论,固为学术发达之原则。独至改良中国文学,当以白话为文学正宗之说,其是非甚明,必不容反对者有讨论之余地,必以吾辈所主张者为绝对之是,而不容他人之匡正也。"②两者之间的内在张力和歧异无疑是"文艺复兴"和"启蒙运动"气质的根本差异。

再次,就外国文学译介选择来看,无论是文学原理的剖析还是文学作品的引介,人文情怀和人道意识之分历历可见。与陈独秀《文学革命论》中"政治界虽经三次革命,而黑暗未尝稍减"③的文学革命起因相呼应,李大钊介绍文学家托尔斯泰并非因为他的文学作品艺术性高、美学价值不同凡响,根本着眼点还在于"彼生于专制国中……扶弱摧强,知劳动之所以为神圣",更为关键的是,托氏"为文字字皆含血泪"。④凡此种种,恰与其早期思想一脉相承。早在1913年底,李大钊就曾呼吁为"阶级制度之不良"而战的"文豪"出现,并认为"洒一滴墨,使天地改观,山河易色者,文豪之本领也"。⑤这与陈独秀一文中所要攻克的"苟偷庸懦""畏革

---

① 胡适:《文学改良刍议》,《新青年》第2卷第5号,1917年1月1日。
② 《通信》,《新青年》第3卷第3号,1917年5月1日。
③ 陈独秀:《文学革命论》,《新青年》第2卷第6号,1917年2月1日。
④ 李大钊:《介绍哲人托尔斯泰》,载《李大钊文集》上册,人民出版社,1984,第186-187页。
⑤ 李大钊:《文豪》,载《李大钊文集》上册,人民出版社,1984,第70-71页。

命如蛇蝎"①之指向一反一正,互为补充。与陈独秀重视弱小、被压迫民族和国家的文学之人道情怀相比,胡适的人文关怀是"健全的个人主义",演绎着自由和责任。1918年6月,《新青年》出版"易卜生专号",其中,胡适刻意撰写的导读性时论《易卜生主义》在社会上引起了强烈反响。"世界上最有力量的人正是最孤立的人"②,这乃是张扬个人意志的逻辑表现,在本质上是内倾、退缩、自御的。胡适曾借易卜生之口表达了自己的人生信仰:"我所最期望于你的是一种真正纯粹的为我主义。要使你有时觉得天下只有关于我的事最要紧,其余的都算不得什么。……你要想有益于社会,最好的法子莫如把你自己这块材料铸造成器。……有的时候我真觉得全世界都像海上撞沉了船,最要紧的还是救出自己。"③而陈独秀则从政治革命的立场出发,注重培养具有主动思想意识之"人",希望他们能从思想枷锁中解放出来,迅速担负起"直接行动"的历史重任,以无畏的"牺牲的精神"完成救亡图存的使命。④因此,他的"人"之走向就与启蒙命题相呼应:外倾、进取、革命。

　　陈独秀、胡适二人在文学支点这一大方向上的暂时统一与妥协,无疑凝聚了同人力量,大大推进了新文化运动的进展。陈平

---

① 陈独秀:《文学革命论》,《新青年》第2卷第6号,1917年2月1日。
② 易卜生:《人民公敌》,载《易卜生戏剧》,潘家洵译,人民文学出版社,2015,第408页。
③ 胡适:《易卜生主义》,《新青年》第4卷第6号,1918年6月15日。
④ 陈独秀:《五四运动的精神是什么?》,载《陈独秀文章选编(上)》,生活·读书·新知三联书店,1984,第518页。

原在谈到《新青年》初期二人的亲密合作时指出:"《新青年》的随陈独秀迁京,使得革命家的理想与勇气,得到学问家的性情及学识的滋养。……二者姿态迥异,互相补充,恰到好处。陈之霸气,必须有胡之才情作为调剂,方才不显得过于暴戾;胡之学识,必须有陈之雄心为之引导,方才能挥洒自如。这其实可作为新文化运动获得成功的象征:舆论家(Journalist or publicist)之倚重学问家的思想资源,与大学教授之由传媒而获得刺激与灵感,二者互惠互利,相得益彰。"① 这里至少有三点值得注意:一是说出了成就"五四"之"二者"的缺一不可。二是"霸气"和"才情","雄心"和"学识"本来并非对立、对峙的关系,在这里被描述为一种各自为战、各有千秋的关系,由此呈现出一种特殊的意义和张力。于是"调剂"和"引导"在双方的互动互补中也愈加显得非同小可。三是"革命家""舆论家"与"学问家"的"互惠互利"在这里尤其值得注意。可以说,在这一时期,陈独秀、胡适二人都没有亮出自己的底牌。

## 三、另一种面相:文艺背后的启蒙气场

对于新文化运动的"艺文改造"初衷,胡适反复提及。1932年,胡适在一次演讲中指出:"在民国六年,大家办《新青年》的时候,本有一个理想,就是二十年不谈政治,二十年离开政治,而从

---

① 陈平原:《序三》,载张宝明、王中江主编《回眸〈新青年〉》,河南文艺出版社,1998,《序三》第11页。

教育思想文化等等,非政治的因子上建设政治基础。"①其实这里所谓的"不谈政治"有一个基本的情结,那就是后来"新青年派"知识群体分裂在即时胡适一再申述的,也是胡适本人在书信、回忆录等文字中反复表达的观点:"注重学术思想艺文的改造,声明不谈政治"。②在《新青年》同人作为一个团体的"散掉"(鲁迅语)木已成舟之后,胡适的失望溢于言表:"在上海陈氏又碰到了一批搞政治的朋友——那一批后来中国共产党的发起人。因而自第七期以后,那个以鼓吹'文艺复兴'和'文学革命'(为宗旨)的《新青年》杂志,就逐渐变成个中国共产党的机关报;我们在北大之内反而没有个杂志可以发表发表文章了。"③以哲学、文学为重,从事"学术思想艺文"事业的胡适们失去了宣扬思想主张的喉舌和阵地,心情可想而知。

回过头来看,胡适将《新青年》定位为以鼓吹"文艺复兴"与"文学革命"为宗旨的杂志,只是他的一厢情愿。应该说,"文学革命"作为《新青年》同人共同的文化和思想平台,作为众声喧哗的"同一首歌",作为"新青年派"知识群体共执并撬动新文化运动的支点,是没有疑义的。但若是说"文艺复兴"从来就是或本来就是《新青年》的主旨,这不但与历史事实不符,而且违背了陈独秀的

---

① 胡适:《陈独秀与文学革命》,载王树棣等编《陈独秀评论选编》下册,河南人民出版社,1982,第289页。
② 《关于〈新青年〉问题的几封信》,载张静庐辑注《中国现代出版史料(甲编)》,中华书局,1954,第8页。
③ 胡适:《胡适口述自传》,唐德刚译,华文出版社,1992,第209页。

初衷。如前所述,共同的文艺支点在某种程度上掩盖了陈独秀、胡适二人各自的"心事"。但陈独秀的心事一直都在,而且越到后期,其念兹在兹的"启蒙"规划对新文化运动走向的影响就越明显。这无疑是文艺背后的另一种面相。

首先,看看《新青年》之启蒙特色就不难理解"主撰"的设定和引领了。创刊号有三个集结点足以说明其导向和气场:一是刊名翻译用的是法语 LA JEUNESSE,而非通常意义上的英语。这充分说明主撰的法兰西情结不可小觑。二是单从目录上 9 篇文章的篇名来看,直接与法兰西相关的就有三篇,这还不说内容中的"言必称"。它们分别是陈独秀撰写的《法兰西人与近世文明》及其亲力亲为的来自法国作家的《妇人观》和《现代文明史》两篇译文。三是涉及法兰西精神及其对人类贡献的,主撰则是以顶礼膜拜的心态进行肯定和赞颂。陈独秀这样写道:"近代文明之特征,最足以变古之道,而使人心、社会划然一新者,厥有三事:一曰人权说,一曰生物进化论,一曰社会主义,是也。""三事"的要义在于"皆法兰西人之赐",法兰西人是创造"近世三大文明"的"先发主动者",以法国 18 世纪启蒙思想家为主体的新文化由此"运动"起来。纵观《新青年》编辑部的文化和思想运作,除卢梭、伏尔泰等"文豪""大哲"外,一批法国的科学家、"社会党人"也成为热点人物。与此同时,"主撰"更是将"人权"(民主)、"科学"、"平等"、"博爱"、"自由"这些概念称作根植于法兰西民族"天性、成为风俗"的原创。①

启蒙运动的关键词"理性"中所包含的"知识、自由与幸福"之诉求,在"新青年派"主将那里的外化与胡适之人文守望有着不同面相的意义和价值。《人生真义》蕴含的知识就是力量、自由就是解放、幸福就在于奋斗的逻辑与西方启蒙运动的价值观念如出一辙:"人生幸福,是人生自身出力造成的,非是上帝所赐,也不是听其自然所能成就的",在批评了"孔孟所说的正心、修身"之偏颇人生观后,认定人生在世,"当努力造成幸福"。②1915年11月15日,陈独秀在《抵抗力》一文中道出了他孜孜以求的人生取向:"幸福事功,莫由幸致。世界一战场,人生一恶斗。一息尚存,决无逃遁苟安之余地。"③当然,文艺复兴也讲求幸福,而且同样是将其与自由结合起来,但我们看到,幸福对于个人而言,已经与国家、民族和社会定性、定格并统一在"文明生活"④的构建上了。而启蒙运动意义上的幸福却更具有定量意义上的"可数"性,个人幸福的累加量及其贡献指数已经成为衡量个人幸福的重要砝码。在陈独秀看来,不但文学观念是自然的、科学的,而且连"道德意见""幸福公式"也都是经过科学实验、科学计算的。本来,道德观和幸福观具有很强的主观性,与世界观、人生观、价值观密切相连,

---

① 陈独秀:《法兰西人与近世文明》,《青年杂志》第1卷第1号,1915年9月15日。
② 陈独秀:《人生真义》,《新青年》第4卷第2号,1918年2月15日。
③ 陈独秀:《抵抗力》,《青年杂志》第1卷第3号,1915年11月15日。
④ 加林:《意大利人文主义》,李玉成译,生活·读书·新知三联书店,1998,第36页。

但是这里的"道德"和"幸福"却以"科学计算"的形式出现,在追求最大公约数的过程中走向了启蒙(运动)偏执的路径。以其推崇的科学家阿斯特瓦尔特为例,陈独秀很绝对而又简单化地将其"$G=E^2-W^2$"的公式作为幸福的方程式:"此公式中之 G 为幸福(Glück),E 为精力(Energie),W 为逆境(Widerwillig)。盖以人生幸福之大小,视其奋发之精力以为衡。欲享受幸福之一日,不可不一日尽力以劳动;欲享受一生之幸福,不可不尽力劳动以终其生。劳动者,获得幸福之唯一法门也。故无论何人何时,应竭精力之限度,以送其努力奋斗之生涯。"① 这里,将"劳动"作为"幸福"的不二法门提醒我们:一是"劳动",无论是体力劳动(简单)抑或脑力劳动(复杂),都被承认着,只是这里"劳动"的意义倾向于"奋斗"以及体力一边;二是这里的"劳动"为后五四时期对乡间农民的膜拜以及大众化的"普及"走向埋下了伏笔。

其次,谈政治的冲动逐渐从"隐"到"显"。就《新青年》杂志的编辑方针而言,谈与不谈政治的对峙一直处于颉颃状态,"艺文改造"的学术色彩和飞扬跋扈的政治色彩十分胶着,互不相让,尤其是轮流编辑后呈现的选稿态度更能说明问题。第 4 卷第 1 号之后,尽管编辑部重申了"不谈政治"的宗旨,但这已经是意见日趋相左后的一种"调和"手段,如果不是有"都要向光明一方面走"作为底色,早就不可和解了。1918 年底,陈独秀、李大钊筹划创办了《每周评论》,这完全是为缓和同人内部的冲突、挽《新青年》这

---

① 陈独秀:《当代二大科学家之思想》,《新青年》第 2 卷第 3 号,1916 年 11 月 1 日。

个思想大厦于将倾之际而做出的努力。李大钊写信给胡适说:"在这团体中,固然也有许多主张不尽相同,可是要再想找一个团结象这样颜色相同的,恐怕不大容易了。"①实际上,该团体当时已经到了濒临解散的境地。1919年5月4日以后,《新青年》团体由编辑方针的含蓄龃龉发展到文章内容与论点的直接冲突。历经"问题与主义"之争的几个回合,随着1920年秋《新青年》的南下,分化已在所难免。

最后,在关于"人"的认识上,陈独秀显然更倾向于打造符合启蒙运动理念的外倾、进取、抗争的历史主体。《青年杂志》创刊号就曾呐喊着"敏于自觉勇于奋斗之青年""新鲜活泼之青年"的出现。这样的"新青年"兼具"自主的""进步的""进取的""世界的""实利的""科学的"②六种人格,号召国民"用那最不和平的手段,将那顾全饭碗,阻碍和平的武人、议员、政客扫荡一空不可"。③在五四运动爆发之前,陈独秀已从欧、美、日等对"社会革命"的未雨绸缪中受到鼓舞,并断言说:"中国的文武官……那里知道什么社会革命!他们那里听见什么贫民的哭声!……我想这可怜的哭声,早晚就要叫他们听见,叫他们注意,叫他们头痛,最后还

---

① 李大钊:《致胡适》,载《李大钊文集》下册,人民出版社,1984,第936页。

② 陈独秀:《敬告青年》,《青年杂志》第1卷第1号,1915年10月15日。

③ 陈独秀:《南北代表有什么用处?》,《每周评论》第19号,1919年4月27日第4版。

要叫他们发出同样的哭声!"①陈独秀心目中的"人"无疑是经过文化洗礼和思想启蒙后铸就的"新青年"。20世纪30年代鲁迅在回忆"改造国民性"的立意时,还说出了"十多年前的'启蒙主义'"②的人生观。

在文艺的大旗帜背后,启蒙的规划与理念呼之欲出。由于中国近代社会的特殊性,"文艺复兴"与"启蒙运动"两种不同的理念在起初并行不悖,并起到了意想不到的历史推动作用,但随着时势进展,诸种因素之间的张力持续加强,两者不可避免地分道扬镳。

## 四、归去来兮:"复兴"与"运动"的分理

从"文艺"和"启蒙"之双重维度审视新文化运动的起伏、颉颃、变奏,不但可以看清来时的路,我们可以叫它"来龙",而且也能够将"运动"的走向、归途看得真切,我们可以称之为"去脉"。

1919年7月,胡适挑起"问题与主义"之争。他认为空谈主义是危险的、没有用处的:"一切主义都是某时某地的有心人对于那时那地的社会需要的救济方法。我们不去实地研究我们现在的社会需要,单会高谈某某主义,好比医生单记得许多汤头歌诀,

---

① 陈独秀:《贫民的哭声》,《每周评论》第19号,1919年4月27日第2版。

② 鲁迅:《我怎么做起小说来》,载《鲁迅全集》第4卷,人民文学出版社,2005,第526页。

不去研究病人的症候,如何能有用呢?"①胡适后来谈到发难的原因和动机时说:"国内的'新'分子闭口不谈具体的政治问题,却高谈什么无政府主义与马克思主义。我看不过了,忍不住了,——因为我是一个实验主义的信徒,——于是发愤要想谈政治。"②胡适的目的和宗旨一如既往:在思想文化领域提倡一种新的思想方法——实验主义。

这一论争究其实质是"主义"间的较量,也是文艺复兴与启蒙运动各自支持者的必然分化。胡适晚年一再追忆说这场论战是他与马克思主义者"第一回合"③交锋。即是说,这是渐进改良的实验主义与"根本解决"的无政府主义、马克思主义的冲撞。进一步说,"问题"与"主义"之争实际上是双重气质由合而分的深层紧张。前者接续实验主义,代表的是文艺复兴之文化的演进方向;后者以马克思的社会主义理论为依托,代表的是启蒙运动以来哲学理念的演绎与深化。鉴于这一"问题"笔者已有专门的分析和论证,就不再赘述了。④在此,需要进一步说明的是,五四新文化运动双重气质的暗地较劲只能是暂时的,"文艺复兴"与"启蒙运

---

① 胡适:《多研究些问题,少谈些"主义"!》,《每周评论》第31号,1919年7月20日第1版。
② 胡适:《我的歧路:(四)我的自述》,《努力周报》第7期,1922年6月18日。
③ 胡适:《胡适口述自传》,唐德刚译,华文出版社,第213页。
④ 张宝明:《"问题"与"主义":两种思想谱系的历史演绎——从知识社会学的视角看〈新青年〉和〈每周评论〉的衔接》,《南京大学学报》2004年第2期。

动"的分化很快就浮出水面。尽管《新青年》一直做着手心手背的"兼顾"、鱼与熊掌的"兼得",即使是在分裂已成定局、"散掉"木已成舟之际,第7卷第1号至5号还在做着挽大厦于将倾的周旋与努力,如既刊载李大钊的《由经济上解释中国近代思想变动的原因》等用马克思主义理论方法著述的文章,亦有胡适《新思潮的意义》这类以实验主义"研究问题",力倡"一点一滴"改造的长篇。时至1920年5月,《新青年》出至第7卷第6号时,大势已去。1921年,以陈独秀们建党为标志,胡适们也开始另起炉灶。究其实质,正是"文艺复兴"和"启蒙运动"双重变奏的必然结果。

"问题与主义"之争过后,双方阵营的冲突则明朗化,尤其是以鼓吹"文艺复兴"和"文学革命"为宗旨的《新青年》成为中共的机关刊物后,胡适、鲁迅们失去了发声的阵地,也因此后五四时期的同人即使是在《新青年》"团体散掉"之后也是笔墨官司此起彼伏。除"问题"与"主义"外,周作人和陈独秀之间也发生了一场不大不小的论战,从"文艺复兴"和"启蒙运动"的双重变奏之视角来看,这是一个不应该被遗忘的话题。1922年春,陈独秀参加了一个名叫"非宗教大同盟"的组织。平心而论,陈独秀以个人名义参加任何组织、社团都有其个人选择的自由。问题在于,当时非宗教大同盟方面所发的宣言、宗旨,多有"铲除恶魔,务期净尽"之类的话。以周作人为首的五教授群体极力反对其以群众的声势和压力干涉个人思想信仰的自由。周作人一再声言"陈独秀们"的口气太威严,有恐怖感和压迫感。4月,陈独秀以文化人物的身份致信五教授:"私人的言论反对,与政府的法律制裁不同,似乎也说不上什么'干涉''破坏'他们的自由,公等何以如此惊慌?此间非基督教学生开会已被禁止,我们的言论集会的自由在哪里?基督教有许多强有力的后盾,又何劳公等为之要求自由?公等真尊重自由么?请尊重弱者的自由,勿拿自由、人道主义许多礼物向强者献媚!"①周作人是比较敏锐的,明确回应道:"我们承认这回对于宗教的声讨,即为日后取缔信仰以外的思想的第一步,所以要反对。这个似乎杞忧的恐慌,不幸因了近日攻击我们的文章以及先生来书而竟证实了:先生们对于我们正当的私人言论反对……尚不免痛骂我们为'献媚',其余更不必说;我相信这不能不说是对于个人思想自由的压迫的起头了。我深望我们的恐慌是'杞忧',但我预感着这个不幸的事情是已经来了。思想自由的压迫不必一定要用政府的力,人民用了多数的力来干涉少数的异己者也即是压迫。"②周作人在这一问题上的警告只有一个:如果失去思想自由的保障,即使侥幸不在这次被"除灭"③之列,却也不知这种遭遇何时会降临到自己身上。史实证明,此时的陈独秀已经在用一种无形的政治力量来推动这一讨论,周作人所觉察到的,正是那种以多数力量来论是非、来压迫个人的封建思想的"重来"。平心而论,这不能不说是学术界的一个新见解,即民主妨碍了自由。其根源在于,以启蒙运动之关键词"民主"(德先生)和

---

① 《陈独秀致周作人、钱玄同诸君信》,《民国日报·觉悟》1922年4月7日。
② 《周作人复陈仲甫先生信》,《民国日报·觉悟》1922年4月20日。
③ 周作人:《古今中外派》,《晨报副镌》1922年4月2日。

"科学"(赛先生)为不二法门的思维方式将招致对民主的过分热衷和颂扬。这种热衷与颂扬,不是给民主以恰当的位置,而是把民主抬高到与自由并驾齐驱的程度,乃至以民主的名义变相地妨碍、抵消自由。当启蒙以自我之立意当作唯一正确的定性来放之四海时,回到文艺复兴的路径就显得至关重要了。

不过,追溯历史,在当时不用说回到"复兴"的路上很难,就是将其作为"存照"都很难。一是因为双重气质难分难解,少有理顺者;二是当事者一直为了"团体"的同舟共济不停地在想方设法涂抹边界。以李大钊《自由与秩序》一文为例,"革命家"对两者对立统一的处理往往将本来不是问题的问题缠绕成"问题":"极端主张发展个性权能者,尽量要求自由,减少社会及于个人的限制;极端主张扩张社会权能者,极力重视秩序,限制个人在社会中的自由:'个人主义'(Individualism),可以代表前说;'社会主义'(Socialism),可以代表后说。但是个人与社会,不是不能相容的二个事实,是同一事实的两方面;不是事实的本身相反,是为人所观察的方面不同:一云社会,即指由个人集成的群合;一云个人,即指在群合中的分子。离于个人,无所谓社会;离于社会,亦无所谓个人。故个人与社会并不冲突,而个人主义与社会主义亦决非矛盾。"①初看起来,这种"自由"(个人)与"秩序"(社会)的辩证好像并不新鲜,但是它实际上已超越"个人"与"社会"的互动,这里李大钊把"德谟克拉西"置于两种不同的体制之中,他将社会主义看

---

① 李大钊:《自由与秩序》,《少年中国》第 2 卷第 7 期,1921 年 1 月 15 日。

成了更高层次的"Democracy"。李大钊著文专释该词:"德谟克拉西,无论在政治上、经济上、社会上,都要尊重人的个性。社会主义的精神,亦是如此。"①他极力强调"德谟克拉西,伊尔革图克拉西,社会主义,共产主义,在精神上有同一的渊源"②,认为"由专制而变成共和,由中央集权而变成联邦自治,都是德谟克拉西的表现。德谟克拉西,原是要给个性以自由发展底机会,从前的君主制度,由一人专制压迫民众,决不能发展民众各自的个性,而给以自由。惟有德谟克拉西的制度,才能使个性自由发展"③。而在各种制度中,真正使德谟克拉西"纯粹"化的唯有社会主义和共产主义。

沿着"启蒙"之路而不是"复兴"之路,我们还会发现"自由与秩序"之辨析后的连锁反应——"自由与解放"之争。1919年7月,李大钊在题为《真正的解放》的随感录中写道:"真正的解放,不是央求人家'网开三面',把我们解放出来,是要靠自己的力量,抗拒冲决,使他们不得不任我们自己解放自己;不是仰赖那权威的恩典,给我们把头上的铁锁解开,是要靠自己的努力,把他打破,从那黑暗的牢狱中,打出一道光明来。"④1920年初,陈独秀

---

① 李大钊:《由平民政治到工人政治》,《晨报副镌》1921年12月16日。
② 李大钊:《由平民政治到工人政治(续)》,《晨报副镌》1921年12月17日。
③ 李大钊:《由平民政治到工人政治》,《晨报副镌》1921年12月15日。
④ 李大钊:《真正的解放》,《每周评论》第30号,1919年7月13日第3版。

针对社会上因"自由"异化为政治意义上的"解放"所引起的不满而撰写了《解放》一文,指出:"解放就是压制底反面,也就是自由底别名。近代历史完全是解放底历史,人民对君主、贵族,奴隶对于主人,劳动者对于资本家,女子对于男子,新思想对于旧思想,新宗教对于旧宗教,一方面还正在压制,一方面要求自由、要求解放,事实本来是这样,何必要说得好听,男子也是如此,并非专门辱没妇女。况且解放重在自动,不只是被动的意思,个人主观上有了觉悟,自己从种种束缚的不正当的思想、习惯、迷信中解放出来,不受束缚,不甘压制,要求客观上的解放,才能收解放底圆满效果。自动的解放,正是解放底第一义。"①是时陈独秀以自动的"解放"为第一义,其"解放"思想与李大钊的"真正的解放"异曲同工。

1919年12月1日,胡适在"问题与主义"之争刚刚平息之后,在《新青年》撰文批评"笼统"式进化观:"现今的人爱谈'解放与改造',须知解放不是笼统解放,改造也不是笼统改造。解放是这个那个制度的解放,这种那种思想的解放,这个那个人的解放,是一点一点的解放。改造是这个那个制度的改造,这种那种思想的改造,这个那个人的改造,是一点一滴的改造。"②不难发现,"自由与解放"之争大有深意。首先,笔者以为,我们应将其视作"改良"之渐进与"革命"之根本解决的斗争的继续。与此相应,它

---

① 陈独秀:《解放》,《新青年》第7卷第2号,1920年1月1日。
② 胡适:《新思潮的意义》,《新青年》第7卷第1号,1919年12月1日。

也是以"复兴"与"运动"作为不同"志业"的结果。不同的天职与"本分"令两种价值取向格格不入。其次,"自由"与"解放"的名词之争已预示"化大众"(提高)与"大众化"(普及)将各行其是、渐行渐远。

康德在《何谓启蒙?》一文中意味深长地指出:"革命也许能够打倒专制和功利主义,但它自身决不能够改变人们的思维方式。旧的偏见被消除了,新的偏见又取而代之。它像锁链一样,牢牢地禁锢着不能思考的芸芸众生。"①从中国20世纪知识分子的革命遭遇来看,他们历尽沧桑,几经沉浮,终于深刻理解了康德的忠告:"革命本身"并不能改变人们的思维方式,在"革命"过程中出现的种种偏执,很容易演绎成惊世骇俗的大悲剧,因此指望"大众"在"革命"中"失去锁链",成为最先进、觉悟性最高的群体,只能是一幕"乌托邦"式的幻想剧。启蒙因其偏执而可能带来的困惑与隐患一早就被思想家预感到了。

就"提高"与"普及"而言,它们既是"自由"与"解放"的同步折射,同时也是"复兴"和"运动"双重气质的延伸和拓展。如果我们接续到《新文化运动是什么?》和《新思潮的意义》两文,那么就可以清楚看到"整理国故"的"提高"与走向"十字街头"的"普及"之辙。1920年9月,胡适于北大新生开学典礼上拉开了"提高与普及"之争的帷幕。出于对"普及"倾向的不满,带病出席会议的胡适借题发挥,以《提高与普及》为名高谈阔论:"(一)普及,现在所

---

① 参见舒衡哲:《中国启蒙运动——知识分子与"五四"遗产》,刘京建译,新星出版社,2007,第337页。

谓新文化运动,实在说得痛快一点,就是新名词运动。……你递给我,我递给你,这叫做'普及'。这种事业,外面干的人很多……我也不希望我们北大同学加入。(二)提高,提高就是——我们没有文化,要创造文化;没有学术,要创造学术;没有思想,要创造思想。要'无中生有'地去创造一切。这一方面,我希望大家一齐加入,同心协力用全力去干。只有提高才能真普及,愈'提'得'高',愈'及'得'普'。你看,桌上的灯决不如屋顶的灯照得远,屋顶的灯更不如高高在上的太阳照得远,就是这个道理。……我不望北大来做那浅薄的'普及'运动,我希望北大的同人一齐用全力向'提高'这方面做功夫。要创造文化、学术及思想,唯有真提高才能真普及。"①针对胡适对大众革命工作的不屑一顾,陈独秀发表了同题时论:"一国底学术不提高固然没有高等文化,不普及那便是使一国底文化成了贵族的而非平民的,这两样自然是不能偏废。适之先生对于大学生主张程度提高,理论上自然是正当,别人驳他的话,我看都不十分中肯。"接下来,他围绕中心议题谈了"两种感想",奉劝适之先生"别高谈什么提高不提高",因为"没有基础学",只"高谈哲学文学"十分"危险"。文中内容看似多谈大学学科建设问题,其实根本性意见还是"贵族化"与"平民化"的争执,陈独秀从现实出发,主张教育向平民化的"普及"方向发展:"学术界自然不能免只有极少数人享有的部分,但这种贵族式的

---

① 胡适:《提高与普及》,载《胡适全集》第 20 卷,安徽教育出版社,2003,第 68-69 页。

古董式的部分,总得使他尽量减少才好。"①

既然是两种走向的深化,双方阵营一遇到适当时机就展开辩论。1922年2月12日的一次演讲就颇能说明问题。在"北大新闻记者同志会成立会"上,胡适与李大钊同时赴约讲话。发言较后的是李大钊,他两次提及"胡先生"的讲话,皆以"但是"作了转折:"胡先生说,新闻宜注意活的问题,不应单讲克鲁泡特金、马克思等等死的学说。这话诚然不错,但是……"很明显,这第一次对胡适的"发难",是在续弹"问题与主义"之争的老调。在最后,他再一次"发难"道:"胡先生说,不希望主张必定一致,希望人人能发挥个性固然不错。但是有了这个团体,总可以借此情谊,立在同一的、知识的水平线上,常有机会来交换各人不同的意见。遇有国民的运动发生时,我们总可以定一大目标,共同进行,以尽指导群众,而为国民的宣传的责任。"②虽然李大钊没有从"提高"与"普及"的关系上直接与胡适论辩,但二人选择的目标却一目了然。

## 五、中国语境:"运动"压倒"复兴"

从中西"文艺复兴"的比较中我们发现,中国社会的特殊性决

---

① 陈独秀:《提高与普及》,《新青年》第8卷第4号,1920年12月1日。
② 李大钊:《在北大新闻记者同志会成立会上的演说》,载《李大钊文集》下册,人民出版社,1984,第537-539页。

定了新文化运动思想意蕴不可能是文艺复兴时期人文主义文本的拷贝,而启蒙运动之精神实质也不可能照抄照搬。这正如马克思所说:"理论在一个国家实现的程度,总是取决于理论满足这个国家的需要的程度。"①

1918年10月20日,以"学生救国会"为基础的国民社在北大成立,11月19日新潮社也应运而生。这两个社团皆由北大学生发起,1919年初他们又不约而同地创办了《新潮》与《国民》杂志,在北大形成了与《国故》月刊社"三足鼎立"的局面。应该看到,在新思潮的意义上,陈独秀、李大钊、胡适、鲁迅等《新青年》同人都给予过新潮社一定的支持和关心。但由于思想倾向和价值追求的不同,《新潮》更接近胡适等人。胡适一直是这个社团的顾问,鲁迅是其作者和指导者,周作人一度成为该社成员和编辑。相形之下,《国民》与李大钊、陈独秀更为密切。这里面固然有一拍即合的互动成分,但也不能否认"导师"的力量。不过,我们更愿意从"五四"后两个社团的走向来还原当时的情形。

新潮社成员"五四"之后在胡适的引导下向右转,纷纷退回书斋探古问学。为了"输入学理",胡适在鼓吹杜威实验主义的同时,还策动新潮社成员赴自由主义的故乡英美留学。事实上,这是把学生引向了远离社会的歧途。不久,傅斯年、徐彦之、杨振声、何思源等新潮社成员纷纷出国,青年学生的锐气在"整理国

---

① 马克思:《〈黑格尔法哲学批判〉导言》,载《马克思恩格斯选集》第1卷,中共中央马克思恩格斯列宁斯大林著作编译局编译,人民出版社,2012,第11页。

故"声中日渐消泯。"整理国故"本来就是新潮社率先提出的,加之胡适予以发挥引导,将之发展为"再造文明"的具体手段,故其思想性下降,学术性上升。傅斯年在出国前还告诫同学:"(1)切实的求学;(2)毕业后再到国外读书去;(3)非到三十岁不在社会服务。中国越混沌,我们越要有力学的耐心。"①1920 年 8 月 1 日,出国不及半年的傅斯年所流露的心迹颇能说明问题:"近来很不想做文章:一来读书之兴浓,作文之兴便暴减;二来于科学上有些兴味,望空而谈的文章便很觉得自惭了;三来途中心境思想觉得比以前复杂,研究的态度稍多些,便不大敢说冒失话;四来近中更觉得心里边 extroversion(外向)的趋向锐减而 introversion(内向)之趋向大增,以此不免有些懒的地方。"②

与新潮社恰成反向,"五四"后国民社注重社会改造问题的讨论,力赞劳工神圣,介绍十月革命和马克思主义也成为他们关注的热门话题。1919 年 10 月 12 日,陈独秀出狱后进行的第一次公开社会活动就是在《国民》杂志成立周年大会上致辞。他在讲话中提出:"希望贵社以后对于国民觉悟之程度务使其增高,一方面使具此种觉悟者之人数增加。"对国民社注重"国民运动"的做法,他大为赞赏。值得注意的是,他这里所说的"国民觉悟"已逸出"伦理的觉悟"的既定目标,是一种为唤起"国民运动"而努力的

---

① 傅斯年:《〈新潮〉之回顾与前瞻》,《新潮》第 2 卷第 1 号,1919 年 10 月 30 日。

② 《傅斯年致胡适(8 月 1 日)》,载中国社会科学院近代史研究所中华民国史研究室编《胡适来往书信选(上)》,社会科学文献出版社,2013,第 77 页。

"政治的觉悟"。他认为国民觉悟之程度"可分为三步观之":其一,爱国心之觉悟;其二,政治不良之觉悟;其三,社会组织不良之觉悟。对照他1916年那篇《吾人最后之觉悟》,陈独秀已避难就简,从"伦理的觉悟"上升到"政治的觉悟"之层面。对于"政治不良之觉悟",陈独秀解释说:"吾人日者屡闻各方面有请愿之举,多涉内政问题,可见国人已有此种觉悟;特以例前者,则觉悟之程度,及具此觉悟者之人数,殊形减少,盖仅'五四运动'中学生之一部分而已。"①显然,他的意思是国民社成员应担负起启蒙政治(革命)之觉悟的"普及"重任。陈独秀希望国民觉悟程度"增高"者"增多"无疑就代表了这一走向。毫无疑义,他这里的"国民觉悟之程度"的"增高"已非"五四"前期的"吾人最后觉悟之最后觉悟"。从其"三步观"来看,它完全是出于社会运动的需要而进行的政治教育普及。不过,值得说明的是,陈独秀从事社会运动有两种含义,或说分两步走,一是"国民运动",二是"党派运动"。此时,陈独秀的政治觉悟启蒙仅是对国民运动而言,而真正将国民运动与政党运动统一起来的转变是在1920年底。在面向"社会"这一点上,两者同属"普及"路径。10月12日,与陈独秀一同出席《国民》杂志周年纪念大会的还有李大钊。李大钊在会上作了简短而有力的演说。他站在"人类解放"的更高角度,鼓励国民社成员百尺竿头,更进一步,将社会运动深入下去:"鄙意以为此番运动(五四运动——引者注)仅认为爱国运动,尚非恰当,实人类

---

① 陈独秀:《在〈国民〉杂志成立周年大会上的致词》,载《陈独秀文章选编(上)》,生活·读书·新知三联书店,1984,第426页。

解放运动之一部分也。诸君本此进行,将来对于世界造福不浅,勉旃!"①

承上所论,在李大钊、陈独秀引导下,国民社迅速向左转,走上了一条与社会接触,与"劳动阶级打成一气"的路。新一代知识分子从书斋中纷纷走出,担负起革命的重任。以北大学生为主力,以国民社团员为骨干发展起来的"平民教育讲演团"就是一个有力的证明。顺便指出,新潮社与国民社分别向右和向左转,只是作为整个社团的总体倾向而言,具体到每一个社团成员又是不同的。如康白情、罗家伦等新潮社成员就加入了"平民教育讲演团"。"五四"过后,随着马克思主义的传播,平民教育事业迅速发展。从 1920 年 4 月起,在一批具有共产主义觉悟的青年知识分子带领下,讲演团进工厂,下农村,开始走向与工农大众相结合的道路。此种情形,正符合李大钊在《青年与农村》《现代青年活动的方向》中指引的方向。是年年底,一大批宣传平民主义(社会主义)的刊物相继问世,北京的《劳动者》、上海的《劳动界》、广州的《劳动者》等杂志以"劳工神圣"为主题,将劳动百姓的问题提到重要位置。

沿着"运动"路径往前走,"启蒙"的高调事业如火如荼;而"复兴"之路则每况愈下甚至"无地自由"②。20 世纪 30 年代初期,作为"新青年派"彰显了文学创作"实绩"的中坚作者,鲁迅在"两间余一卒,荷戟独彷徨"中以沉重的心情回忆说:"后来《新青年》的

---

① 李大钊:《在〈国民〉杂志周年纪念会上的演说》,载《李大钊文集》下册,人民出版社,1984,第 101 页。

② 沈卫威:《无地自由——胡适传》,上海文艺出版社,1994。

团体散掉了,有的高升,有的退隐,有的前进,我又经验了一回同一战阵中的伙伴还是会这么变化。"①"启蒙运动"的强劲态势压倒了"文艺复兴",最后"文艺复兴"不但前行无路,就连建在十字街头的"象牙塔"和"蜗牛庐"②也难以自保,甚至落得个"无地自由"的尴尬结局。从双重气质到单一气质,由复调到单调,"五四"经历了由乐章到华章之血与火的历练。这也是 20 世纪中国道路的必然抉择。这一抉择,成为中国近现代思想史上恢宏多彩的一章;这一精神事件的发生,为 100 年来的中国乃至学术界留下了一个无比巨大的话语空间。

---

① 鲁迅:《〈自选集〉自序》,载《呐喊》,陕西师范大学出版总社有限公司,2011,第 197 页。
② 鲁迅:《〈二心集〉序言》,载《鲁迅全集》第 4 卷,人民文学出版社,1961,第 149 页。

# 从"德""赛"到"平""社"
## ——对五四时期"第三种文明"的非典型检视

五四时期,在陈独秀和胡适援引的"德""赛"两先生当红的背后,李大钊还有一个属于自己思考的"第三种文明"。"民气""公理""平民主义""社会主义"等都是与"第三种文明"息息相关的逻辑必然。以"民气"为立足点,寻找"德""赛"之外的"那两位先生"——"平民主义"与"社会主义",不失为一种新的视角。应该看到,"民主"与"科学"在五四新文化运动前期都是作为文明之邦的"公理"大推特推的。当我们膜拜的"公理"世界为"强权"世界的"强盗"逻辑所遮蔽后,"公理"的中轴必将让位于"民气"的气场。"科学"作为观念每况愈下,在"民气"颐指下流为一种彻头彻尾的工具。"立人"是"新青年派"知识群体的基本诉求,这与舶来的"德先生"休戚与共,"平""社"两先生的到来也是这一诉求的延伸和演绎。以"平等"在先的"机轴"为中介,以"伦理"和"经济"为切口,平民主义与社会主义入住中国。伴随着百万工农齐踊跃的呼声,"德""赛"两先生很快被后起之秀"平""社"两先生所取代。由此"第三种文明"的架构基本落定,一个新型的现代国家在20世纪将要屹立于东方。

1919年,是近现代中国具有界碑意义的时间分割线。也正是在这个转型加速时段,当五四运动成为令历史学研究者竞相折腰的节点后,很多看似处于边角料位置的只言片语在今天看来却有沧海拾贝之感。以今日笔者翻阅旧报《时事新报》于1919年5月12日摘登的一篇读者来信来看,不能不说这篇篇幅不大的"时评"却是对社会真相的直接感觉。这里,我们不妨将这个随感中几个关键句子摘录于此:"天地间的东西多得很,究竟要以什么最利害?唉!那最利害的就是'民气'!"在这个自问自答之后,作者又对"民气"作了进一步的诠释:"巴黎人要讲'民族自决',那东亚的强国,还出来破坏他们。难道你们硬不晓得'民气'的利害吗?这并不是公理不能战胜强权……到那公理出来的时候,恐怕强权在地球上没有地方容了。公理是什么,就是'民气',公理不能没,就是'民气'不可侮。"这里的自问自答之中还引用了张东荪的一句"不久世界大革命起来,公理就出来了"。最后作者无疑而问:"不看那'平民主义'和'社会主义'两位先生,大步大步的在世界上走得非常之快吗?"而且还在进一步追问后断言道:"那两位先生是谁人?就是'民气'差来的代表。若是等他们到了,那个利害我也不晓得,恐怕非将世界从根本上翻造一下不为功啊!"①正是在这个短短的"时评"中,我们寻绎到了这样的几个关键词:"民气""公理""平民主义""社会主义"。而"第三种文明"则是与其息息相关的逻辑必然。以下则是我们对这一精神轨迹的寻觅与解读。

## 一、"第三":在两者相对中创造"独立之境"

　　回眸这个多事之年,我们首先想到的是在五四运动鸣锣收兵之际新文化大本营的阵脚。众所周知,胡适与陈独秀这两位以"导师"自居的青年精神领袖各不相让,不失时机地抓住新文化运动这辆战车上的马辔扬镳,写下了指点江山的激扬文字,具有纲领性文献意义的鸿篇巨制。

　　一是胡适于 1919 年 12 月 1 日发表在《新青年》上的《新思潮的意义》。这个向内转的鸿篇有一股纵到底的韧劲:"评判的态度"——"研究问题,输入学理,整理国故,再造文明"。一言以蔽之,"据我个人的观察,新思潮的根本意义只是一种新态度。这种新态度可叫做'评判的态度'"。②再就是陈独秀后来居上,舍我其谁的《新文化运动是什么?》。这个向外发散的巨制有一种横到边

---

① 鉴远:《什么最利害?》,《时事新报》1919 年 5 月 12 日第 2 张第 1 版。
② 胡适:《新思潮的意义》,《新青年》第 7 卷第 1 号,1919 年 12 月 1 日。

的意味:"新文化运动要注重团体的活动。""新文化运动要注重创造的精神。"最为关键是第三点:"新文化运动要影响到别的运动上面。新文化运动影响到军事上,最好能令战争止住,其次也要叫他做新文化运动底朋友不是敌人。新文化运动影响到产业上,应该令劳动者觉悟他们自己的地位,令资本家要把劳动者当做同类的'人'看待,不要当做机器、牛马、奴隶看待。新文化运动影响到政治上,是要创造新的政治理想,不要受现实政治底羁绊。譬如中国底现实政治,什么护法,什么统一,都是一班没有饭吃的无聊政客在那里造谣生事,和人民生活,政治理想都无关系,不过是各派的政客拥着各派的军人争权夺利,好像狗争骨头一般罢了。他们的争夺是狗的运动,新文化运动是人的运动;我们只应该拿人的运动来轰散那狗的运动,不应该抛弃我们人的运动去加入他们狗的运动。"①

说到这里,我们就需要破题了。众所周知,就两位"导师"引领新文化、塑造新青年的重要思想资源来看,无非是他们言必称的"德""赛"两先生。这从1919年初《新青年》的《本志罪案之答辩书》具有庄严宣誓意味的"认定"中不难窥见。这个"认定"不只

---

① 陈独秀:《新文化运动是什么?》,《新青年》第7卷第5号,1920年4月1日。

是陈、胡两人的共识,也是"新青年派"同人众口一词的承诺。①我们还知道,陈、胡是五四新文化运动中的双子星座,正是他们两位虽然"姿态迥异,互相补充",才有了新文化阵营"互惠互利,相得益彰"的格局。②但同时我们还应看到,具有"桐叶落而天下惊秋"③那样敏感嗅觉的李大钊却没有受制于"谈"与"不谈"政治的条条框框,他似乎在默默地独辟着一条自己热衷的蹊径。④撇开陈独秀为北大文科学长、胡适为重要教授、李大钊为图书馆主任这样的头衔,在"轮流编辑"《新青年》的队伍中,除却陈、胡的各自为政,"诚实,谦和,不多说话"⑤的李大钊一直在为顺应时代潮流

---

① 在《本志罪案之答辩书》中,陈独秀这样为同人们代言:"西洋人因为拥护德、赛两先生,闹了多少事,流了多少血,德、赛两先生才渐渐从黑暗中把他们救出,引到光明世界。我们现在认定,只有这两位先生可以救治中国政治上、道德上、学术上、思想上一切的黑暗。若因为拥护这两位先生,一切政府的迫压,社会的攻击笑骂,就是断头流血,都不推辞。"见陈独秀:《本志罪案之答辩书》,《新青年》第 6 卷第 1 号,1919 年 1 月 15 日。

② 陈平原:《序三》,载张宝明、王中江主编《回眸〈新青年〉》,河南文艺出版社,1998,《序三》第 11 页。

③ 李大钊:《法俄革命之比较观》,《言治》季刊第三册,1918 年 7 月 1 日。

④ 《新青年》创刊初期,陈独秀为了招揽人才,与胡适等人达成了"不谈政治"的"求同"之约。胡适曾回忆说:"在民国六年,大家办《新青年》的时候,本有一个理想,就是二十年不谈政治,二十年离开政治,而从教育思想文化等等,非政治的因子上建设政治基础。"(见胡适:《陈独秀与文学革命》,载王树棣等编《陈独秀评论选编》下册,河南人民出版社,1982,第 289 页)但是,作为一个参过政的老革命党人,陈独秀总是见缝插针地"谈政治",这就造成了《新青年》同人之间"谈"与"不谈"政治的龃龉。

⑤ 鲁迅:《〈守常全集〉题记》,载《鲁迅全集》第 4 卷,人民文学出版社,1961,第 400 页。

做着一件水到渠成的工作:在"德""赛"两先生众声喧哗背后,李大钊还有一个属于自己思考的"第三种文明"。①而这一"文明"如何作为伏笔引发出来,则是本文所要研究的对象。同时笔者之所以冠之以"非典型检视",乃是因为长期以来我们已经习惯于以陈独秀与胡适两条基本思想文化谱系的理路来考察新文化运动的来龙去脉,而忽视了相对于明线的一条十分厚实的暗线。进一步说,关于启蒙与救亡以及"情""势""理"变奏下的选择等论述已经有了充栋的文字。鉴于此,本论将立足于一个"民气"的视角来寻找"德""赛"两先生之外的"那两位先生"——"平民主义"与"社会主义"。②具体地说,也就是要在"民气"和"第三种文明"之间做一个搭桥术。

乍看起来,"民气"和"第三种文明"似乎不搭界,很难直接挂钩,这也是我们称之为"非典型检视"的又一原因。为了将这两者之间的逻辑关系说清楚,也是为了论述的方便,本文将从五四新知识分子群体中提取两个人物作为典型予以分析考察:一个是《新青年》阵营中的李大钊,另一个则是非《新青年》团体的代表人物张东荪。这两人都是从日本留学归来且热衷于政论的主笔,一个供职于《新青年》,一个任职于《时事新报》。1919年9月张东荪创办《解放与改造》,恰又与李大钊主笔的《每周评论》形成呼应之势。这两个刊物都属于当时宣传新思潮、发表伟言谠论的典型

---

① 李大钊:《"第三"》,《晨钟报》1916年8月17日第2版。
② 鉴远:《什么最利害?》,《时事新报》1919年5月12日第2张第1版。

阵地。以这两人互为支撑的思想文化观念来审视20世纪初年思想史关键词"德""赛"两先生到"平"(平民主义)、"社"(社会主义)"两位先生"的华丽转身,不失为一种理解"新时代之根本思想"①的全新视角。毕竟,两人除同属于新文化阵营的两个系列之外,还有"脱离党派"②之人(张东荪)与热衷"党之政治主张"③者(李大钊)的分野。

关于"第三种文明"这一概念,我们很难说就是李大钊、张东荪的原创与专利,但有一点可以肯定,五四时期倡言最为得力者当数两人。这个概念最早在李大钊笔下是他以"守常"为笔名发表在《晨钟报》第三号上的《"第三"》。严格地说,李大钊的这一概念还不是完整的"第三种文明"。他用"第三""第三者"来代之,最为接近的说法也不过是"'第三'之文明"。不过,这里的意向或说意象已经很清楚,也就是不同于已有的前两者,无论古今、东西、中外,同时撇开"灵"与"肉"、"刚"与"柔"(动与静),对这一文明有了笼统甚至模糊的相对释念:"第三者,理想之境,复活之境,日新之境,向上之境,中庸之境,独立之境也。"从其文末对"一生二,二生三,三生万物"的据典来看,与其说这是一种解惑释义,毋宁说这是一次对未来充满向往、期待和憧憬的呐喊。④

---

① 一湖:《新时代之根本思想》,《每周评论》第8号,1919年2月9日第4版。
② 张东荪:《答章行严君》,《时事新报》1919年10月12日第1版。
③ 李大钊:《狱中自述》,载《李大钊全集》第5卷,人民出版社,2006,第230页。
④ 李大钊:《"第三"》,《晨钟报》1916年8月17日第2版。

这个"独立之境"的开辟尽管有着同气相求的基本判断,但究竟是什么还是有些抽象甚至混沌的。这个境界可以是"主义""方向",但不是"方法"。换言之,是目前的"乌有乡",但在李大钊们看来却是不日可见的"有托邦"。这一纠结在《新的!旧的!》一文中历历可见:"宇宙进化的机轴,全由两种精神运之以行,正如车有两轮,鸟有两翼,一个是新的,一个是旧的。"①方法和原理彰显较著,进化的道理也明明白白,就是具体落脚点在哪里却不得而知。不过,时隔不久发表的《东西文明根本之异点》在再度阐释这个道理的同时,也进一步点出了未来可能性之突破点:"东西文明之互争雄长,历史上之遗迹,已数见不鲜,将来二种文明,果常在冲突轧轹之中,抑有融会调和之日,或一种文明竟为其他所征服,此皆未决之问题。以余言之,宇宙大化之进行,全赖有二种之世界观,鼓驭而前,即静的与动的,保守与进步是也。东洋文明与西洋文明,实为世界进步之二大机轴,正如车之两轮、鸟之双翼,缺一不可。而此二大精神之自身,又必须时时调和、时时融会,以创造新生命,而演进于无疆。由今言之,东洋文明既衰颓于静止之中,而西洋文明又疲命于物质之下,为救世界之危机,非有第三新文明之崛起,不足以渡此危崖。俄罗斯之文明,诚足以当媒介东西之任,而东西文明真正之调和,则终非二种文明本身之觉醒,万

---

① 李大钊:《新的!旧的!》,《新青年》第 4 卷第 5 号,1918 年 5 月 15 日。

不为功。"①即使完整地跑出了"第三新文明"崛起的兴奋点,同时爆出了"俄罗斯之文明"的立足点,但对作为"方法"的"俄罗斯之文明"还不甚明了,仍处于行船之"方向"一类的认识。②

无独有偶,张东荪这位不愿与政党为伍的政论家,对"第三种文明"的解释既有懵懂的"发凡",也有倾向的定位:"要而言之,第一种文明是宗教的文明;第二种文明是个人主义与国家主义的文明;第三种文明是社会主义与世界主义的文明。现在我请拿这三种文明比较一回。第二种文明是部分自觉的;第三种文明是普通自觉的;第一种文明是不自觉的。第二种文明是偏重个性的;第三种文明是偏重群性的;第一种文明是本性未开发的。所以这三种文明各不相同。有人说现在社会主义的新潮流是复古,这便大错了。"③这里,张东荪和李大钊不仅是有几分的相像,还有更多的"同气"成分。一是对"第三种文明"属于"群体""自觉"的认识;二是方向性的高度吻合,诸如对苏俄革命领导人以及社会主义的赞同与认可,都属于"第三者"的价值取向。如果说这个时候有什么方法论上的不同,那就是李大钊用的是横向比较(东西),张东荪则是以纵向历史发展为线索(古今)。不过,两者异曲同工,都是对此前以德先生、赛先生为主体或说为关键词之文化运动的超越。

---

① 李大钊:《东西文明根本之异点》,《言治》季刊第三册,1918年7月1日。

② 陈独秀:《主义与努力》,《新青年》第8卷第4号,1920年12月1日。

③ 张东荪:《第三种文明》,《解放与改造》第1卷第1号,1919年9月1日。

## 二、"民气":一种为"第三种文明"造势的元素

民气,词典的解释是:"人民群众对关系国家、民族安危存亡的重大局势所表现出来的意志、气势。"①作为我们开篇引用的一个名词,它在成为20世纪思想先驱有意无意、直接间接使用的一个名词之前,就有一定的遵循。《管子·内业》就有言曰:"是故民气,杲乎如登于天,杳乎如入于渊,淖乎如在于海,卒乎如在于己。"②晁错在写给汉文帝的《言兵事书》中说道:"窃闻战胜之威,民气百倍;败兵之卒,没世不复。"③被奉为中医元典的《黄帝内经》还有这样的表述:"先立其年,以明其气,金木水火土运行之数,寒暑燥湿风火临御之化,则天道可见,民气可调。"④接下来还有:"五之气,春令反行,草乃生荣,民气和。"⑤不必举更多的例子,民气含有民意、民心、民情的意思是非常明显的。时至近代,关于"民气"的使用已司空见惯。尤其是从鸦片战争到抗日战争

---

① 商务印书馆辞书研究中心修订《新华词典》,商务印书馆,2001,第686页。

② 房玄龄注,刘绩补注,刘晓艺校点《管子》,上海古籍出版社,2015,第326页。

③ 晁错:《言兵事书》,载姚鼐编《古文辞类纂》上,崇文书局,2017,第153页。

④ 苗德根整理《黄帝内经·素问》,中国中医药出版社,2017,第159页。

⑤ 苗德根整理《黄帝内经·素问》,中国中医药出版社,2017,第161-162页。

的民族危亡关头,"民气"的使用屡见不鲜、直线上升。方便起见,我们还是选择与本题有关的代表人物做一个简单的钩沉,毕竟本文的立意不在"民气",从某种意义上说,这个名词只是引入本文正题的引语。比如,李大钊本人在表面上就与"民气"没有任何关联,甚至在文字表述上不置一词。

在20世纪初的中国,专门撰文论述"民气"的人物是大名鼎鼎的思想先驱梁启超。1906年1月9日,或许是出于对刚刚翻过历史一页的义和团运动的敏感,他发表《论民气》一文,从德、智、体三个侧面诠释"民气"的用与不用。首先,"民气必与民力相待,无民力之民气,则必无结果";其次,"民气必与民智相待,无民智之民气,则无价值";其三,"民气必与民德相待,无民德之民气,则不惟无利益而更有祸害"。有鉴于此,民气"必待民力、民智、民德而后可用,对内亦然,对外亦然"。针对"专以煽动民气为事者",他提出了严厉的批评。即是说,有没有"民气"固然是国家生死存亡的一个重要的观测点,但这只是必要条件,绝不是充分条件。一个国家仅有"民气"还远远不够,主要看有什么样的"民气"。[①]如果联想到他此前的一篇发表在《清议报》上的《国民十大

---

① 梁启超:《论民气》,《新民丛报》第3卷第24期,1906年1月9日。

元气论》①,我们便不难理解他后文中"必待民力、民智、民德而后可用"那句话的真实意图了。究其实质,"元气"张扬的是民族危亡关头用以救亡的物质与精神力量,带有与生俱来的原始性、国民性、民族性。而"民气"则带有经过启蒙塑造或说国民性改造的"新民"或说"新青年"的素质。从这一个意义上说,"民气"和"元气"不可同日而语。②

我们知道,戊戌变法时期的严复和梁启超等人都有过关于"民德""民智""民力"的启蒙言说,我们可以称之为"三民"或"德、

---

① 在《国民十大元气论》一文中,梁启超认为:"游于上海、香港之间,见有目悬金圈之镜,手持淡巴之卷,昼乘四轮之马车,夕餍长桌之华宴,如此者可谓之文明乎?决不可。陆有石室,川有铁桥,海有轮舟,竭国力以购军舰,朘民财以效洋操,如此者可谓之文明乎?决不可。何也?皆其形质也,非其精神也。求文明而从形质入,如行死港,处处遇窒碍,而更无他路可以别通,其势必不能达其目的,至尽弃其前功而后已;求文明而从精神入,如导大川,一清其源,则千里直泻,沛然莫之能御也。所谓精神者何?即国民之元气是矣。自衣服、饮食、器械、宫室,乃至政治、法律,皆耳目之所得闻见者也,故皆谓之形质。而形质之中,亦有虚实之异,如政治、法律焉,虽耳可闻,目可见,然以手不可握之,以钱不可购之,故其得之也亦稍难。故衣食、器械者,可谓形质之形质,而政治、法律者,可谓形质之精神也。"见梁启超:《国民十大元气论》,《清议报》第33册,1899年12月23日。

② 学者韩钊曾撰文说:"此时梁启超并未直言'民气'二字,但已借助新创的'元气'概念,在语义上打通了'气'与现代意义上的'精神'二者之间的关系,'民气'一词在此后的流行实属必然。需要指出的是,20世纪初的论者言'民气'者虽众,然皆不出梁氏所论'国民元气'的定义范畴(结合汉语表达习惯,笔者推论近代意义上的'民气'很可能是'国民元气'的缩略称谓)。"见《清末时期梁启超"民气"论研究》,《郑州大学学报(哲学社会科学版)》2016年第1期。对此,笔者不敢苟同。

智、体"①。五四新文化运动前期,无论是《新青年》知识群体的同人还是这个阵营之外的代表人物,几乎都是众口一词地将"民气"视为只是代表国民"精气神"的一种载体。这个载体可以说是"精神",但就这一"精神"所代表的意义看,并没有更多的褒扬成分,最多是一种蓄势待发的客观存在。在很多情况下,启蒙思想家普遍认为,这种"精气神"是一个不可随意触动的活塞阀门:一触即发——这种"气"的泄漏和爆发都是非常危险的。

鉴于"民气"一度成为一个时代热词,尤其是在民族危亡、国家式微的紧要关头,更是频频出现在舆论文章中。单以《申报》为例,1919年涉及"民气"一词的文字就从1916年的89条、1917年的44条、1918年的76条激增到658条。这里,我们不打算陷入就事论事的老套,而是跳出来以张东荪、李大钊为主体分析一下"民气"是如何在思想家的冷思考中成为若隐若现之潜台词的。

我们知道,就我们选择的两位当事人来看,不知是有意回避还是无意忽略,在作为多家报刊主笔的张东荪、李大钊之舆论文字中,很少有像梁启超那样对"民气"的热衷,更不用说推文专论了。毋宁说李大钊的文字中名不见经传,即使是为"民气""最利害"提供过"时评"支持的主编张东荪也是偶尔为之,而且还是流布在他者主笔的报刊上。这样的零星文字堪称"七八个星天外,两三点雨山前"。目前翻检到的张东荪的文字中,一是发表在《东

---

① 毛泽东:《体育之研究》,《新青年》第3卷第2号,1917年4月1日。

方杂志》的《论现今国民道德堕落之原因及其救治法》①，二是发表在《甲寅》杂志的《政制论上》②。前文以"犹太人种"为例，论述"民气瓦解，不复成国"的隐忧，后文所用的三次"民气"则是力陈"民气消沉"的悲观，意在"休养民气"而重振国威。纵观这里的"民气"内蕴，充满了对国民之萎靡精气神的提振意识，而就这一概念本身而言，无法与梁启超"民气"说相提并论，既没有层次感，也没有疑义相析。如果说张东荪的"民气"难以求索，那么到李大钊则更是"羚羊挂角"，真如断了线的风筝一般，杳无音信。

于是，我们的视线只能从热词转移到可供对接的关键词。接续张东荪主导的《时事新报》上的那篇"时评"，抛开热词"民气"，"公理"和"强权"的关系必然摆上台来。众所周知，1918 年底创刊的《每周评论》是在陈独秀、李大钊的主导下问世的。那篇为陈独秀执笔的《发刊词》已经把两人的心态暴露无遗："公理战胜强权。"这个《发刊词》也代表了屡屡遭受"强权"压迫之国人的心声（或说"民气"）："我们发行这《每周评论》的宗旨，也就是'主张公理，反对强权'八个大字。"毕竟多年遭蛇咬，还是心有余悸地抛出一个美好的愿景："只希望以后强权不战胜公理，便是人类万岁！"③显而易见，无论是《新青年》群体的内部还是外部，都有共识。以《新青年》为例，其第 5 卷第 5 号简直就等于是一个关于欧

---

① 张东荪：《论现今国民道德堕落之原因及其救治法》，《东方杂志》第 8 卷第 3 号，1911 年 5 月 23 日。
② 张东荪：《政制论上》，《甲寅》第 1 卷第 7 号，1915 年 7 月。
③ 陈独秀：《发刊词》，《每周评论》第 1 号，1918 年 12 月 22 日第 1 版。

战胜利的专号。撇开起头的"关于欧战的演说三篇"中李大钊、蔡元培、陶履恭的文章不说,接下来加强版的李大钊、蔡元培、陈独秀的"外三篇"①更能说明问题。

《庶民的胜利》对"世界潮流"的研判以及对"觉悟"意识的新解流露出强烈的"最利害"心态:"须知这种潮流,是只能迎,不可拒的。我们应该准备怎么能适应这个潮流,不可抵抗这个潮流。人类的历史,是共同心理表现的记录。一个人心的变动,是全世界人心变动的征兆。一个事件的发生,是世界风云发生的先兆……我们应该用此潮流为使一切人人变成工人的机会,不该用此潮流为使一切人人变成强盗的机会。"②在显示出较为理性的论证逻辑的同时,又自曝出不乏理性但也较为激情的一面,那就是对未来的预测与向往:"好人"并不是"最利害"的,哪怕是"第一个好人"也是靠不住的。只有由一个人、一件事渐渐扩大、感染的"民气"才是"最利害"的。不光是李大钊,"新青年派"知识群体似乎有意无意避讳使用"民气"这个被一代思想先驱梁启超撰文诠释过的热词。或许是义和团事件让人记忆犹新,或许是"民气"需要拿捏不能随便援用,反正在李氏笔下,"潮流""征兆""人心""风云"组合起来的意象俨然就是那避讳之词的替身。这样的勾连和对接乃是文脉或说文气使然。如果结合"第三种文明"具体承载

---

① 分别为李大钊的《BOLSHEVISM 的胜利》,陈独秀的《克林德碑》,蔡元培的《欧战与哲学》。
② 李大钊:《庶民的胜利》,《新青年》第 5 卷第 5 号,1918 年 11 月 15 日。

的含义,我们会有更多的领略与感悟。

## 三、"第三种文明":"平民主义"与"社会主义"的联袂

承上所论,"第三种文明"背后有着一个激进的社会进化逻辑。这一点在张东荪等人主编的《解放与改造》创刊号上的"发凡"已经十分分明地指出:"里宁说:'你们以为大战后必定是世界平和,我以为大战后必定世界大革命。'……这个结果是个甚么呢?就是全世界的大改造——依第三种文明的原则来改造。"这里的"里宁"即是家喻户晓的列宁。作者不但提出了作为原则的"第三种文明"这一概念,而且还有对此后"文化运动"方针的说明:"要提倡互助的精神;要培植协同的性格;要养成自治的能力;要促通合群的道德。"①

如果说张东荪将这样的"原则""方针"看作五四运动之后的运作方向,代表了社会思想界中这一声音的异军突起,那么作为新文化运动主体的"新青年派"知识群体的"后五四"走向,则可以从李大钊这一典型中得到印证。细说起来,李氏的这一"文明"理路并不突兀,其有着若隐若现、有据可依的"来龙"和"去脉"。

早在《新青年》编辑部同人主导法兰西与英美文明的舆论时代,李大钊就以敏感的嗅觉对俄国这块热土发生了兴趣。首先进入他的思想世界的是"俄国大革命之影响"。"守常"以《甲寅》(日

---

① 张东荪:《第三种文明》,《解放与改造》第 1 卷第 1 号,1919 年 9 月 1 日。

刊)记者的身份特约评论,连篇累牍地对俄国大革命挥毫泼墨。对其"远因"与"近因"的分析,对其与中国历史革命之互动关系的描述,对"官僚政治""贤人政治"的反思,凡此种种,都流布在李氏文字中。一言以蔽之,俄国大革命的"酝酿"非一朝一夕,这是"气运"所致,"唯民主义"之势不可逆转。①如果说对李大钊个人而言,这只是一个思想预热,还带有向往的意念和成分,那么随后的《大战中之民主主义(Democracy)》以"民主主义"为杠杆对"俄国民主主义之光芒"的赞赏,②以及《自由与胜利》以"自由"为支点对"胜利"的解读,③无不昭示着对自由战胜专制、民主主义战胜

---

① 李大钊:《俄国大革命之影响》,《甲寅》日刊,1917年3月29日。
② 李大钊高度赞扬俄国革命和民族主义精神,指出"俄国当交战之初,一般官僚则以开战而谋击破勃兴之民主主义,故官僚派之机关报,莫不著论,谓俄国之敌不在德皇,而在其国之自由派及其社会民主党……而此大革命之风云遂以激起,卒能推翻多年跋扈之官僚政治,而建立民主主义之基础。此又民主主义有盛无衰之一证也。俄国民主主义之光芒,既已照耀于世界,影响所及,德国亦呈不稳之象。近日议会中之社会党人,大声疾呼,迫其政府改革内政,励行民主主义。"(见李大钊:《大战中之民主主义(Democracy)》,《甲寅》日刊,1917年4月16日)
③ 李大钊这样辨析"自由"与"胜利"的关系:"俄国国民于此次大革命之风云中,以其庄严贵重之血,大书于其革命之旗帜曰'自由与胜利'。此不仅为俄国国民之盟誓,且足为世界自由国民之教训。夫人莫不欲得自由,而离于胜利则无自由;人亦莫不欲获胜利,而离于自由则无胜利。盖离于胜利之自由,必为惠与之自由,侥幸之自由,其享之也,不惟不足以浓其兴趣,适以丧减其本身之资能,故自由之精神归于全亡;离于自由之胜利,乃为牛马之胜利,奴隶之胜利,其得之也,不惟不足以蒙其福益,且以增长其主上之恣暴,故胜利之结果等于零度。惟俄人知其然也,故于日俄之战,欲索胜利,先索自由,故于今兹之战,既获自由,更望胜利。"(见李大钊:《自由与胜利》,《甲寅》日刊,1917年5月21日)

独裁主义的高度赞美。正是以这一精神气质作为伏笔,在胡适、陈独秀一唱一和的文学革命中,作为《新青年》编辑部骨干的李大钊也不失时机推介《俄罗斯文学与革命》①,尽管这篇文章没有能及时发表,但他还是将《俄国革命与文学家》投给《言治》以表由衷。②

最能体现李氏"自白"与坦诚的,是在那"举世若狂庆祝协约国战胜"③的时刻,他以自信甚至有几分自负的口吻对中国道路或说文化走向做出了何去何从的公然判断。诸如《Pan…ism 之失败与 Democrary 之胜利》《庶民的胜利》《BOLSHEVISM 的胜利》以"胜利"为关键词,将"民气"这一热词挂靠在了世界潮流之"胜利"的战车上。在李大钊那里,这是"民主主义"的胜利,也是"劳工主义"的胜利,言下之意乃是"世界的人人"之命运共同体的胜利。"像这般滔滔滚滚的潮流",是"人间普遍心理表现的记录"。这个"记录"在某种意义上就是"民气"的流布:"人间的生活,都在这大机轴中息息相关,脉脉相通。一个人的未来,和人间全体的未来相照应。一件事的朕兆,和世界全局的朕兆有关联。一七八九年法兰西的革命,不独是法兰西人心变动的表征,实是十九世纪全世界人类普遍心理变动的表征。一九一七年俄罗斯

---

① 李大钊:《俄罗斯文学与革命》,载《李大钊全集》第 2 卷,人民出版社,2013,第 258-265 页。
② 李大钊:《俄国革命与文学家》,《言治》季刊第三册,1918 年 7 月 1 日。
③ 李大钊:《再论问题与主义》,《每周评论》第 35 号,1919 年 8 月 17 日第 1 版。

的革命,不独是俄罗斯人心变动的显兆,实是廿世纪全世界人类普遍心理变动的显兆。俄国的革命,不过是使天下惊秋的一片桐叶罢了。Bolshevism 这个字,虽为俄人所创造,但是他的精神,可是廿世纪全世界人类人人心中共同觉悟的精神。所以 Bolshevism 的胜利,就是廿世纪世界人类人人心中共同觉悟的新精神的胜利!"①

"世界人类人人"意味的是普天下所有劳苦大众。针对弱肉强食的进化理论,思想先驱以人道主义的平等原则为指针,逐渐由精英(贤人)转向平民(民粹)。这如同李大钊在《阶级竞争与互助》中所理解的那样:"Ruskin 说过:'竞争的法则,常是死亡的法则。协合的法则,常是生存法则。'William Morris 也说:'有友谊是天堂,没有友谊是地狱。'这都是互助的理想。……人类应该相爱互助,可能依互助而生存而进化;不可依战争而生存,不能依战争而进化。这是我们确信不疑的道理。依人类最高的努力,从物心两方面改造世界改造人类,必能创造出来一个互助生存的世界。我信这是必然的事实。"②这和张东荪所说的"互助""协同""合群"如出一辙。③如果说在这一点上说得还不够透彻,那么在《我的马克思主义观》中,李大钊则把支撑"平民主义"与"社会主

---

① 李大钊:《BOLSHEVISM 的胜利》,《新青年》第 5 卷第 5 号,1918 年 11 月 15 日。
② 李大钊:《阶级竞争与互助》,《每周评论》第 29 号,1919 年 7 月 6 日第 2 版。
③ 张东荪:《第三种文明》,《解放与改造》第 1 卷第 1 号,1919 年 9 月 1 日。

义"的基本理论和盘托出:"自俄国革命以来,'马克思主义'几有风靡世界的势子,德奥匈诸国的社会革命相继而起,也都是奉'马克思主义'为正宗。'马克思主义'既然随着这世界的大变动,惹动了世人的注意,自然也招了很多误解。我们对于'马克思主义'的研究,虽然极其贫弱,而自一九一八年马克思诞生百年纪念以来,各国学者研究他的兴味复活,批评介绍他的很多。我们把这些零碎的资料,稍加整理,乘本志出'马克思研究号'的机会,把他转介绍于读者,使这为世界改造原动的学说,在我们的思辨中,有点正确的解释,吾信这也不是绝无裨益的事。"这样的解读最终会得出如愿以偿的结论:"资本主义是这样发长的,也是这样灭亡的。他的脚下伏下了很多的敌兵,有加无已,就是那无产阶级。这无产阶级本来是资本主义下的产物,到后来灭资本主义的也就是他。现今各国经济的形势,大概都向这一方面走。"① 毋庸置疑,这样的马克思主义理论必然是"科学"的,由此社会主义的实践也一定是科学实践。

说到这里,我们不免产生一个疑问:五四之前属于西方文明硬核的"德先生",何以在一夜间就轻轻松松走向了属于"第三种文明"的"德谟克拉西"? 在"德先生"和"德谟克拉西"之间究竟有着怎样的转换"机轴"?

---

① 李大钊:《我的马克思主义观(上)》,《新青年》第 6 卷第 6 号,1919年11月1日。

## 四、"两先生"之间:语义转向的潜在机理(上)

如果说造的"势"即我们所说的"民气"是语义转向的外因,那么"理"则是其自我转换的内在因素。当然,这个"内"不单指当事人个人内在的思想机理,还包括思想界同人内部的刺激与触动。

"话语的转义"来自历史哲学家海登·怀特,"转义"在古典拉丁语中有"旋转"的意思:"转义是话语的灵魂,因而也是一种机制,没有这种转义机制,话语就不能正常运转,也无法达到其目的。正因如此,我们才同意布鲁姆的论点,他说:'所有阐释都依赖于意义之间的对立关系,而不是文本与其意义之间的假定关系。'"①顺着这个认同,笔者不能不联想到"Democracy"在五四新文化运动时期的飞舞与翻转。

当"'平民主义'和'社会主义'两位先生大步大步"②向我们走来的时候,如果不是逆转也不是反转的话,那么在这个骤然或说陡然间,"德先生""赛先生"两位旧谙深交何以就此别过?这样的翻转算不算喜新厌旧?

我们知道,前期轰轰烈烈的新文化运动,如果缺少了"德""赛"两先生的参与,不说会黯然失色,也会显得空空荡荡。毕竟,

---

① 海登·怀特:《话语的转义——文化批评文集》,董立河译,大象出版社、北京出版社,2011,《导言》第 3 页。
② 鉴远:《什么最利害?》,《时事新报》1919 年 5 月 12 日,第 2 张第 1 版。

有了民主、科学作为硬核的文化运动,一切的迎来送往都会显得从容、自信且有底气。陈独秀不就是这样将两位先生既作为"矛"又作为"盾"使用且左右逢源的吗:"本志同人本来无罪,只因为拥护那德莫克拉西(Democracy)和赛因斯(Science)两位先生,才犯了这几条滔天的大罪。要拥护那德先生,便不得不反对孔教、礼法、贞节、旧伦理、旧政治。要拥护那赛先生,便不得不反对旧艺术、旧宗教。要拥护德先生,又要拥护赛先生,便不得不反对国粹和旧文学。大家平心细想,本志除了拥护德赛两先生外,还有别项罪案没有呢?若是没有,请你们不用专门非难本志,要有气力有胆量来反对德赛两先生,才算是好汉,才算是根本的办法。"① 胡适之所以将"赛先生"抬到至高无上的地位,无非看中了它与"德先生"一样,具有"捉妖辟邪"的强大功能:"这三十年来,有一个名词在国内几乎做到了无上尊严的地位;无论懂与不懂的人,无论守旧和维新的人,都不敢公然对他表示轻视或戏侮的态度。那个名词就是'科学'。"②由此不难看出,科学在当事人心目中的地位。

既然新文化同人对两位"先生"有着强烈的认同与"认定"("可以救治中国政治上道德上学术上思想上一切的黑暗"③),何

---

① 陈独秀:《本志罪案之答辩书》,《新青年》第 6 卷第 1 号,1919 年 1 月 15 日。
② 胡适:《〈科学与人生观〉序》,载《科学与人生观》,山东人民出版社,1997,第 10 页。
③ 陈独秀:《本志罪案之答辩书》,《新青年》第 6 卷第 1 号,1919 年 1 月 15 日。

以那种坚信在风吹雨打后会有被"洗礼"而面世的感觉？这除却新文化运动前为了颠覆、"打倒"、破坏"孔教、礼法、贞节、旧伦理、旧政治"以及"旧艺术、旧宗教",不能不狠下猛药、一锅乱煮。应该说,五四新文化运动时期的舆论对外来的思想没有多少系统的拣择,这其中有屡试不爽的撒手锏,也会晃出堂吉诃德式的威武来。加之"民主""科学"本身就是舶来先生,在内涵和外延上都有很大混沌性和多歧性,这就为援引者的各取所需留下很大的空间。

鉴于问题的复杂性,在这一部分我们将以李大钊的个案为例来加以审视。需要说明的是,张东荪作为呼应"第三种文明"的外围个案将不再作为援引的典型。只是为了便于加深对这一转向的理解,在分析"北李"(李大钊)顺势而为的思想转型的过程中,会时不时拉出"南陈"(陈独秀)作为必要的陪绑来铺垫。

必须说明的是,"民主"与"科学",尤其是"科学",在五四新文化运动前期乃至之前,都是作为文明之邦的"公理"大推特推的。"自由、平等、独立"或"独立、平等、自由"乃是其中的硬核①,诸如"平等、自由、博爱"或"平等、博爱、自由"之关键词可谓不绝于耳。②尽管这些词的排序有所变化(这也反映出当时的思想界对此的笼统、含混与模糊认识),但是万变不离其宗,主打的民主、科学观

---

① 陈独秀:《吾人最后之觉悟》,《青年杂志》第1卷第6号,1916年2月15日。

② 陈独秀:《法兰西人与近世文明》,《青年杂志》第1卷第1号,1915年9月15日。

念都可以将其囊括。所谓文明国家以及对文明国家政治、经济、文化观念的推崇,无非是说其更公平、更正义。因此,在某种意义上,"公理"就是推介西方文明观的最大理由和依据。这样一来,我们不免就有这样的换算:前期的"公理"随时有可能转换为"民气"。毕竟,"民气何自生,生于公理也……民气足以助公理之伸张,公理亦足以助民气之发扬也"①。为此,笔者才将这说成是非典型思想史的写法,在五四运动前后以"新青年派"为代表的思想走向上我们可以清楚地看到这一点。尤其是在沿着以欧战结束为"机轴"的文化运动方向的扭转上,以"公理"与"强权"为翘板的圆通方式显露无遗。当我们膜拜的"公理"世界为"强权"世界的"强盗"逻辑所遮蔽后,"公理"的中轴必将让位于"民气"的气场。

这正如我们所注意到的那样,当欧战的胜利成为国人的兴奋剂后,一个新的说法也在刷新着人们对"民主"(包括"科学")的认识;这是"Democracy之胜利""庶民的胜利""Bolshevism的胜利",也是"自由与胜利"②的进一步演绎。一言以蔽之,这是"廿世纪人类人心中共同觉悟的新精神的胜利!"③必须看到,这里的"Democracy"已经心有所指、心有所向,是"人类普遍心理变动的显兆":"现代生活的种种方面,都带着Democracy的颜色,都沿着Democracy的轨辙。政治上有他,经济上也有他;社会上有

---

① 默:《民气》,《申报》1919年5月6日第7版。
② 李大钊:《自由与胜利》,《甲寅》日刊,1917年5月21日。
③ 李大钊:《BOLSHEVISM的胜利》,《新青年》第5卷第5号,1918年11月15日。

他,伦理上也有他;教育上有他,宗教上也有他;乃至文学上、艺术上,凡在人类生活中占一部位的东西,靡有不受他支配的。简单一句话,Democracy 就是现代唯一的权威,现在的时代就是 Democracy 的时代。"同时,"战后世界上新起的那劳工问题,也是 Democracy 的表现。因为 Democracy 的意义,就是人类生活上一切福利的机会均等。……应该要求一种 Democracy 的产业组织,使这些劳苦工作的人,也得一种均等机会去分配那生产的结果。……Democracy 的精神,不但在政治上要求普通选举,在经济上要求分配平均,在教育上、文学上也要求一个人人均等机会,去应一般人知识的要求"。①这个"自由"与"Democracy"乃是意向的具体化:"俄国革命""所创造"的"精神"。说穿了是"民气"。作为一股跃跃欲试的暗流,五四新文化运动前期它在李大钊的文脉中就早已春心萌动。这里的"自由"不是胡适、高一涵、陶孟和等人宣扬的英美自由主义的"自由",而是被压迫、被侮辱、被损害国民(平民)获得平等、独立之人道关怀的自由:"此次战争告终,官僚政治、专制主义皆将与之俱终,而世界之自由政治、民主主义必将翻新蜕化,以别开一新面目,别创一新形式,蓬蓬勃勃以照耀二十世纪之新天地。然则吾侪今日,不愿为某一特定之国民希望胜利,而为世界各国之平民希望胜利,不愿为某一特定之国民祝祷自由,而为世界各国之平民祝祷自由。"②这里的"Democracy"乃

---

① 李大钊:《劳动教育问题》,《晨报》1919 年 2 月 14 日、2 月 15 日第 7 版。

② 李大钊:《自由与胜利》,《甲寅》日刊,1917 年 5 月 21 日。

是"小者、屈者、弱者、消者"等"被灾殃而逢祸患者"对"大者、张者、强者、长者"等"蒙幸运而乐福利者"的胜利之运势下的新型民主。①

本来,在中国本土语境中,"民主"就有"民之主"的帝王将相的隐喻。一旦将"Democracy"对应为"民主",加之不同思想谱系的五味杂陈,一时间就难有一个明显清晰的定义。因此,五四时期对"Democracy"的理解可谓五花八门,以至于当五四新文化运动高潮落幕后,当事人为了避免歧见,有一段时间再使用该词时,都有意无意回归到原汁原味的音译"德谟克拉西"。②的确,当欧战胜利后的巴黎和会不按常理出牌的消息传入国内后,本来就对西方民主有所犹疑的知识分子对民主和科学的原产地也就又多了一层疑虑。"科学"这个曾经如日中天的当红"先生"悄悄走下了神坛。这时的"科学"作为观念,在"民气"颐指下流为一种彻头彻尾的工具。按照五四新文化运动先驱先前的理解,"科学"是造福于人类的公器:"科学之兴,产生二果;其一精力之为物,大效用于人间之生活;又其一则原料精力变为有用精力之时,其效率必至增加。……科学智识之增长,人间精力效率之高度,其事至明。人间若不幸无此智识,乃至何时,亦固守愚昧劣等之生活状态以

---

① 李大钊:《Pan…ism 之失败与 Democacry 之胜利》,《太平洋》第 1 卷第 10 号,1918 年 7 月 15 日。

② 金观涛、刘青峰:《〈新青年〉民主观念的演变》,《二十一世纪》1999 年 12 月号。

终。"①这一公共、普世的观念放之四海而皆准。但当他们发现其既能造福也会造孽时,这个只剩下工具意义的中性词甚至沦为了主义的副词与修饰语,或为前缀或紧随尾后,"科学社会主义"一词就是典型。鉴于"科学"与"民气"的关联度不是本文论述的重点,下面我们将以"民主"为支点,审视其如何翻转为"平民主义"与"社会主义"。

就英美"Democracy"的路径来看,这个"民主(主义)"里包含着自由、平等、博爱(独立)三个观念词,法俄"Democracy"的路径与之相比,内涵要素基本相同,但逻辑排序却是平等、博爱、自由(独立)。需要进一步说明的是,尽管观念词一样,但其排序的不同则决定了英美自由主义和欧陆自由主义的分野。②应该说,五四前期知识分子对"民主"(人权)、"社会主义"等有着意念的模模糊糊,其认同与理解知识分子有很大的距离。以《新青年》的"主撰"陈独秀为例,他对"Democracy"的理解就与其他同人不一致,而且即使对法兰西人的三大贡献之一"社会主义"充满憧憬,也只能因"理想甚高,学派亦甚复杂,惟是说之兴,中国似可缓于欧洲,因产业未兴,兼并未盛行"而暂且搁置。③不过,尽管当时有很长一段时间对"社会主义"存在着"浑朴的趋向"的感觉,毕竟还有

---

① 陈独秀:《当代二大科学家之思想(续第一号)》,《新青年》第 2 卷第 3 号,1916 年 11 月 1 日。

② 高力克:《〈新青年〉与两种自由主义传统》,《二十一世纪》1997 年 8 月号。

③ 陈独秀:《通信:答褚葆蘅》,《新青年》第 2 卷第 5 号,1917 年 1 月 1 日。

"却是唯一的趋向"的坚信。①对此,我们可以从"新青年派"这一典型知识群体中找到一个非典型个案作为支援。

在进入论证之前,有必要对"新青年派"在五四前期的主导倾向作一简要说明。我们知道,《新青年》刚刚创刊时,同人内部曾有"不谈政治"的君子协定。②后来就有了思想"武库"中的杂陈与纷争,这从鲁迅对编辑部会议的回忆中可以窥见一斑。③在众声喧哗的思想谱系中,胡适主导的消极"自由"与陈独秀主导的"积极"自由分庭抗礼,成为主线。④在这样的思想张力中,尽管陈独秀是《新青年》的主撰,但胡适(们)却以"学问家"的内功在阵势上处于压倒式地位。因此,我们看到的《新青年》前期思想谱系中最为突出的还是具有人文主义底蕴的"个人主义"。至于后来"新青年派"与"学衡派"形成了势不两立的"人道"与"人文"的对峙,这

---

① 张东荪:《我们为甚么要讲社会主义?》,《解放与改造》第1卷第7号,1919年12月1日。

② 张宝明:《"不谈政治"的悖说(1914—1919):对陈独秀"五四"政治心态的求解》,《学术界》1995年第2期。

③ 鲁迅在《忆刘半农君》一文中写道:"《新青年》每出一期,就开一次编辑会,商定下一期的稿件。其时最惹我注意的是陈独秀和胡适之。假如将韬略比作一间仓库罢,独秀先生的是外面竖一面大旗,大书道'内皆武器,来者小心!'但那门却开着的,里面有几枝枪,几把刀,一目了然,用不着提防。适之先生的是紧紧的关着门,门上粘一条小纸条道:'内无武器,请勿疑虑。'"见鲁迅:《忆刘半农君》,载《鲁迅全集》第6卷,人民文学出版社,2005,第73-74页。

④ 张宝明:《胡适"健全的个人主义"与"自由"的分野》,载郑大华、邹小站主编《中国近代史上的自由主义》,社会科学文献出版社,2008,第403-414页。

乃是《新青年》后期愈演愈烈的人道主义立场所致。①其实,在"新青年派"群体内部,他们本身就潜存着"人文"与"人道"的紧张。

正如我们看到的那样,个人和权利优先的自由,在胡适那里,被表述为"健全的个人主义"②,在陈独秀那里是"个人本位主义"③,在鲁迅那里是"个人的自大"④,在周作人那里则是鲜明的人本主义基调:"我所说的人道主义,并非世间所谓'悲天悯人'或'博施济众'的慈善主义,乃是一种个人主义的人间本位主义。"⑤这段话可以说道出了"民主"意念下的"人"的根本诉求。在胡适的"人"之导向下,李大钊的"人"之"个性的自由与共性的互助"的"多数"思想不可能占据上风。⑥这也是两人后来在"问题与主义"

---

① 张宝明:《新青年派与学衡派文白之争的逻辑构成及其意义》,《中国社会科学》2011年第2期。

② 胡适在《易卜生主义》一文中提出:"我所最期望于你的是一种真益纯粹的为我主义,要使你有时觉得天下只有关于我的事最要紧,其余的都算不得什么。……你要想有益于社会,最好的法子莫如把你自己这块材料铸造成器。……有的时候我真觉得全世界都像海上撞沉了船,最要紧的还是救出自己。"(见胡适:《易卜生主义》,《新青年》第4卷第6号,1918年6月15日)后在胡适在《介绍我自己的思想》中将其称为"最健全的个人主义"。(见胡适:《介绍我自己的思想》,载《胡适文选》,亚东图书馆,1930,第8页)

③ 陈独秀:《东西民族根本思想之差异》,《青年杂志》第1卷第4号,1915年12月15日。

④ 鲁迅:《随感录·三八》,《新青年》第5卷第5号,1918年11月15日。

⑤ 周作人:《人的文学》,《新青年》第5卷第6号,1918年12月15日。

⑥ 李大钊:《联治主义与世界组织》,《新潮》第1卷第2号,1919年2月。

之争中刺刀见红的必然原因。①而这一切,都与对"人"的认识有关:"人"是目的,还是手段?这是人类思想上的永恒主题。具体到20世纪中国的语境下,它又与舶来的"德先生"休戚与共。"平民主义"与"社会主义"两先生的到来就是这一思想的延伸和演绎。

如果说"浑朴的趋向"是五四时期"新青年派"以及其他文化群体的共相,那么我们在李大钊身上还找到了一种非典型的殊相:"唯一的趋向"在这位思想先驱那里有着先天的一贯性。在这里,我们首先看到的是"虽千万人,吾往矣"②的胆识。作为新文化阵营中的异数,应该说,尽管陈独秀和李大钊有同气相求的共识,但在"新青年派"的团体中,前期陈独秀还是受胡适思想的牵制,后期则才有了李大钊的牵引。陈独秀固然有"特立独行""挥洒自如"的个性,但就其作为经营一个杂志和总理一个团队的"主撰"来说,他不能不作必要的妥协。③

## 五、"德谟克拉西":语义转向的潜在机理(下)

如果说上文让我们了解到"德先生"的无所不包为"新青年

---

① 张宝明:《"问题"与"主义":两种思想谱系的历史演绎——从知识社会学的视角看〈新青年〉和〈每周评论〉的衔接》,《南京大学学报(哲学·人文科学·社会科学版)》2004年第2期。

② 《孟子卷第三·公孙丑章句上》,载何晓明、周春健注说《孟子》,河南大学出版社,2008,第126页。

③ 陈平原:《序三》,载张宝明、王中江主编《回眸〈新青年〉》,河南文艺出版社,1998,《序三》第11页。

派"以及整个社会思潮的转向提供了可资利用的空间,那么这里的论述要关注的则是:个人的非典型自我调整与转换的自在性、语义转换潜在的可能性以及思想界同人理论支援的可行性。

首先,以人道主义为支点,李大钊为自己思想道岔之搬动找到了顺水推舟的自在机轴。早在新文化运动前期,李大钊就在具有一边倒的"弱肉强食"、一边的独大的思想环境中反复述说"协力""调和"的价值观:"现代之文明,协力之文明也。贵族与平民协力,资本家与工人协力,地主与佃户协力,老人与青年亦不可不协力。现代之社会,调和之社会也。贵族与平民调和,资本家与工人调和,地主与佃户调和,老人与青年亦不可不调和。惟其协力与调和,而后文明之进步,社会之幸福,乃有可图。"①欧战胜利之际,他独标异见:"人道的警钟声响了!自由的曙光现了!"将"自由"与"人道"相提并论,进而预言"试看将来的环球,必是赤旗的世界!"②这一条线索十分分明,和五四运动后力倡的"依互助而生存"之人道主义思想衔接起来,实现了从"个人主义向社会主义"的转变:"一切形式的社会主义的根萌,都纯粹是伦理的。协合与友谊,就是人类社会生活的普遍法则。"③

此后,一种具有民粹倾向的乌托邦式的民主接踵而来,对"Democray"的翻译,除去"德谟克拉西"外,最流行的译法是"平

---

① 李大钊:《青年与老人》,《新青年》第3卷第2号,1917年4月1日。
② 李大钊:《BOLSHEVISM的胜利》,《新青年》第5卷第5号,1918年11月15日。
③ 李大钊:《阶级竞争与互助》,《每周评论》第29号,1919年7月6日第2版。

民主义""唯民主义""庶民主义"。平民主义的冲击波渗透到各个领域,"民主"被理解为一种不需要权威、冲破强权的解放运动。有的甚至喊出"平民直接立法"这样简单化的口号。①陈独秀也由精英式的"民主主义"者向"唯民主义"者过渡:"封建时代,君主专制时代,人民惟统治者之命是从",而今则应反其道而行之,"是以英法革命以还,惟民主主义,已为政治之原则"。②并且指出:"所谓立宪政体,所谓国民政治,果能实现与否,纯然以多数国民能否对于政治自觉其居于主人的、主动的地位为唯一根本之条件。自居于主人的、主动的地位,则应自进而建设政府,自立法度而自服从之,自定权利而自尊重之。倘立宪政治之主动地位属于政府而不属于人民,不独宪法乃一纸空文,无永久厉行之保障,且宪法上之自由权利,人民将视为不足重轻之物,而不以生命拥护之,则立宪政治之精神已完全丧失矣。是以立宪政治而不出于多数国民之自觉、多数国民之自动,惟日仰望善良政府、贤人政治,其卑屈陋劣,与奴隶之希冀主恩、小民之希冀圣君贤相施行仁政,无以异也。"③五四运动发生后,又进一步提出"平民征服政府"的口号:"用强力发挥民主政治的精神……叫那少数的政府当局和国会议员都低下头来听多数平民的命令。无论内政外交,政府国会都不

---

① 罗家伦:《今日之世界新潮》,《新潮》第 1 卷第 1 号,1919 年 1 月 1 日。

② 陈独秀:《今日之教育方针》,《青年杂志》第 1 卷第 2 号,1915 年 10 月 15 日。

③ 陈独秀:《吾人最后之觉悟》,《青年杂志》第 1 卷第 6 号,1916 年 2 月 15 日。

能违背平民团体的多数意思。"①1919年,当时将陈独秀视为"思想界的明星"②的毛泽东从"明星"那里借了三百大洋创办《湘江评论》,在创刊号上,他也宣称:"各种对抗强权的根本主义,为'平民主义'(兑莫克拉西,一作民本主义、民主主义、庶民主义)。宗教的强权、文学的强权、政治的强权、社会的强权、教育的强权、经济的强权、思想的强权、国际的强权,丝毫没有存在的余地,都要借平民主义的高呼,将他打倒!"③这也正是李大钊在《青年与农村》《现代青年活动的方向》中指引的方向:"要想把现代的新文明,从根底输入到社会里面,非把知识阶级与劳工阶级打成一气不可……我们青年应该到农村里去,拿出当年俄罗斯青年在俄罗斯农村宣传运动的精神,来作些开发农村的事,是万不容缓的。我们中国是一个农国,大多数的劳工阶级就是那些农民。他们若是不解放,就是我们国民全体不解放;他们的苦痛,就是我们国民全体的苦痛……都市上有许多罪恶,乡村里有许多幸福;都市的生活黑暗一方面多,乡村的生活光明一方面多;都市上的生活几乎是鬼的生活,乡村中的活动全是人的活动……青年呵!速向农村去吧!日出而作,日入而息,耕田而食,凿井而饮。那些终年在田野工作的父老妇孺,都是你们的同心伴侣,那炊烟锄影、鸡犬相

---

① 陈独秀:《山东问题与国民觉悟》,《每周评论》第23号,1919年5月26日第1版。

② 毛泽东:《陈独秀之被捕及营救》,《湘江评论》第1号,1919年7月14日第2版。

③ 毛泽东:《创刊宣言》,《湘江评论》第1号,1919年7月14日第1版。

闻的境界,才是你们安身立命的地方呵!"①这即是"平民主义""社会主义"理念下的"劳农共和国"的前奏。②

其次,走向"平民主义"与"社会主义"两位先生的加速度又是以"平等"在先的"机轴"为中介的。本来,"平等"在民主的观念里就是一个不折不扣的关键词。正如以赛亚·伯林介绍俄国民粹主义时说的那样:"恶,莫大于不平等。任何理想与平等冲突,俄国雅各宾主义者都要求牺牲或修正那个理想;一切公道的首要基本原则,就是平等;任何社会,人与人间若无最大程度的平等,就不是公正的社会。"③在五四新文化运动前期,自由、平等、独立、博爱等词频频出现,这些是那个时代的关键词,也是众声喧哗的热词。但观察其排列组合之顺序,在很多援引者那里,大多没有具体的章法和规则。只有细读文本之后,我们才会发现,原来"自由"优先是"个人主义"时代的基本法则。鉴于这一问题学术界多有论述且业已达成共识,这里我们重点关注的则是何时何地"平等"优先在即。方便起见,我们在浩如烟海的文本中不妨搬出欧战胜利之后的《每周评论》发刊词作为样板:"自从德国打了败仗,'公理战胜强权',这句话几乎成了人人的口头禅。列位要晓得什么是公理,什么是强权呢?简单说起来,凡合乎平等自由的,就是

---

① 李大钊:《青年与农村》,《晨报》1919年2月20-23日第7版。
② 李大钊:《赤色的世界》,《每周评论》第29号,1919年7月6日第4版。
③ 以赛亚·伯林:《俄国思想家》,彭淮栋译,译林出版社,2011,第259页。

公理,倚仗自家强力,侵害他人平等自由的,就是强权。德国倚仗着他的学问好、兵力强,专门侵害各国的平等自由,如今他打得大败,稍微懂得点点公理的协约国,居然打胜了。这就叫做'公理战胜强权'。这'公理战胜强权'的结果,世界各国的人,都应该明白,无论对内对外,强权是靠不住的,公理是万万不能不讲的了。"①再度引述这段话,意在说明"自由"问题已经是"平等自由"的问题。这里的"平等自由"不是偏正结构,而是一个地地道道的不平等的"平等"组合。"公理战胜强权"一语破的,从此世界是一个人人平等、国国平等的乐园。当然,这个"平等"观念主导下的社会主义有着先天性的土壤和语境,与古代中国"均贫富""不患寡而患不均"观念息息相关。②

最后,我们要对上文说过的"德谟克拉西"进一步还原:现出原形的"德谟克拉西"是在何种意义上将"平等"作为价值尺度的?我们看到,"五四"之后强调的"平等"显然已经不是水平意义上的,而是带着垂直倾向的"平等"。其根本表现伴随着对"精英"的矮化,对"民粹"(底层民众)的拔高。其实,新文化运动伊始,"平

---

① 陈独秀:《发刊词》,《每周评论》第 1 号,1918 年 12 月 22 日第 1 版。
② 1901 年 1 月 28 日,留日知识分子所办《译书汇编》第二期刊载了日本学者有贺长雄所著《近世政治史》中的部分内容,其中写道:"西国学者,悯贫富之不等,而为佣工者,往往受资本家之压制,遂有倡均贫富制恒产之说者,谓之社会主义……中国古世有井田之法,即所谓社会主义。"(见坂崎斌编《译书汇编》第 2 期,载吴相湘主编《中国史学丛书·译书汇编》,台湾学生书局,1966,第 161 页)可以说,社会主义传入东方后,所宣传的"均贫富""制恒产"等思想与中国古代的"均平""大同"等传统文化思想相契合。中国的传统文化成为社会主义的文化土壤,为其在中国的传播作了准备、铺垫。

等"就是那一代思想先驱的根本行动指南。陈独秀后来曾毫不讳言当年从事白话文运动的初衷:"文学的德莫克拉西",可以用来"反对一切不平等的阶级特权"。①意在强调下层民众也享受同样权利这一定位。以此类推,1919年后"民主"逐渐为"民治"尤其是"德谟克拉西"所取代,究其原因还是启蒙者对经济上、道德上的"多数"决定意义的倚重。这时的平等显然是有倾向的平等:精英毕竟是少数,"民气"的形成必然由多数民众所凝聚。所谓的"民主""民治",归根结底还是多数民众的"德谟克拉西"。在这个意义上,"德谟克拉西"也就成为"平民主义"与"社会主义"两先生的硬核。对此,有学者已经撰文作了论述②,这里我们关心的重点则是"德谟克拉西"功能的调整。

就"民主"在新文化运动前期的启蒙指归而言,其政治上的意念占据了核心地位。但就为"德先生""赛先生"张目的过程来看,我们不难发现其新一轮"内圣外王"主义逻辑的重演,换言之则是道德理想主义的再度重现。即是说在彻底颠覆"伦理政治"的文化革命中以旧瓶装新酒。"民主"与"科学"在本土化过程中被新伦理、新道德的要素充塞进了新政治、新社会、新国家的皮囊中。③这一潜在的逻辑因为新文化人的新名词、新概念、新说法、新内

---

① 陈独秀:《我们为甚么要做白话文?》,《晨报》1920年2月12日第7版。
② 金观涛、刘青峰:《〈新青年〉民主观念的演变》,《二十一世纪》1999年12月号。
③ 张宝明:《新文化元典与现代性的偏执:五四启蒙精神与"内圣外王"思维的吊诡》,《郑州大学学报(哲学社会科学版)》2004年第4期。

容而被忽视。新文化运动高潮过后,这一逻辑其实并没有因文化的退潮而有所改观,反而以另一种形式愈演愈烈,那就是在经济上、文化上(伦理道德)走向了新的终端。这首先暴露在"德谟克拉西"和"赛先生"不约而同地成为道德合理性、伦理正当性的急先锋。科学社会主义与"全世界无产者联合起来"之平民主义导向就深入人心,李大钊就曾这样描述这一风靡全球的潮流:"现代有一最伟大、最普遍的潮流,普被人类生活的各方面,自政治、社会、产业、教育、文学、美术,乃至风俗、服饰等等,没有不着他的颜色的,这就是今日风靡全世界的'平民主义'。'平民主义',是一种气质,是一种精神的风习,是一种生活的大观;不仅是一个具体的政治、制度,实在是一个抽象的人生哲学;不仅是一个纯粹的理解的产物,实在是濡染了很深的感情、冲动、欲求的光泽。若把他的光芒万丈飞翔上腾的羽翮,拘限于狭隘的唯知论者的公式的樊笼中,决不能得到他那真正的概念。那有诗的趣味的平民主义者,直想向着太阳飞,直想与谢勒(Shelley)、惠特曼(Whitman)辈挢扶摇而上九霄。"[①]这也成为民心、民气的内在驱动力。

撇开这一点,经济上的"德谟克拉西"则更胜一筹。毕竟,"空洞的自由,须实质的经济平等来保障,方可算是真正的自由,所以要求真正的自由,第一就须打破经济的不平等了"。[②]上文所引的

---

① 李大钊:《平民政治与工人政治》,《新青年》第9卷第6号,1922年7月1日。

② 周佛海:《自由和强制——平等和独裁》,《新青年》第9卷第6号,1922年7月1日。

李大钊的《平民政治与工人政治》是讲求经济平等的代表作,陈独秀的《实行民治的基础》也异口同声地对经济平等的意义作了三番五次的论述。此文深受杜威在华讲演的影响。1919 年 5 月,杜威来华讲学,一时间震动中国学术界。胡适费尽周折,不断为其讲演奔走相告。6 月,杜威在北京学术演讲会的会场作了题为《美国之民治的发展》的讲演,经由胡适主持编辑事务的《每周评论》专门开设"杜威讲演录专号"对全文作了刊发。在讲演中,杜威认为"美国的民治观念就是自由平等两个观念合起来的,要叫个个人都有平等的机会,去自由发展他自己的本能"①,他提出"政治方面的民治主义"和"社会经济方面的民治主义"两个概念,前者包含"政治的民治主义,就是用宪法保障权限,用代议制表现民意之类"以及"民权的民治主义,就是注重人民的权利:如言论自由,出版自由,信仰自由,居住自由之类"两种元素,后者也包含两种因素,即"社会的民治主义,就是平等主义,如打破不平等的阶级,去了不平等的思想,求人格上的平等","生计的民治主义,就是打破不平等的生计,铲平贫富的阶级之类",强调经济平等。而在陈独秀看来,"经济"是"政治"的基础,"经济的民治主义"至关重要:"我们所主张的民治,是照着杜威博士所举的四种元素,把政治和社会经济两方面的民治主义,当做达到我们目的——社会生活向上——的两大工具。在这两种工具当中,又是应该置重社会经济方面的;我以为关于社会经济的设施,应当占政治的大

---

① 杜威讲演,涵庐记:《美国之民治的发展》,《每周评论》第 26 号,1919 年 6 月 15 日第 2 版。

部分;而且社会经济的问题不解决,政治上的大问题没有一件能解决的,社会经济简直是政治的基础。杜威博士关于社会经济(即生计)的民治主义的解释,可算是各派社会主义的公同主张,我想存心公正的人都不会反对。"①而李大钊的一系列介绍马克思主义学说的文章更是将经济平等提到了至高的地位:"经济的决定论","宗教、哲学都是随着物质变动而变动的","一切的政策,一切的主义,都在物质上经济上有他的根源"②,"凡一时代,经济上若发生了变动,思想上也必发生变动。换句话说,就是经济的变动,是思想变动的重要原因"③,"德谟克拉西,无论在政治上、经济上、社会上,都要尊重人的个性,社会主义的精神,亦是如此。……社会主义与德谟克拉西有同一的源流,不过社会主义目前系注重经济方面:如男子占势力,而以女子为奴隶;贵族自为一阶级,而以平民为奴隶;资本家自为一阶级,而以劳动者为奴隶。凡此社会上不平等不自由的现象,都为德谟克拉西所反对,亦为社会主义所反对"④。陈独秀则直截了当地提出"社会主义"即是"经济的德莫克拉西",也是用来"反对一切不平等的阶级特权"

---

① 陈独秀:《实行民治的基础》,《新青年》第7卷第1号,1919年12月1日。
② 李大钊:《物质变动与道德变动》,《新潮》第2卷第2号,1919年12月1日。
③ 李大钊:《由经济上解释中国近代思想变动的原因》,《新青年》第7卷第2号,1920年1月1日。
④ 李大钊:《由平民政治到工人政治——在北京中国大学的演讲》,《晨报副刊》1921年12月16日第1版。

的。①

　　杜威博士的讲演一度成为新文化运动史上崭新的一页。应该说，胡适的鼓吹及其导师杜威的到来不但不是平民主义和社会主义的阻碍，反而成了润滑剂。这从陈独秀那关于"社会经济的民治主义"②的表述及李大钊等人的引经据典中不难看出印迹。由此我们可以说，平民主义与社会主义是以"伦理"和"经济"为切口入住中国的。

　　正是在这个过程中，我们看到，此前梁启超所谓的"民气"之丰富性在急剧萎缩，路漫漫的启蒙重任也在减负，彷徨痛苦逐渐被百万工农踊跃的呼声所压倒。犹如热气球的升腾速度一般，一夜之间"德""赛"两先生被后起之秀"平""社"两先生所取代。由此"第三种文明"的架构基本落定，一个新型的现代国家在20世纪将要屹立于东方。

　　本文收笔之际，笔者忽然翻到微信上推出的黄克武的《从"文明"论述到"文化"论述——清末民初中国思想界的一个重要转

---

　　① 陈独秀：《我们为甚么要做白话文？》，《晨报》1920年2月12日，第7版。
　　② 陈独秀：《实行民治的基础》，《新青年》第7卷第1号，1919年12月1日。

折》一文①,不禁忧从中来,联想到前些日子看到的许纪霖及葛兆

---

① 黄克武认为,"文明与文化代表两种思路,其影响有先后之别,大致上'文明'一词的流行要早于'文化'","文明一观念具有西方中心、线性发展的历史视野,在此论述之下西方以外所有的'不文明'之地区只反映了不同程度的野蛮状态;而如胡适所述,中国人的使命是'再造'一个以科学与民主为基础的新'文明',而'文明史'则述说此一普遍性的线性发展之过程",另一方面,"'文化论述'则摆脱了西方中心论,将焦点返回到自身之特质,而催生了近代中国的文化民族主义、文化保守主义。1920年代开始'文化'与'文化史'概念日益兴盛,并与文明论述有所区隔",而"以梁启超《欧游心影录》为转折点,近代中国思想经历了一个以普遍的、西方中心、线性进化论为基础的'文明论述'到强调中国文化具有精神价值、民族个性,并表现出空间差异之'文化论述'"。(见黄克武:《从"文明"论述到"文化"论述——清末民初中国思想界的一个重要转折》,《南京大学学报(哲学·人文科学·社会科学)》2017年第1期)

光先生曾经说过的"文明"与"文化"之概念及其关系①,愈加惝恍迷离。如果说"文明"是纵向的线性观测,"文化"是横向的比较、带有固化意念的话,那么一个与本论相关的问题必须提出来:这一在五四时期最为叫响的"第三种文明"究竟是文化意义上的还

---

① 在许纪霖看来,"文明自觉与文化自觉其指向的认同是不同的。文明的认同是普世的,它追求的是适合全人类的普世之'好',而文化的认同是特殊的,通常以'我们的'作为自己辩护的理由,文明关心的是'什么是好的',而文化关注的只是'什么是我们的'。文化只是为了将'我们'与'他者'区别开来,实现对'我们'的认同,解决自我的文化与历史的根源感,回答我是谁?我们是谁?我们从哪里来,又要到哪里去?但文明不一样。文明要从超越的视野——或者是自然,或者是上帝,或者是普遍的历史——回答'什么是好的',这个'好'不仅对'我们'是好的,而且对'你们'和'他们'也同样是好的,是全人类普遍之好。在普世文明之中,没有'我们'与'他者'之分,只有放之四海而皆准的人类价值。文明的主体性是全人类,是普遍的、抽象的人性,而文化的主体性是一个个具体的民族或族群,是在个别的历史、文化与宗教脉络中生长出来的'我们'"(见许纪霖:《两种启蒙:文明自觉,还是文化自觉?》,《知识分子论丛》2016年第1期;葛兆光则援引欧洲人伊里亚斯在《文明的进程》一书里关于"文化"与"文明"的说法,指出:"第一,我们把'文化'看成是使民族之间表现出差异性的东西,它时时表现着一个民族的自我和特色,而把'文明'看成是使各个民族差异性逐渐减少的那些东西,表现着人类的普遍的行为和成就。换句话说,就是'文化'使各个民族不一样,'文明'使各个民族越来越接近。第二,我们把'文化'看成是一种不必特意传授,由于耳濡目染就会获得的性格特征和精神气质;而把'文明'看成是一种需要学习才能获得的东西,因而它总是和'有教养''有知识'等词语相连。第三,在某种意义上说,各个民族的'文化'往往是固守的、不变的,它表现出一种对外来文化的抗拒;而'文明'常常是始终在运动的、前进的,表现着殖民和扩张的倾向。也就是说,'文化'与传统有关,表现着过去对现在如影随形的影响,而'文明'与未来有关,表示着将来普遍的趋势和方向。"(见葛兆光:《古代中国文化讲义》,复旦大学出版社,2012,第194-195页)

是文明意义上的呢？也许,这些困惑是两个概念本身交叉互为、纷纭胶着造成的,但就学理探究而言,我们不能不关注它。很多时候笔者都在想:新的崇拜或说新的"文明"也许是用来"尝试"的。无论是胡适的"再造"①还是李大钊的"第三"之"文明"②应该都是这样一个路径。或者说文明的"文明"是一种对美好未来的朝圣。而一切朝圣的故事或都在路上。

---

① 胡适:《新思潮的意义》,《新青年》第7卷第1号,1919年12月1日。
② 李大钊:《"第三"》,《晨钟报》1916年8月17日第2版。

# 从学术到政治:"五四"新青年派走向社会主义的精神路径

"新青年派"知识群体在"二十年不谈政治"的盟约下集聚,完成了传统批判、文学革命等启蒙任务,而现实政治的逼迫使得他们又不约而同地开启了"谈政治"的实践。思想背景的差异导致"新青年派"有着"学理型政治""政治型学理"两种不同的政学观念。当"五四"进入后半场,以学理阐述进行思想启蒙的"学理型政治"渐渐失去魅力,而侧重以实际行动进行社会改造的"政治型学理"逐渐成为知识界的众望所归。其间,大批"新青年派"知识分子也完成了从民主主义到社会主义的思想转向。

在现代社会中,学术与政治是最引人注目的两种志业:学术重在发现客观真理,通过科学支配万物,而政治重在建构美好生活,经由权力改造社会。这两种活动对人类社会具有重大价值,同时知识人也能从学术与政治的工作中获取自我的生命意义。①置身中国共产党建党百年的历史语境,回望百年前的历史风云,"新青年派"知识群体关于"学术与政治"的路径论争,为20世纪初中国现代性的发生、演进展现了最为原始、真实、生动的面貌。"学理型政治"和"政治型学理"贯穿"新青年派"学/政关系光谱的两端,思想论争的短兵相接、思想谱系的渐趋生成、思想群体的结合分化等都曾以此为轴心倾情演绎。本文以学术与政治的关系为主线,阐释大批"新青年派"知识分子走向社会主义的精神路径,探讨"新青年派"知识群体如何理解政学关系,"学理型政治""政治型学理"两种路径在社会现实中又有着怎样的遭遇,由此进一步从总体上理解"五四"以后的现代中国。

## 学术与政治:《新青年》"谈/不谈政治"的理念对抗

关于"学术与政治"关系的讨论由来已久,先秦诸子的经典著作中便有"内圣外王"的表述,意即将道学品质内化于心、外化于行,强调学习掌握了"道"才能成为真正的"王";而隋唐以来的科举制度则将道学研读与政治实践结合起来,"学而优则仕"成为历代士子孜孜以求的人生理想。时至晚清,张之洞指出:"世运之明晦,人才之盛衰,其表在政,其里在学。"然而,清末科举制度的废除堵住了千年来士人读书做官的通道,割断了学术与政治之间原

---

① 马克斯·韦伯:《学术与政治》,钱永祥等译,上海三联书店,2019。

有的制度脐带,士林群体也不得不重新思考"学术与政治"之关系。此后,中国知识人一直在探索新的职业选择与自我认同方式,试图在立身处世中发出自己的声音。

(一)有约在先:"不谈政治"的同人盟约

1917年,曾为晚清翰林的蔡元培入主北京大学,力图重绘现代中国的政学关系。蔡氏提出"大学者,研究高深学问者也",认为研究学问不为专职任事、不求升官发财:"外人每指摘本校之腐败,以求学于此者,皆有做官发财思想,故毕业预科者,多入法科,入文科者甚少,入理科者尤少,盖以法科为干禄之终南捷径也。因做官心热,对于教员,则不问其学问之浅深,惟问其官阶之大小。"①蔡元培深知中国古代学术与政治的结合紧密,导致学术不彰,于是致力于将"学"与"仕"分开。将"学术"与"政治"分离,这是走出科举时代后知识人寻求新角色的重要问题。

与此同时,陈独秀、胡适等人在主办《新青年》杂志过程中提出了"二十年不谈政治"的戒约。这一戒约既是学术独立的启蒙设计,也包含现实政治的语境考量。1915年秋杂志创刊正值国内政象剧变之时。作为主编的陈独秀自然清楚,如果不以"文化与学术"作为招牌,不但北洋政府不能容许《新青年》的存在,而且连同人都难以寻觅。陈独秀认识到,要造成社会效应,就必须广泛团结各方力量。从大局出发,陈独秀只好委曲求全,与同人达

---

① 蔡元培:《蔡元培全集》第3卷,中华书局,1984,第5页。

成不成文的契约——"不谈政治"。正如胡适所回忆:"在民国六年,大家办《新青年》的时候,本有一个理想,就是二十年不谈政治,二十年离开政治,而从教育思想文化等等,非政治的因子上建设政治基础。"①

在"二十年不谈政治"的旗帜下,"新青年派"知识群体掀起了文学革命、传统文化批判等运动,在思想文化领域"狠打了几次大仗"。但陈独秀并非那种沉迷文化讨论、纯粹"以学术为志业"之人,他推心置腹地告诉读者:"本志主旨,固不在批评时政,青年修养,亦不在讨论政治,然有关国命存亡之大政,安忍默不一言?"②"二十年不谈政治"之约定,是胡适首先提出、陈独秀加以认可的办刊理念。作为读者加作者的胡适,从《新青年》"批评时政,非其旨也"的声明中感受到"不谈政治"的心灵默契,遂将主编陈独秀引为志同道合的战友。但仅仅以此声明来把握曾经组织岳王会的"老革命"陈独秀的思想,不过是胡适一厢情愿、自以为是。1921年初,在《新青年》公然申明"谈政治"的情况下,胡适依然心存"不谈政治"之念,他在给陈独秀的信函中说:"若要《新青年》'改变内容',非恢复我们'不谈政治'的戒约,不能做到。"他还给陈独秀出主意:将《新青年》编辑部移到北京,发布一个"注重学术思想艺文的改造,声明不谈政治"的宣言,重启"二十年不谈政治"

---

① 胡适:《陈独秀与文学革命》,载王树棣等编《陈独秀评论选编》下册,河南人民出版社,1982,第289页。
② 陈独秀:《答顾克刚(政治思想)》,载《陈独秀文章选编(上)》,生活·读书·新知三联书店,1984,第225页。

的盟约,以维护"新青年派"的内部团结。①

(二) 别无选择:"谈政治"之知识人宿命

伴随新文化运动影响的扩大,作为其主阵地的《新青年》杂志也如日中天,成为全国瞩目的金字招牌。而实际上《新青年》内部"学术与政治"两种编辑方针一直相颉颃。胡适矢志不移地将《新青年》框定在"不谈政治"的范围内,致力于思想文化的启蒙,而陈独秀则煞费苦心地在"国内大事记"和"国外大事记"中以新闻报道的形式借题发挥,实现"谈政治"的编辑思路。这种局面到1918年1月《新青年》编委会成立时才有所改观。胡适将"大事记"专栏废除,从第四卷开始在杂志上重申了"不谈政治"的宗旨。然而,作为同人刊物的《新青年》,在人各有志的同人编辑理念之下,政治色彩不断增强,"学术"与"政治"的张力愈来愈大,逐渐出现不可弥合的趋势。

五四运动之后,国内政治风云突变,此时陈独秀在政治选择上也从犹疑转为笃定,开始致力于社会主义思想的传播。他不顾胡适等人的反对,在"谈政治"道路上一往无前,最后亮出思想底牌:"你谈政治也罢,不谈政治也罢,除非逃在深山人迹绝对不到的地方,政治总会寻着你的。"②"谈政治"成了知识人不可摆脱的宿命,"二十年不谈政治"的同人约定由此告终。陈独秀以"谈政

---

① 《关于〈新青年〉问题的几封信》,载张静庐辑注《中国现代出版史料(甲编)》,中华书局,1954,第8页。

② 陈独秀:《谈政治》,《新青年》第8卷第1号,1920年9月1日。

治"为题专门撰文,亮明心志:"本志社员中有多数人向来主张绝口不谈政治,我偶然发点关于政治的议论,他们都不以为然。但我终不肯取消我的意见,所以常常劝慰慈、一涵两先生做关于政治的文章。"①之前拐弯抹角地谈政治,陈独秀还心存"不谈政治"的承诺,而此时他不但推翻了"不议时政"的办刊宗旨,而且另辟蹊径为自己开脱。在陈独秀看来,谈政治的人可以分为三类:第一类是以政治为职业的官员,他们所谈的政治多是行政问题;第二类是有参政权的国民,其所谈政治包括一切政治问题、行政问题;第三类是知识青年,他们往往有热情与担当,关心国家民族的危亡。而作为《新青年》杂志的主编,陈独秀自认为有责任向知识青年谈谈"关系国家民族根本存亡的政治根本问题",如果一个国家的青年对此漠不关心,国家将会陷入万马齐喑的局面,存在国亡种灭的危险。②陈独秀在《青年杂志》初创时的启蒙论说中将"伦理"置于学术与政治之上,"自西洋文明输入吾国,最初促吾人之觉悟者为学术,相形见绌,举国所知矣。其次为政治,年来政象所证明,已有不克守缺抱残之势。继今以往,国人所怀疑莫决者,当为伦理问题。此而不能觉悟,则前之所谓觉悟者,非彻底之觉悟,盖犹在惝恍迷离之境。吾敢断言曰:伦理的觉悟,为吾人最后觉悟之最后觉悟"。但时至20世纪20年代,陈独秀已将伦理抛诸脑后,而将政治重新托举出来,强调更具有社会改造操作性和

---

① 陈独秀:《谈政治》,《新青年》第8卷第1号,1920年9月1日。
② 陈独秀:《今日中国之政治问题》,载《陈独秀文章选编(上)》,生活·读书·新知三联书店,1984,第268页。

时效性的"直接行动"的政治。

对于陈独秀的"食言",胡适自然极力抵制,力劝同人守住"二十年不谈政治"的盟约。但事与愿违,《新青年》杂志同人的"主张不尽相同"是有目共睹的,"二十年不谈政治"戒约的冲破已经充分证实了这一点。为了"《新青年》的团结",胡适联合李大钊、高一涵、蒋梦麟等人共同署名发表《争自由的宣言》,在该宣言中出现了与陈独秀《谈政治》几近相同的话语:"我们本不愿意谈实际的政治,但是实际的政治,却没有一时一刻不来妨害我们。自辛亥革命直到现在,已经有九个年头。这九年在假共和政治之下,经验了种种不自由的痛苦;便是政局变迁,这党把那党赶掉,然全国不自由的痛苦仍同从前一样。政治逼迫我们到这样无路可走的时候,我们便不得不起一种彻底觉悟,认定政治如果不由人民发动,断不会有真共和实现。"①由是我们看到,"新青年派"知识群体仿佛在"谈政治"方面达成了共识。当然,这只是"仿佛"而非"确实"。他们在"谈不谈政治"的问题上最终"殊途同归",但是在"如何谈政治"的问题上又走向了"同途殊归"的结局,并由此酿成了历史上著名的"问题与主义"之争。

### 路径与理念:新青年派"谈政治"的思想谱系

风雨飘摇的民国初年,政权始终处于更迭之中。在这种环境

---

① 胡适等:《争自由的宣言》,《晨报》增刊1920年8月1日。

下,"不谈政治"不失为知识人的明智选择,但想要坚持却非易事。"新青年派"知识群体的集聚始于"二十年不谈政治"的戒约,最终却因"争谈各自的政治"走向分崩离析。与"五四"前期"不谈政治"的思想氛围不同,"五四"后期形成了"争谈政治"的时代趋势:以学术为志业的胡适,也会探讨妇女和劳动问题,甚至直言批评政治主义、呼唤"好人政府";以政治为志业的陈独秀,也从事文学、科学、政治学的学理研究,以其为政治运动的工具。以胡适、陈独秀为代表的"新青年派"知识群体,在"如何谈政治"的问题上形成了"学理型政治"和"政治型学理"两种截然不同的路径。

(一)学理型政治:作为学理研究的"谈政治"

所谓"学理型政治"是将政治议题学术化,从学术研究的视角来思考、探讨现实政治问题,带有具体性和研究的意味。胡适便是秉持"学理型政治"路径"谈政治"的代表人物。胡适在多年之后平静地述说《每周评论》的创办:"这样一来,《新青年》杂志便可继续避免作政治性的评论;同时他们也可利用一个周刊来得到谈政治的满足。"[①]令人始料未及的是,《每周评论》本是陈独秀、李大钊精心打造的"谈政治"的媒体平台,后来却成为"不谈政治"的胡适"谈政治"的主阵地。胡适后来自陈:"直到1919年6月中,独秀被捕,我接办《每周评论》,方才有不能不谈政治的感觉。那时正当安福部极盛的时代,上海的分赃和会还不曾散伙。然而,

---

① 胡适:《胡适口述自传》,唐德刚译,华文出版社,1992,第213页。

国内的'新'分子闭口不谈具体的政治问题,却高谈什么无政府主义与马克思主义。我看不过了,忍不住了,——因为我是一个实验主义的信徒,——于是发愤要想谈政治。"①当然,他的"谈政治"更多是从学理阐述意义上谈政治,力避"全盘政治化"的话语举措。"谈政治"的不同理念,引发了颇具象征意义的"问题与主义"之争。

为了成全《新青年》"二十年不谈政治"的戒约,陈独秀等人开辟新阵地《每周评论》,颇具创意,同时也说明当时的政治在"传统批判""文学革命"之后已经成为"如鲠在喉,不得不谈"的首要问题。早在《每周评论》创刊前,胡适就对《新青年》同人总爱发激进的政治议论忧心忡忡。至《每周评论》创刊,同人不但明目张胆地谈论政治,甚至走向街头参加实际的政治运动,由此酿成陈独秀入狱、李大钊避难的结局。此时,胡适顺理成章地接手《每周评论》,并发表《多研究些问题,少谈些"主义"!》以回避政治锋芒,引导该时评周刊的"谈政治"守在学术阐述的畛域。胡适的个人性情和学理背景都使他更倾向于"学术",将诸多现实问题转化为学术问题来探讨。除却研究者所共知的思想背景,一个更重要的线索便是他恓惶(总是在两维以上的意象上徘徊)、内倾、自御式的性情作祟。处事稳妥、周全的胡适,总希望《新青年》火药味不要太浓,守住"不谈政治"的戒约。即使对于作为权宜之计推出的《每周评论》,胡适也力图将"谈政治"往学理阐述领域引导,而不

---

① 胡适:《我的歧路》,《努力周报》第 7 期,1922 年 6 月 18 日。

希望它介入现实的政治动员。然而,《每周评论》的"大事""社论""随感录",字字句句都带有鲜明的政治导向和刺鼻的火药味。胡适担心新文化运动有从学理阐述滑向政治运作的危险,于是撰写了《多研究些问题,少谈些"主义"!》对同人进行提醒。在这篇重要的"谈政治"文献中,胡适标举的关键词是"研究"而非"谈",十分符合他"学理型政治"的论政路数。

再看前述胡适领衔、联合署名的《争自由的宣言》:"我们本不愿意谈实际的政治,但是实际的政治,却没有一时一刻不来妨害我们。""政治逼迫我们到这样无路可走的时候,我们便不得不起一种彻底觉悟,认定政治如果不由人民发动,断不会有真共和实现。"由这两段话,我们仿佛看到胡适、陈独秀领衔的"新青年派"知识群体不但在"迫不得已谈政治"方面达成一致,而且也在"政治需要由人民发动"方面有着高度共识。但这只呈现了宣言的部分面貌,后面的内容才是重点,展现了胡适所秉持的"学理型政治"理念:"但是如果想使政治由人民发动,不得不先有养成国人自由思想自由评判的真精神的空气……我们现在认定,有几种基本的最小限度的自由,是人民和社会生存的命脉,故把他提出,让我全国同胞起来力争。"① 通过胡适等所言可见,"人民发动政治""真共和实现"是高悬的理想,如何实现才是最重要的,也才是胡适所标举的方法论。这个方法论便是"自由思想自由评判的真精神",而这也直接展现了胡适"谈政治"中"学理型政治"面相,与陈

---

① 胡适等:《争自由的宣言》,《晨报》增刊 1920 年 8 月 1 日。

独秀所代表的"政治型学理"路径有着明显的差异。

(二)政治型学理:作为政治运作的"谈政治"

所谓"政治型学理",是将学术政治化,借着谈学理而发挥自己的政治哲学理念并使之走向实践,方向性、目的性较强。陈独秀是秉持"政治型学理"路径的代表人物。与胡适以谈学理影响政治不同,陈独秀抱持着政治情怀,试图从学理中寻找支持政治的元素。陈独秀在回应胡适"不要空谈学理"的问题时,透露出自己"政治型学理"的思想本色:"胡适之先生不主张离开问题空谈学理,我以为拿学理来讨论问题固然极好。就是空谈学理,也比二十年前的《申报》和现在新出的《民心报》上毫无学理八股式的空论总好得多。"这里看似和胡适一样在谈学理,但陈氏所推崇的乃是能够直接进行政治运作、介入社会改造的学理:"我们所希望的,持论既不谬,又加上精密的学理研究才好。像克罗马底资本论,克波客拉底互助论,真是我们持论底榜样。"① 由此可略窥"政治型学理"与"学理型政治"之间的差异。这与陈、胡二人的性格也有相通之处。陈独秀表现出一副固执、外倾、进取式的性情,有着不服输的大无畏气质和人格,与胡适的内倾、犹疑形成鲜明对比。在这种性情的支撑下,陈独秀的思想中灌注了唤醒中国的亢奋观念,爱国、尚武与救亡图存的国家意识占据了主流,由此也导致他的"谈政治"并非无关痛痒的学理阐述,而是旨在指导现实政

---

① 陈独秀:《告新文化运动的诸同志》,《大公报》(长沙)1920年1月11、12日第7版。

治运动的理论武器。这也正是"政治型学理"的重要特征。正是在"政治型学理"的理念指导之下,同样是提倡文学的改革创新,陈独秀却不是在文学自身上下功夫。强烈的目的性使他把文学看成一个满足政治需要的手段,其《文学革命论》以军令状的形式宣誓:"欧洲文化,受赐于政治科学者固多,受赐于文学者亦不少。予爱卢梭、巴士特之法兰西,予尤爱虞哥、左喇之法兰西;予爱康德、赫克尔之德意志,予尤爱桂特、郝卜特曼之德意志;予爱倍根、达尔文之英吉利,予尤爱狄铿士、王尔德之英吉利。吾国文学界豪杰之士,有自负为中国之虞哥、左喇、桂特、郝卜特曼、狄铿士、王尔德者乎。有不顾迂儒之毁誉、明目张胆以与十八妖魔宣战者乎。予愿拖四十二生的大炮,为之前驱。"①为什么要"文学革命",而且"愿拖四十二生的大炮,为之前驱"?其实陈独秀所注目的还是政治革命,不过是以文学革命施行曲线策略。与胡适的谦和"改良"相对,陈独秀对此冠以"革命"的名目,具有不容商榷的独断口气:"鄙意容纳异议、自由讨论,固为学术发达之原则。独至改良中国文学,当以白话为文学正宗之说,其是非甚明,必不容反对者有讨论之余地,必以吾辈所主张者为绝对之是,而不容他人之匡正也。"②

秉持果敢决断的性格,陈独秀从政治革命的立场出发,注重培养具有主动意识的青年,希望他们能"直接行动"担负时代重

---

① 陈独秀:《文学革命论》,《新青年》第 2 卷第 6 号,1917 年 2 月 1 日。
② 《通信》,《新青年》第 3 卷第 3 号,1917 年 5 月 1 日。

任,以无畏的"牺牲的精神"完成救亡图存的使命。①与胡适"对付"环境的内倾、犹疑不同,陈独秀所标榜的人生价值带有明显的不断奋斗、敢于牺牲的色彩。他在《人生真义》中对个人奋斗、努力进取的价值大加赞扬和渲染,认为幸福就蕴藏在艰苦的奋斗追求中:"人生幸福,是人生自身出力造成的,非是上帝所赐,也不是听其自然所能成就的。"②1915年11月,陈独秀在《抵抗力》一文中道出他孜孜以求的人生取向:"幸福事功,莫由幸致。世界一战场,人生一恶斗。一息尚存,决无逃遁苟安之余地。"③开拓进取,长于战斗,就必须有刚强的意志和坚强的体魄。因此,陈独秀在力倡"人间个性之自由活动力"的文化运动背后,又不时流露出"皙族勇武可钦"的赞叹。④1915年10月,陈独秀在《今日之教育方针》一文中表达了对国人"病夫"之躯的忧虑:"余每见吾国曾受教育之青年,手无缚鸡之力,心无一夫之雄;白面纤腰,妩媚若处子;畏寒怯热,柔弱若病夫;以如此心身薄弱之国民,将何以任重而致远乎?"针对"手无缚鸡之力,心无一夫之雄"的中国青年,他以重病下猛药的理念,提出令人畏惧的"兽性主义"教育方针:"兽性之特长谓何?曰意志顽狠,善斗不屈也;曰体魄强健,力抗自然也;曰信赖本能,不依他为活也;曰顺性率真,不饰伪自文也。皙

---

① 《陈独秀最近之演说》,《时事新报》1920年4月22日第3张第1版。
② 陈独秀:《人生真义》,《新青年》第4卷第2号,1918年2月15日。
③ 陈独秀:《抵抗力》,《青年杂志》第1卷第3号,1915年11月15日。
④ 陈独秀:《答程师葛》,《新青年》第2卷第1号,1916年9月1日。

种之人,殖民事业遍于大地,唯此兽性故;日本称霸亚洲,唯此兽性故。"①经历清末民初风雨如晦的岁月,陈独秀越来越感到人自身的顽强奋斗精神的可贵。陈独秀本人便具有"回头之草弗啮,不峻之坡不上"的刚毅禀性。由此,陈独秀始终坚持青年需要具有"自主的""进步的""进取的""世界的""实利的""学的"人格,只有如此才能够成就"自觉奋斗""新鲜活泼"之新青年。②只有这样的青年才敢于愤而起身,"用那最不和平的手段,将那顾全饭碗阻碍和平的武人、议员、政客扫荡一空"。③

## 思想与社会:"五四"思想启蒙的"现实"转向

"学术主知,政治主行",由二者交叉混合而成的"学理型政治"和"政治型学理",本应并立竞进,发挥各自的话语逻辑与价值功能。然而,在公理与强权颉颃消长的国际情势之下,在仁人志士普遍寻求救亡道路的舆论氛围之中,能够直接介入社会改造的"政治型学理"显然比"学理型政治"更受国人青睐。通过陈独秀、李大钊、蔡元培等在1919年前后的政治研判,可以窥见中国知识界的"学术与政治"是如何通过"公理与强权"的桥梁打通、合辙、

---

① 陈独秀:《今日之教育方针》,《青年杂志》第1卷第2号,1915年10月15日。
② 陈独秀:《敬告青年》,《青年杂志》第1卷第1号,1915年9月15日。
③ 陈独秀:《南北代表有什么用处?》,《每周评论》第19号,1919年4月27日第4版。

转化,并促成社会主义在中国生根、开花而结果的。

(一) 思想雄辩:"公理"战胜"强权"

谈及五四运动的直接起因,绕不开第一次世界大战("欧战")结束后的巴黎和会。当时的中国知识界,无论标举"学理型政治"的胡适还是秉持"政治型学理"的陈独秀,都始终关注着"欧战",并对"欧战"结束后的巴黎和会充满"公理战胜强权"的浪漫想象。从《新青年》文本出发不难发现,对大战的评点、总结和评判构成了《新青年》和《每周评论》的一大思想焦点。《新青年》关于"欧战"的评论,前期并无褒贬倾向,但后期则开始出现明显的态度立场,赋予协约国公理、正义的色彩,由此期待实现"公理战胜强权"的世界理想。

1918年11月,得到第一次世界大战结束的消息后,"新青年派"知识群体在中央公园举行演讲大会,蔡元培、陈独秀、李大钊等纷纷发表关于"欧战"胜利后国际社会形势走向的演讲。[①]"新青年派"知识分子的演说既是贺词,同时也是一种带有强烈国家意识和民族精神的现代性道路指南。随后这些演讲刊载在《新青年》第5卷第5号上,从演讲"口耳相传"到报刊"广而告之","新青年派"希望为"欧战"的胜利赋予"公理战胜强权"的象征意义。

《每周评论》的创刊也配合了这一宣传。陈独秀的发刊词颇能代表其心声:"自从德国打了败仗,'公理战胜强权',这句话几

---

① 唐宝林、林茂生:《陈独秀年谱》,上海人民出版社,1988,第88页。

乎成了人人的口头禅。""公理战胜强权"表达了陈独秀的夙愿。陈独秀将"欧战"胜利与他素来倡导的平等、自由联系起来:"列位要晓得,什么是公理,什么是强权呢?简单说起来,凡合乎平等自由的,就是公理;倚仗自家强力,侵害他人平等自由的,就是强权。"①

回到《新青年》的"欧战"论述。李大钊《庶民的胜利》作为开篇,在解释什么叫"庶民的胜利"时说:"这亘古未有的大战,就是这样告终。这新纪元的世界改造,就是这样开始,资本主义就是这样失败,劳工主义就是这样战胜。世间资本家占最少数,从事劳工的人占最多数。因为资本家的资产,不是靠着家族制度的继袭,就是靠着资本主义经济组织的垄断,才能据有。这劳工的能力,是人人都有的;劳工的事情,是人人都可以作的;所以劳工主义的战胜,也是庶民的胜利。"②从李大钊的预言不难看出,这是一个具有里程碑意义的人类"新纪元":"民主主义、劳工主义既然占了胜利,今后世界的人人都成了庶民,也就都成了工人……照此说来,我们要想在世界上当一个庶民,应该在世界上当一个工人。诸位呀!快去作工呵!"③

李大钊对"欧战"意义的阐述,不仅道出了资本主义的本质及资本家与工人阶级对立的必然性,而且呈现了知识分子从劳心者

---

① 陈独秀:《发刊词》,《每周评论》第1号,1918年12月22日第1版。
② 李大钊:《庶民的胜利》,《新青年》第5卷第5号,1918年11月15日。
③ 李大钊:《庶民的胜利》,《新青年》第5卷第5号,1918年11月15日。

的"自大"到劳力者的"伟大"之自卑与自尊的转变。蔡元培如是说:"我们不要羡慕那凭借遗产的纨绔儿!不要羡慕那卖国营私的官吏!不要羡慕那克扣军饷的军官!不要羡慕那操纵票价的商人!不要羡慕那领干脩的顾问咨议!不要羡慕那出售选举票的议员!他们虽然奢侈点,但是良心上不及我们的平安多了。我们要认清我们的价值,劳工神圣!"①蔡氏以"不要羡慕"的排比句,道出了劳动的无上价值和劳工的伟大神圣,这在中国现代思想史上具有里程碑式的意义。当然,蔡元培的"劳工神圣"尚处于笼统、模糊的阶段,他将体力劳动者和脑力劳动者都纳入"劳工神圣"的范畴:"我说的劳工,不但是金工木工等等。凡用自己的劳力作成有益他人的事业,不管他用的是体力、是脑力,都是劳工。所以农是种植的工,商是转运的工,学校职员、著述家、发明家,是教育的工,我们都是劳工,我们要自己认识劳工的价值。劳工神圣!"②

将自我的个性"自大"转换为从"众"如流的集体意识,陈独秀在与蔡元培和李大钊不尽相同的思想意念中潜存着共同的大众化情感:"我们的'民众'概念是指那些不仅全力参与历史的进程,而且占据历史、加快它的前进步伐、决定它的发展方向的人民。在我们心目中,人民谱写了历史,改造了世界,也改造了他们自

---

① 蔡元培:《劳工神圣》,《新青年》第 5 卷第 5 号,1918 年 11 月 15 日。
② 蔡元培:《劳工神圣》,《新青年》第 5 卷第 5 号,1918 年 11 月 15 日。

己。"①这里的"人民"或"民众"在很大程度上就是指处于底层或弱势的体力劳动者。在此,"新青年派"同人已经从理论上认识到了"合群"与"合力"的重要作用。

(二)社会现实:"事实"胜于"雄辩"

"欧战"的结果,看似是"强权"的失道焕发了"公理"的青春,然而,"公理战胜强权"的期待不过是一时的浪漫幻想。巴黎和会上列强不顾中国反对,将战前德国在山东的特权全盘转交给日本。外交失败引发了国内的怒潮,五四运动由此爆发,成为中国近现代史上划时代的里程碑。

事后,作为当事人的学生辈的罗家伦和老师辈的陈独秀,对"五四精神"的总结都将"行动"作为关键词。罗家伦在"五四"后的报刊中说:"从前我们中国的学生,口里法螺破天,笔下天花乱坠,到了实行的时候,一个个缩头缩颈……惟有这次一班青年学生,奋空拳、扬白手,和黑暗势力相斗,伤的也有,被捕的也有,因伤而愤死的也有,因卖国贼未尽除而急疯的也有。这样的牺牲精神不磨灭,真是再造中国的元素。"②罗家伦重视"实行",将"五四精神"总结为"学生牺牲""社会裁制""民族自决"三种真精神,而陈独秀将"五四精神"总结为"直接行动"和"牺牲的精神"两条:

---

① 布莱希特语,转引自吉姆·麦克盖根:《文化民粹主义》,桂万先译,南京大学出版社,2001,第14页。
② 毅(罗家伦):《"五四运动"的精神》,《每周评论》第23号,1919年5月26日第1版。

"直接行动就是人民对于社会国家的黑暗,由人民直接行动,加以制裁,不诉诸法律,不利用特殊势力,不依赖代表。"①因为五四运动的启发,从知识分子到下层民众,都开始认识到"直接行动"的重要性。此时的"强权"与"公理"都已成为随风飘零的明日黄花。"强权"早晚失败,"公理"最终又靠不住,整个中国社会愈来愈接受列宁关于"欧战"的"帝国主义战争"之说。

"强权""公理"之坍塌,造就了中国知识界对社会现实的关注。这时再来审视"问题与主义"之争就会发现,大家都已感觉到"空谈"的问题,于是开始倡导"实际的行动"。胡适发表了《多研究些问题,少谈些"主义"!》:"空谈好听的'主义',是极容易的事,是阿猫阿狗都能做的事,是鹦鹉和留声机都能做的事。"②李大钊则作《再论问题与主义》与其商榷,主张"本着主义作实际的运动",便不会被那些假冒牌号的阿猫、阿狗、鹦鹉、留声机欺骗。③这场争论所揭示的关键,是如何正确地认识中国社会的特殊性,如何使行动与主义二者协同互动,以更有力地改造社会。为此,《新青年》杂志不但在宣传"主义"上增加火力,而且推出"社会调查"专栏,"劳工改造""妇女运动"等社会问题调查报告在1920年前后的《新青年》上连篇累牍地出现,回应了胡适"多研究些问题"的提醒。

---

① 《陈独秀最近之演说》,《时事新报》1920年4月22日第3张第1版。
② 胡适:《多研究些问题,少谈些"主义"!》,《每周评论》第31号,1919年7月20日第1版。
③ 李大钊:《再论问题与主义》,《每周评论》第35号,1919年8月17日第1版。

## 行动与主义:"新青年派"走向社会主义的道路选择

以 1919 年为界,"新青年派"既有的以"思想启蒙"包打一切的逻辑渐渐退潮,面向社会直接行动的"社会改造"逐渐浮出水面,成为中心议题。这一时期,大批"新青年派"知识分子对西方民主主义经历了从憧憬幻想到绝望厌弃的态度转变,本来被奉为学习典范的西方民主国家内部也出现严重的劳资对立与贫富分化现象,使得"新青年派"知识分子对民主主义的崇拜心理发生动摇。他们逐渐认识到"社会主义"比"民主主义"更能迅速地改造中国社会,更能在社会行动中彰显影响力。

### (一)"知""行"合一:从舆论启蒙到社会改造

五四运动后,"社会改造"逐渐取代"思想启蒙",成为志士仁人思考中国现代化演进的新出发点。陈独秀曾专门撰文谈"文化运动"和"社会运动"的区别,并认为"新文化运动"不应成为局限于知识阶层的思想启蒙,也应引导工人、农民、妇女等各个群体参与进来,涵盖维护劳工权益、争取妇女地位等社会运动。将"文化运动"和"社会运动"两相比较,陈独秀认为,"起而行"的"社会运动"比"坐而言"的"文化运动"更具社会价值。曾为《新青年》撰稿的青年毛泽东写下《民众的大联合》来高呼社会民众采取实际行动:"国家坏到了极处,人类苦到了极处,社会黑暗到了极处。补救的方法,改造的方法,教育,兴业,努力,猛进,破坏,建设,固然是不错,有为这几样根本的一个方法,就是民众的大联合。"①

　　审视《新青年》杂志1919年底的《本志宣言》可以发现,这简直是一篇转向社会实际行动的宣言:"我们理当大胆宣传我们的主张,出于决断的态度。"陈独秀素来坚持"绝对厌弃中庸之道,绝对不说人云亦云豆腐白菜不痛不痒的话",这则宣言旗帜鲜明,语气不容商量:"我们主张的是民众运动、社会改造,和过去及现在各派政党,绝对断绝关系。"②需要注意的是,这则《本志宣言》乃是由陈独秀主笔,却以"公同意见"的面目出现:"本志具体的主张,从来未曾完全发表。社员各人持论,也往往不能尽同。读者诸君或不免怀疑,社会上颇因此发生误会。现当第七卷开始,敢将全体社员的公同意见,明白宣布。就是后来加入的社员,也公同担负此次宣言的责任。"③结合思想史脉络不难发现,以《新青年》"公同意见"的名义旗帜鲜明地倡导"实际的行动",意在倒逼持"学理型政治"思维的胡适等人进行决断。

　　现实社会情势的发展让很多知识分子看到,仅从学理角度阐述政治、从思想角度进行革命无济于事,只有在现实行动中才能推进社会变革。学术固然有着相对的独立性,但它毕竟存在于社会政治生活之中。知识分子不能脱离宏观社会价值来谈所谓的"学术",更不能脱离政治环境空谈"学术"。这即是常说的"知行

---

　　① 《毛泽东早期文稿》,湖南出版社,1990,第338页。
　　② 就在陈独秀发表宣言之前,瞿秋白和郑振铎曾去登门造访,咨询《新社会》周报事宜,陈独秀表达了自己普及民众教育、进行通俗启蒙的希望。
　　③ 《本志宣言》,《新青年》第7卷第1号,1919年12月1日。

合一"。但胡适作为自由主义的信徒依然坚持自己"学理型政治"的言说方式,并且以导师的身份如此指导学生。1920年,他在北京大学的开学典礼中说:"若有人骂北大不活动,不要管他;若有人骂北大不热心,不要管他。但是若有人说北大的程度不高,学生的学问不好,学风不好,那才是真正的耻辱。"①在胡适理念的影响之下,《新潮》杂志主编傅斯年在出国前公开告诉同学们:"(1)切实的求学;(2)毕业后再到国外读书去;(3)非到三十岁不在社会服务。中国越混沌,我们越要有力学的耐心。"②针对这一说法,丁文江对于胡适的"学理型政治"却有着一针见血的批评:"你的主张是一种妄想;你们的文学革命、思想改革、文化建设,都禁不起腐败政治的摧残。良好的政治是一切和平的社会改善的必要条件。"③

国家危急存亡之际,确实无法平心静气地阐述政治学理,而是需要可以直接指导行动的政治理论。因此,以学理阐述进行思想启蒙的"学理型政治"逐渐失去魅力,连致力于以文学启蒙国民的鲁迅也觉察到时势问题的严重性和知识阶级的缺点:"总之,思想一自由,能力要减少,民族就站不住,他的自身也站不住了。现在思想自由和生存还有冲突,这是知识阶级本身的缺点。"④于是,以胡适为代表的"自由思想自由评判"的"学理型政治",更像

---

① 《胡适之先生演说词》,《北京大学日刊》1920年9月18日。
② 傅斯年:《〈新潮〉之回顾与前瞻》,《新潮》第2卷第1号,1919年10月30日。
③ 胡适:《胡适全集》第19卷,安徽教育出版社,2003,第434页。
④ 鲁迅:《鲁迅全集》第8卷,人民文学出版社,2005,第226页。

是笔下"空谈",而面向实际问题的"政治型学理"则成为众望所归。陈独秀正告以胡适为代表的"知识阶级诸君",不要凭空认为单纯依靠"决战的舆论"和"学生运动"足以打倒军阀,这种舆论和运动当然有进步意义,但依旧势单力薄,因此要联合工人一起来革命:"你们离了工人、贫农的劳动群众便没有当真革命的可能;这是因为被压迫的劳动群众之现实生活的要求及阶级的战斗力,都具有客观的革命条件,并非是些浪漫的革命分子可比。"①如果说这里还比较含蓄,那么在1922年联省自治的讨论中,陈独秀著文指名道姓批评了胡适:"我今正告适之先生:中国此时还正在政治战争时代,不是从容立法时代,我们并不象一般书呆子迷信宪法本身有扶危定乱的神秘力,我以为此时一部宪法还不及一张龙虎山的天师符可以号召群众。"②

### (二)主义选择:从民主主义到社会主义

承上所论,顺着"知""行"的理路演绎,从民主主义华丽转身为社会主义便是大批"新青年派"知识分子"知行合一"发展与深化的结果。

"五四"前后,进化论、个人主义、存在主义、人道主义、人本主义、自由主义、激进主义、保守主义、功利主义、经验主义、理性主

---

① 陈独秀:《怎么打倒军阀》,载《陈独秀文章选编(中)》,生活·读书·新知三联书店,1984,第252页。
② 陈独秀:《联省自治与中国政象》,载《陈独秀文章选编(中)》,生活·读书·新知三联书店,1984,第203页。

义等各种"主义"纷至沓来,令国人应接不暇。在时代焦点从思想启蒙转向社会改造的当口,马克思主义的观念以及苏俄模式在中国思想界成为热点。此时回味李大钊的《BOLSHEVISM 的胜利》,对于踟蹰不定的知识界而言,有着"众里寻他千百度,蓦然回首,那人却在灯火阑珊处"之感:"联合世界的无产庶民,拿他们最大最强的抵抗力,创造一自由乡土。""由今以后,到处所见的,都是 Bolshevism 战胜的旗。到处所闻的,都是 Bolshevism 的凯歌的声。人道的警钟响了!自由的曙光现了!试看将来的环球,必是赤旗的世界!"①

承续李大钊的政治敏锐,五四运动后的陈独秀借《新青年》重整旗鼓,以公开宣言的方式批判西方资本主义的种种问题,开启了欢迎社会主义的大门:"我们相信世界上的军国主义和金力主义,已经造了无穷罪恶,现在是应该抛弃的了。"抛弃"军国主义和金力主义"后何去何从?陈独秀为同人及芸芸众生指明了一条理想化的道路:"我们理想的新时代新社会,是诚实的、进步的、积极的、自由的、平等的、创造的、美的、善的、和平的、相爱互助的、劳动而愉快的、全社会幸福的。希望那虚伪的、保守的、消极的、束缚的、阶级的、因袭的、丑的、恶的、战争的、轧轹不安的、懒惰而烦闷的、少数幸福的现象,渐渐减少,至于消灭。"②在此过程中,大批"新青年派"知识分子从注重思想启蒙转向注重社会改造,而在

---

① 李大钊:《BOLSHEVISM 的胜利》,《新青年》第 5 卷第 5 号,1918 年 11 月 15 日。
② 《本志宣言》,《新青年》第 7 卷第 1 号,1919 年 12 月 1 日。

主义选择方面,他们也从滋生劳资矛盾、贫富分化的西方民主主义转向充满着人道主义情怀的社会主义。

1920年,身在中国的西方哲学家罗素,也从"欧战"结束后的世界局势中看出了政治道路选择的人心所向:"这次大战的结果,不但自由党失败,便是自由主义也因此减色。威尔逊总统的失败,更是自由主义失败的一个证据……我是因战争结果从自由主义改变到社会主义的一人;这并不是因我不信从自由主义,不过我看除非经过社会经济改造的过渡时代,自由主义实在没有什么大的意思罢了。"①当然,彼时的"社会主义"还存在"浑朴"的面相,有着布尔什维克主义、基尔特社会主义、工团主义、新村主义、无政府主义、国家社会主义等多种类型。陈独秀领衔的后期"新青年派"群体,通过与基尔特社会主义、无政府主义的论战,让国人明晰了以布尔什维克主义改造社会的可操作性,给中国社会选择了一条切实可行的政治路径。

1921年7月,中国共产党正式成立。与此同时,陈独秀发表《政治改造与政党改造》,为自己的行动提供了新的注解:"既然有政治便不能无政党,政党只可以改造,要说政治可以绝对不要政党,这话此时也还没有证据。无论是有产阶级的政党或无产阶级的共产党,凡是直接担负政治责任之团体,似乎都算是政党。"他以"人是政治的动物"为大前提,将政党之需要抬得极高:"政党是政

---

① 罗素:《社会主义与自由主义》,《东方杂志》第17卷第18号,1920年9月25日。

治底母亲,政治是政党的产儿。"①这与他此前把"政党政治"说成"将随一九一五年为过去之长物"何其不同！陈独秀曾明确表示,革命不只是"一点权力集中"的问题,为了成就事业,权力必须高度集中:"仅仅只有一点权力集中的倾向,而犹迷信各团体底自由自治,未能完全权力集中,所以不适于革命。劳动团体底权力不集中,想和资本阶级对抗尚且不能,慢说是推倒资本阶级了；因为权力不集中各团体自由自治起来,不但势力散漫不雄厚,并且要中资本阶级离间利用和各个击破的毒计,我所以说,权力集中是革命的手段中必要条件。"②李大钊也同样认为,要有"革新的事业",就必须有"团体的训练"。这种训练需要培养民众的凝聚力,使之有较强的集体主义精神:"组织更精密,努力更强大。试看各国罢工风潮及群众运动之壮烈,不难想见。俄罗斯共产党,党员六十万人,以六十万人之大活跃,而建设了一个赤色国家。这种团体的组织与训练,真正可骇。"③李大钊所谓的"精密组织"和"政党之精神"亦即权力集中和意志统一。从崇尚民主自由到关注团体训练,在以实际行动进行社会改造的社会实践中,一批"新青年派"知识分子逐渐认识到政党领导和团体训练的重要性。面对知识界对个人自由减少的质疑,李大钊认为:"过渡时代的社会主义,确是束缚个人

---

① 陈独秀:《政治改造与政党改造》,载《陈独秀文章选编(中)》,生活·读书·新知三联书店,1984,第135-136页。

② 陈独秀:《讨论无政府主义》,载《陈独秀文章选编(中)》,生活·读书·新知三联书店,1984,第149页。

③ 李大钊:《团体的训练和革新的事业》,载《李大钊文集》下册,人民出版社,1984,第442页。

主义的自由,因少数资本主义者之自由当然受到束缚,不过对于大多数人的自由确是增加,故社会主义是保护自由、增加自由者,使农工等人物多得自由。"①可见,在李大钊等思想先贤心目中,不但社会主义是自由的乐园,而且还有比这"过渡时代"更为理想的共产主义屹立在前方,这对于中国社会自然更具吸引力和号召力,由此便可理解大批"新青年派"知识分子走向社会主义的心路。

自古至今,"学术与政治"是构成人类社会的两种重要力量,也成为知识人灵魂深处的双螺旋结构,始终萦绕在他们的社会实践之中。中外思想家们都试图将二者关系理顺,但从思想史的实际进路来看,这两种路径之间的纠结却成为常态。审思"新青年派"的选择,存在着一条从"学术"到"政治"的更替脉络,其中"现实"作为一个逻辑推演的重点需要予以重视。"新青年派"知识群体最初在"二十年不谈政治"的戒约下集聚,完成了传统批判、文学革命等启蒙任务,而现实政治的逼迫使得他们又不约而同地开启了"谈政治"的实践。但思想背景的差异导致"新青年派"有着"学理型政治""政治型学理"两种政学观念。在以学术导引政治、以思想改造社会的"五四"前期,两种政学观念不相上下,协力开拓启蒙空间,但当"五四"进入后半场,以学理阐述进行思想启蒙的"学理型政治"逐渐失去魅力,而以实际行动进行社会改造的"政治型学理"成为知识界的众望所归。其间,大批"新青年派"知识分子也完成了从民主主义到社会主义的思想转向。

---

① 李大钊:《社会主义与社会运动》,载《李大钊文集》下册,人民出版社,1984,第375页。

# 人类命运关怀的历史存照
## ——"科学与人生观论战"百年回眸

"科学与人生观论战"也称"科玄论战",是中国近现代思想史上一次空前的激战。这次论战的意义,并不在于双方论点的合理与否以及结果谁占上风,而在于参战者共执的深层底牌所发挥的支援作用。剖析论战的思想谱系不难发现,"为全种万世而生活",乃是"科学派""人生观派""唯物史观派"共同的理想信念支撑。在这一终极关怀的大纛下,尽管陈独秀、胡适之间有着"唯物的历史观"与"自然主义的人生观"的根本分歧,但两人观念差异的背后却深藏着立足点的趋同性。追逐科学潮流的他们,在"科学"之客观性上达成共识,都无条件地承认"物质"的优先地位。同时,不可忽视的是,"人"自身的问题始终作为一支潜流随科学潮流奔腾。在这之前,五四时期的东西文化论战,尤其是具有典型性、代表性的"学衡派"与"新青年派"的"文白之争",已潜存了人文与科学之紧张,为"科玄论战"作了思想上的铺垫。"学衡派"以"人文"与"人道"为理论支持,针对"科学主义"的泛化、"浪漫主义"的偏执以及"武断专制"之学风进行口诛笔伐,从学理上将此前的"民主""科学"倡导者的名不副实反复抽打。"文白之争"诉说着的"人文"与"人道",无非是以另一种形式向世人告白:个人的权利与社会的权力不是两张皮。"科玄之争",正是"文白之争"的接续。在"个体"与"众数"关系命题中,这是一个牵动"主观"与"客观"两大因素并撕扯古今中外一切学者心弦的"学问"。流布在文章中的"心"与"物",又可以统称为"我者"与"他者"的关系,是新文化运动以来各种论争所围绕的中心。而追求"物心两面的改造""灵肉一致的改造"则道破了"五四"知识分子从"德先生""赛先生"走向唯物辩证的心路历程。尽管"我"与"他"一方面纠缠不休,却也在另一方面共存共荣。

1923年2月14日,应清华大学学生吴文藻的邀请,张君劢为该校即将出国的留学生作了一场题为"人生观"的演讲。针对"赛先生"这样一个在当时几乎众口一词、"无人敢轻薄"的话语,他旗帜鲜明地提醒同学们,不要以为天下的事都受科学"因果律所支配"①。他在"比较"了"科学"与"人生观"的不同后,得出了具有指点性的结论:"方今国中竞言新文化,而文化转移之枢纽,

---

① 张君劢:《人生观》,载《科学与人生观》,山东人民出版社,1997,第37页。

不外乎人生观。"①言下之意,不仅科学不是万能的,而且新文化运动者的用力也用错了方向。尽管张君劢的演讲娓娓道来,还算是以理服人的学问家风范,但此言一出,还是让一向敏感的文化界巨子尤其是"新青年派"代表人物联动起来。先是地质学者丁文江撰文,批评张君劢的人生观哲学为"玄学"。紧接着,梁启超、胡适等人也参与其中,双方形成了短兵相接、刺刀见红的阵势。情势更为复杂的是,在经过一阵唇枪舌剑、风扫残云之后,各派或灰飞烟灭,或销声匿迹,而现出原形、鼎立门户的只剩下了"科学派""玄学派""唯物史观派"这"三足"。②所谓的"科玄论战",实际为科玄论辩,其范围之大、影响之广,堪称空前。由于当时参与"厮杀"的人士都是学界名流,因此,尽管所争执的话题已有百年历史,但引发的影响却一直未曾中断。重新审视这场论辩,对思

---

① 张君劢:《人生观》,载《科学与人生观》,山东人民出版社,1997,第40页。

② "玄学派"的张君劢指出,人生观的特点与科学特点截然相反,科学无法解决人生观问题;梁启超也认为,虽然人生大部分问题需要科学解决,但最重要部分却是超科学的。"科学派"的丁文江认为,凡是事实,都可以用科学方法研究,心理内容也属于科学事实,所以,科学可以指导人生观;胡适提出了不朽的、新信仰的新人生观。"唯物史观派"的陈独秀则强调,唯有客观物质原因可以变动社会、解释历史、支配人生观。

考当下的社会转型诸多问题,仍然有着积极的价值和意义。①

一

20世纪30年代,艾思奇曾以出奇制胜的文字,将这场论辩认定为唯心主义之不同派别与唯物主义的论战:"参战者的各人都是有党派的,带着自己特有的使命来上战场,目的自然是征服他人。"②1934年,一本较早系统研究新文化运动的专著问世,作者伍启元在论及这一论战时这样判定:"近代西洋思想上的两大思潮:柏格森的直觉主义和杜威的实验主义,就代表了唯心唯物的两大派别。"③翌年,郭湛波更是站在更为宏观的视野,以长时段的思想布局来审视这场笔墨官司:"这次思想论战是中国宗法封建农业社会思想与西洋工业资本社会思想的冲突,这次战争的发生是当然的现象,资本社会思想的胜利也是必然的结果。"④到

---

① 支持"科学派"的文章,由亚东图书馆请陈独秀、胡适作序,出版《科学与人生观》一书;支持"玄学派"的文章,由泰东书局请张君劢作序,出版《人生观之论战》。1924年6月,张东荪于商务印书馆出版《科学与哲学》;同年,罗家伦的《科学与玄学》出版。1934年7月,张君劢在《东方杂志》第13期发表《人生观论战之回顾》,回看"科玄论战"。鉴于这场论辩影响巨大,出版界曾多次重印有关文字。1923年12月至1926年4月,仅亚东图书馆的《科学与人生观》便重印四次。

② 艾思奇:《廿二年来之中国哲学思潮》,《中华月报》1934年第1期。

③ 伍启元:《中国新文化运动概观》,现代书局,1934,第82页。

④ 郭湛波:《近五十年中国思想史》,山东人民出版社,1997,第236-237页。

了50年代,随着新中国的成立,以唯物史观和阶级理论分析研究的文章成为主调:"胡适所贩运的是实用主义的主观唯心论,丁文江以及胡适派其他同伴们所贩运的,主要则是马赫主义、新实在论等等流派的主观唯心论。"①更有甚者,胡适、梁启超等人的身份背景成为分析重点,不分青红皂白地将其判定为"混战":"绝不是什么封建思想与资产阶级思想的斗争,而是反动资产阶级思想内部各流派的矛盾与斗争,也是他们的反动思想的特征在方式不同的矛盾冲突而引起的。"②鉴于时代背景的特殊性,这一时期的分歧和争论不是很多,学者对论战作了一个算是共识的判定:在思想分殊上是唯心主义与唯物主义之争,在性质上属于帝国主义与封建主义的矛盾。并且将其作为常识,植入历史教科书。③

20世纪80年代开始,思想解放的环境首先折射到学术界。一时间,关于"科玄论战"的研究也趋于立体化和多元化。探究"科玄论战"背后深层的信仰元素一度成为学术界的热点。李泽厚较早地揭开这一尘封多年的思想宝盒:"科玄论战的真实内涵并不真正在对科学的认识、评价或科学方法的讲求探讨,而主要仍在争辩建立何种意识形态的观念或信仰。"他认为,正是由于

---

① 张世英:《"科学"与"玄学"论战中胡适派所谓"科学"的反科学性》,《哲学研究》1956年第1期。
② 黄元起:《1923年的"科学"与玄学的论战》,《史学月刊》1957年第6期。
③ 李新:《中国新民主主义时期通史》,高等教育出版社,1959,第169、172—173页;魏宏运:《中国现代史稿》,黑龙江人民出版社,1982,第125页。

"科学派"对科学人生观提倡有心但解决不力,才有了与科学形影不离的马克思主义的唯物史观的顺势而为。①随着改革开放的深入,海外学者的研究成果也以西风东渐的形式传递到了中国,一本 1965 年初版、1972 年再版的英文著作被译成中文后,将"科玄论战"研究引至一个新领地。作者郭颖颐(Daniel W. Y. Kwok)认为,中国现代思想中的唯科学主义将"科学派"和"唯物派"视为同病相怜之"唯科学主义"体系的两个代表,由于"中国问题的急迫"——"急症等不得慢郎中",加之科学方法的"流行"已成趋之若鹜之势,玄学家的"空想"只能"等而求其次"。这样一来,如果"以论战后唯科学主义的延续性和强度作为标准的话,那么科学一方胜了"。②对科学一方的压倒性胜利,也作为证据进一步证实了作者不幸言中的论点。

此外,一些研究者还从知识谱系的分类来审视这场论战。比如,雷颐就认为,"科玄论战"是西方古典哲学解体后的科学哲学与人本哲学之争在中国的再版:它"是近代中国最富哲学色彩的一场论战,探讨了心物关系、实证哲学与人本哲学、理学与汉学等多方面问题","标志着中国现代哲学的真正开端"。③汪晖则从知识谱系的文化建构去理解"科玄论战":"科玄论战把文化论战转

---

① 李泽厚:《记中国现代三次学术论战》,《走向未来》1986 年第 2 期;李泽厚:《中国现代思想史论》,东方出版社,1987,第 58 页。
② 郭颖颐:《中国现代思想中的唯科学主义(1900—1950)》,雷颐译,江苏人民出版社,2010,第 114-116 页。
③ 雷颐:《从"科玄之争"看五四后科学思潮与人本思潮的冲突》,《近代史研究》1989 年第 3 期。

化为一场学术论争,其未言明的预设正是这样一种信念:超越文化的知识形式可以解决文化问题……张君劢试图通过对'人生观'问题的探讨,把道德、感情、审美等领域从'科学谱系'中分化出来……(人生观问题)更重要的意义是,能否独立于科学知识及其规律而提供另一种知识,这种知识明显地具有一种伦理学的职能,或宗教代替物的功能。"①

针对"科玄论战"援引的知识元素和谱系所做出的分析与判断,罗志田则另辟蹊径,认为"科玄论战"源于双方对"科学"这一初始概念的认知"相当不一致",而"科学派"对"玄学"的污名"提示了儒家正统观念在西化的新文化人潜意识中不仅存在,而且相当深厚"。②将传统因素拎出来,无疑将这一问题推向深入。例如,林毓生探析了"天人合一"的宇宙观对胡适、丁文江的影响,这种一元论的惯性思维,不断暴露出思想力量优先的解决问题之径。③高力克则强调:"新文化人之'科学的人生观'的新信仰,无论是其学统与道统整合之'天人合一'的思想范式,还是其群体意识和伦理宗教的价值取向,都与儒家人文宗教传统有着深刻的连续性。它毋宁可以说是以科学一元论的新名教,代替伦理一元论的旧名教……西方的基督教思想和理性/信仰分立的二元论理性

---

① 汪晖:《现代中国思想的兴起》,生活·读书·新知三联书店,2004,第1337-1341页。

② 罗志田:《从科学与人生观之争看后五四时期对五四基本理念的反思》,《历史研究》1999年第3期。

③ 林毓生:《近代中西文化接触之史的涵义——以"科学与人生观"论战为例》,载《政治秩序与多元社会》,联经出版事业公司,1989,第81-87页。

主义最为中国启蒙者所排拒,而新文化人在终极关怀上,仍承袭了中国思想之内向超越的人文宗教传统。"①沿着这一思路走下去,以保守与激进、东方(传统)与西方(现代)之文化思潮范围来俯视这场论战者大有后浪推倒前浪之势。张灏以新儒家之保守主义思维模式来解读"玄学派"的主张:新儒家自始即以"反实证论的思考模式"来追求意义……中国的保守主义正可视为针对"现代化的危机"的反应。②还有学者从"知识与权力"的关系来反思这场论战的胜负问题,认为是"权力压制了知识":"从论战的结果来看,它既不是双方论争的胜负,也不是第三方代表评判的结果,而是科学派的胡适自行宣布的结果。所以说,决定双方胜负的不是知识本身,而是科学的权威所致。"③

纵观"科玄论战"研究的学术史不难发现,亚东图书馆、泰东书局两家出版社分别结集推出《科学与人生观》与《人生观之论战》,本身就有着不同的倾向性。在两个版本大同小异的背后,人们看到的是,后者仅仅在原有的基础上增加两篇署名屠孝实《玄学果为痴人说梦耶》、甘蛰仙《人生观与知识论》的文章。从亚东图书馆、泰东书局的不同反应来看,前者亲近"科学派",后者则同情"玄学派"。至于后来又衍生出的各家评论,诸如什么唯物与唯

---

① 高力克:《科学主义与"五四"知识分子的人文宗教》,《学术月刊》2000年第12期。

② 张灏:《新儒家与当代中国的思想危机》,载傅乐诗等《近代中国思想人物论:保守主义》,时报文化事业出版有限公司,1982,第381-396页。

③ 连冬花、武杰:《"科玄论战"中知识与权力关系的新启示》,《自然辩证法研究》2018年第2期。

心之别、人本思潮与科学思潮的分野、文化体系与知识谱系的错位、知识与权力的互动等观点,更多的是站在双方对立、紧张、冲突的视角来看待这一论争的。而就这场时间接近两年(1923年2月—1924年12月)的笔墨官司来看,绝不单单是一场无味的口水战,双方既有差异、对峙,又有交叉、交融、交汇,还有更为深层的共执底牌起作用。不然,它就不可能产生论争之给力、时间之持久、问题之深入、影响之深远的效能。令人欣慰的是,耿云志于2018年发表的《重评科学与人生观之论争》一文,堪称多年来这方面研究进展的一个概括性总结:"这次争论在一定的意义上可以说是五四时期思想文化论争的一次小结。它既涉及东西文化的关系问题,又涉及文化内部各方面、各层次之间的关系问题,尤其是涉及今后思想、教育路向的问题。在这些问题上,都有比较以前各次争论更深一层的认识,把争论提升到一个新的高度。"① 因为,这个问题要求"身在此山"的各派人物"完全客观"既不可能也不现实,必须尝试新的超越,而耿文在"谁胜谁负"问题上有了新的超越。接下来,还应当超越"左"与"右",即找到它们共同之处。这样,才能使问题有更清楚的昭示;不然的话,后续的研究仍将跳不出过去的窠臼。

二

郭湛波在《近五十年中国思想史》中评论道:"自战争发后,梁

---

① 耿云志:《重评科学与人生观之论争》,《安徽史学》2018年第6期。

任公宣布关于玄学科学《论战之'战时国际公法'》，胡适发表《孙行者与张君劢》，以局外人自居，持中立的态度；实则这次战争梁胡是主角，丁张不过打先锋罢了，所以唐钺看清了这一点，对于梁氏迎头痛击……"①这段话说出了一定的历史真实，但在判断上还是有一定出入的。因为，正是"打先锋"者挑起了争端，并且是造成各方站队至关重要的人物。不过，这里的重点不是追问谁是主角或评定谁是谁非，而是想延续耿文的思路，再做一次前伸，以为新的"超越"做准备。

尽管事情的原委人们已经耳熟能详，但还是要将时间、地点、人物作个简单勾勒。从1923年2月14日到该年年底，从清华大学那场"人生观"的演讲开始，参与者二十余人，有自然科学家、社会科学家、人文学者、大学教授、报刊编辑、社会名流，他们分别是张君劢、丁文江、梁启超、胡适、任叔永、孙伏园、林宰平、张东荪、章演存、朱经农、唐钺、王星拱、吴稚晖、陈独秀等。当《清华周刊》第272期发表了张君劢的《人生观》之后，丁文江的《玄学与科学》便刊登在了4月15日、22日的《努力周报》上。这算是双方正式交火。比起五四时期若干次已经发生的争论，这一次"正义的火气"似乎都有所节制。②这也可以说是曾经沧海的同时代先驱们在前车之鉴中的收获与精进。譬如，双方刚刚相接，梁启超便不

---

① 郭湛波：《近五十年中国思想史》，山东人民出版社，1997，第236页。

② 胡适：《复苏雪林》，载《胡适全集》第26卷，安徽教育出版社，2003，第719页。

失时机地站出来以"局外中立人"的身份来了个约法三章。寥寥数笔的"战时国际公法"虽然只有两条,却字字沉潜,让人心存敬畏。鉴于"这个问题是宇宙间最大的问题",那么,交战各方都应本着"集中一点""针锋相对""剪除枝叶"的原则,秉承"庄重恳挚""万不可有嘲笑或谩骂语"的纯正态度,力避"虐谑""诡辩""愤争"之风。①尽管梁氏宣布自己是"局外人",但也只是"暂时"的,而"暂时"只是为了培养"公断人",说不定"也许不久'参战'"。于是,就有了梁氏那厚积薄发的《人生观与科学》的面世。之后,名宿吴稚晖的参与,更是让论争风生水起、浪奔涛涌。

将这个基本观测点确定后,还需要看看双方阵容中朵朵浪花的形迹。就引发论战的两位前锋来看,歧义的线索还是较为分明的,尤其是张君劢的点火文章开宗明义、观点分明,一言以蔽之:科学是科学,人生观是人生观。对此,他从五个方面陈述理由:"科学为客观的,人生观为主观的。""科学为论理的方法所支配,而人生观则起于直觉。""科学可以以分析方法下手,而人生观则为综合的。""科学为因果律所支配,而人生观则为自由意志的。""科学起于对象之相同现象,而人生观起于人格之单一性。"鉴于如此分殊,"就以上所言观之,则人生观之特点所在,曰主观的,曰直觉的,曰综合的,曰自由意志的,曰单一性的。惟其有此五点,故科学无论如何发达,而人生观问题之解决,决非科学所能为力,

---

① 梁启超:《关于玄学科学论战之"战时国际公法"》,载《科学与人生观》山东人民出版社,1997,第121-122页。

惟赖诸人类之自身而已"。①这很快就成了一向笃信科学的地质学者丁文江的靶子,于是,一篇不乏情绪化的长文直指《人生观》。本来,张君劢心目中的"科学"之对立面以"人生观"名之,未曾料到,丁文江如同文言白话之争中对林纾一代遗老的污名化一样,轻蔑暴戾之语脱口而出,诸如"玄学""无赖鬼""假幌子""新招牌""鬼混"等帽子,多少有点杀威棒的味道,就差所谓的"玄学妖孽"了。这也是梁启超作为"过来人"约法三章的根本所在。当然,丁文江虽有意气成分,但其行文风格还是本着说理来的。针对张君劢所说的人生观"天下古今最不统一"的说法,丁文江直截了当地回答说这不是科学方法不能适用于它的理由:"人生观现在没有统一是一件事,永久不能统一又是一件事。除非你能提出事实理由来证明他是永远不能统一的,我们总有求他统一的义务。"这段话蕴含着科学有自信、有义务、有必要去统一这个"观"的执着。他从"物质"与"精神"的关系、"科学与玄学战争的历史"、"(人们)对于科学的误解"、"欧洲文化破产的责任"、"中国的'精神文明'"等多交点论说科学与人生观的不可分割性。最后,仍是以一言以蔽之的姿态宣布:"那'主观的、直觉的、综合的、自由意志的、单一性的'人生观是建筑在很松散的泥沙之上,是经不起风吹雨打的,我们不要上他的当!"②显然,在科学与人生观关系的判定上,一

---

① 张君劢:《人生观》,载《科学与人生观》,山东人民出版社,1997,第35-38页。

② 丁文江:《玄学与科学》,载《科学与人生观》,山东人民出版社,1997,第42-60页。

方认为是楚河汉界,一方认定是有机统一。接踵而来的站队,虽然各有倚重,也不乏看似各打五十板的所谓"中立""调和",但仔细推敲其权重,仍然不出其左右。值得注意的是,一个由此衍生的对立统一律应运而生,这就为20世纪中国社会转型与发展增添了浓墨重彩,也为这场论战添加了思想深度与厚度。

由于学界对这一论战的过程、焦点已有过细致的描述和分析,这里无须赘述,只想站在前人肩膀上做一些补白:究竟"科学派""人生观派"以及对立统一的"唯物史观派"①后面有着怎样的理想信念作为支撑?换句话说,作为一种万变不离其宗的信仰,论战双方有没有隐藏于学理深处点与点的对接和融通机制在起作用?或许,借助当事人"不打自招"式的夫子自道,我们更能触摸到他们内心深处的隐衷。

在论战的队伍中,胡适是一个不折不扣支持丁文江、一如既往力挺"赛先生"的"科学派"(主义)知识智士。从他为《科学与人生观》一书所写"序言"中开门见山地陈述自己"参战"经过与《努力周报》的"努力",足见其诚意。因为身体的原因,他一度想停办这个为"好政府"而努力的"问题"导向之刊物;犹豫之际,由于有

---

① 物质与精神的不可分割性或说有机统一性,是丁文江一直坚持的观点。而张君劢则认为,这是两码事。到了陈独秀、邓中夏、瞿秋白等那里,就有了物质在先、精神在后,二者不可割裂、时时统一的观点。这是一些初步具有马克思主义阶级论和唯物论思想先驱的认识,也是20世纪20年代带有时代新潮意义的新信仰。本文倾向于称其为"对立统一派",鉴于以往学术界称之为"唯物史观派",为行文和理解方便起见,这里暂且用这一称谓。

了科学与人生观的论战,便有了新的努力方向:"为科学而战。"在"序言"一开始,他为自己的主张造势:"这三十年来,有一个名词在国内几乎做到了无上尊严的地位;无论懂与不懂的人,无论守旧和维新的人,都不敢公然对他表示轻视或戏侮的态度。那个名词就是'科学'。这样几乎全国一致的崇信,究竟有无价值,那是另一问题。我们至少可以说,自从中国讲变法维新以来,没有一个自命为新人物的人敢公然毁谤'科学'的。"①紧接着,便拿具有战略地位的"意见领袖"梁启超开刀,认为将这种格局搅乱并谓之"破产"的不是别人,正是这位维新人士;今天的论争不能不说是梁任公亲自种下的隐患或说祸根。的确,如果将关口前移,科学与人生观在中国结下的梁子可追溯到"民国八九年间梁任公先生发表他的《欧游心影录》"。一阵稀里哗啦的数落之后,胡适强调指出,尽管您老人家不承认自己"菲薄科学","也不承认科学破产",但先生那支"笔锋常带情感"的如椽"健笔"动起来后却是一言既出、覆水难收。要知道,张君劢"打着柏格森倭铿欧立克……的旗号,继续起来替梁先生推波助澜呢?"胡适在不遮掩地将梁启超、张君劢等捆绑在"人生观"(玄学)一个战车上的同时,也公然申明自己与丁文江、吴稚晖等同人的科学站位:"我们当这个时候,正苦科学的提倡不够,正苦科学的教育不发达,正苦科学的势力还不能扫除那迷漫全国的乌烟瘴气,——不料还有名流学者出来高唱'欧洲科学破产'的喊声,出来把欧洲文化破产的罪名归到

---

① 胡适:《〈科学与人生观〉序》,载《科学与人生观》,山东人民出版社,1997,第10页。

科学身上,出来菲薄科学,历数科学家的人生观的罪状,不要科学在人生观上发生影响!信仰科学的人看了这种现状,能不发愁吗?能不大声疾呼出来替科学辩护吗?"这段文字至少有这么几层信息值得注意:一是几个所谓的玄学小鬼出来捣乱倒不算什么,也不必大惊小怪,可您老不同,"健笔"在握、举足轻重;二是点出了当下的历史与现实动机——我们就是要一起努力将科学进行到底;三是引出了一个关键词"信仰"——"信仰科学"的"科学派"(主义)学者在"信"之外究竟怀揣着怎样的"仰"?这是所有问题中最为关键的一环。

在对梁启超、张君劢、吴稚晖以及各方人士的重要论述一一评点之后,胡适才回到了丁张的交战现场:"人生观是因知识经验而变换的,所以深信宣传与教育的效果可以使人类的人生观得着一个最低限度的一致。"胡适针对"科学的人生观"再度重复了他一贯的"靠教育与宣传"的手段,甚至不惜采用极端的近乎宗教的传播效能并产生"宗教的功效"。本来,胡适是一位彻头彻尾的无神论者,所谓的"灵魂"、所谓的"不灭"都未能进入他的法眼,有着孔夫子的"焉能事鬼"心理。恰恰在这一点上,他在最后部分的"总而言之"中亮出了手中的底牌,那就是在信奉"科学"的基础之上而仰望"自然主义的人生观",即"科学的人生观":"我们以后的作战计划是宣传我们的新信仰,是宣传我们信仰的新人生观。"在这个"新人生观"(包括宇宙观)中,胡适将自己知识谱系中训练有素且一以贯之的"宗教"和盘托出,为"破题"后的论战附上一弯新月:"'小我'——是要死灭的,而人类——'大我'——是不死的,不朽的；叫人知道'为全种万世而生活'就是宗教，就是最高的宗教；而那些替个人谋死后的'天堂''净土'的宗教，乃是自私自利的宗教。"①这个"不朽"，也正是多年前发表在《新青年》上的"我的宗教"的翻版，不过是借助吴稚晖的宇宙观加以整合发挥。只是在正面的叙述之外，又进一步添加并发挥了他一贯所排斥的"天堂""净土"等"自私自利"的宗教。整合的成分带有一种人类命运共同体的思考维度，发挥的部分则更贴近对虽然"精致"但不外乎"利己"的个人主义的排斥。

陈独秀在论战过程中虽没有正式露面，但在收场时占尽"后"机。围绕"科学"究竟能不能"支配人生观"，尤其是"何以能支配人生观"，陈独秀直奔主题，一改论战中"下笔千言，离题万里"的不足。他重点拎出两个主题：一是论战双方（主要指丁张）"争点究竟是什么"，丁文江以"五十步笑百步"的战法落寞而归；二是有意将胡适抬出来作为靶子竖在那里："适之最近对我说，'唯物史观'至多只能解释大部分的问题，经过这回辩论之后，适之必能百尺竿头更进一步！"就陈独秀的"此中真意"来看，这两个问题是一而二、二而一的问题。对第一个问题，陈独秀对丁文江的质问，无非是你的"科学人生观"说服不了张君劢的玄学"人生观"，唯有悬崖勒马，调转到"唯物史观"的频道上才能有着落。至于第二个问题，对胡适的含蓄提醒也无非是说，在胡适、丁文江一致对外的路径上，"唯心"的靶子不能只靠"物质"与"精神"的分离来消弭，理

---

① 胡适：《〈科学与人生观〉序》，载《科学与人生观》，山东人民出版社，1997，第24页。

论弹药库中的子弹急需更新。否则,不可能打中对方。他批评他们说:"有一种可以攻破敌人大本营的武器,他们素来不相信,因此不肯用。"那么,让陈独秀如获至宝的理论武器究竟是什么呢?在否定了"先天"的一切之后,陈独秀果断地宣告:"世界上那里真有什么良心,什么直觉,什么自由意志!""我们相信只有客观的物质原因可以变动社会,可以解释历史,可以支配人生观,这便是'唯物的历史观'。我们现在要请问丁在君先生和胡适之先生:相信'唯物的历史观'为完全真理呢,还是相信唯物以外像张君劢等类人所主张的唯心观也能够超科学而存在?"至此可以看出,陈独秀等具有初步马克思主义思想觉悟的文化先驱的醉翁之意:在反对"唯心派"即"玄学派"之人生观的同时,更为重要的是与已经形成思想阵势、舆论威力的实验(与先验相对)主义流派即号称"科学派"的对垒。在矛头的孰重孰轻上,陈独秀有着心知肚明的主见。

在陈独秀的序文中,除却"唯物的历史观"这一新概念,另一个最大的亮点或说特色是:将自然科学、社会科学、人文科学作了首次区分与勘定。在他看来,玄学,就是"人生观派"所持之学;用"玄学"谓之,多少带有贬义成分。这从陈独秀等人将这门学科与"科学"对峙并打入冷宫的态度可以看得清清楚楚。[1]而这一门类的学问,实质上也就是他们与古代迷信、妖道、巫术混为一谈、相提并论的人文学。这时的陈独秀以社会科学研究者的身份自居,

---

[1] 张宝明:《反思与重构:中国近代学科转型背景下的"人文学"》,《学术月刊》2012年第2期。

与"人生观派"(玄学)划清界限不说,与"科学派"也渐行渐远。依他之见,自己不属于自然科学中人,但也至少掌握了与自然科学一样(可以说明自然界)的"可以说明……人类社会死板板的实际"的"社会科学"(唯物史观)。相形之下,这就与"玄学家"用以"胡想乱说"的人文科学有天壤之别。在此,科学的时代性问题与唯物史观的时代性获得了广泛的同构与高度的统一:一切人类现象都可以统筹于"客观"与"主观"的关系中,即前者解释、说明并决定着后者。而且,这个"对立"又统一在一个链条上。换个概念,"物质"与"精神"也可以如此表述。在陈独秀那里,"心即是物之一种表现"。①说到底,既然"经济"及其生长的"环境"才是解释社会变动的唯一原因,"如果离了物质的即经济的原因",那么,源于"个人主观的直觉的自由意志"就不可能再有立锥之地。在一切都"物化"的时代,这些所谓"凭空发生的"观念将统统被踩在脚下。

批评"人生观派"的一无是处之后,便是对"科学派"未能与时俱进的诟病。毋庸讳言,就科学与人生观的论战而言,时代的因素让陈独秀在很多方面与胡适们拉开了距离。这时的他,将胡适与丁文江捆绑在一起拷问。这多少说明,过去的"统一战壕"已经一去不复返了:"'我们'与'你们'"的雏形或说前奏已经落定,

---

① 陈独秀:《〈科学与人生观〉序》,载《科学与人生观》,山东人民出版社,1997,第7页。

1930年代的后续充分佐证了这一点。①

这里,关注的重点应当是,在"唯物的历史观"之外,陈独秀们与胡适们的势不两立完全等同于水火不容吗?对此,还可以在陈独秀历数张君劢、梁启超等"人生观派"的种种不是之后看到问题的另一面:陈氏不断否定自我前属之后,所援引的"唯物的历史观"的定位难道是无源之水、无本之木吗?换言之,在陈独秀格格不入之一言不合背后,是什么样的"前世"注定了当下的"今生"?这可能是我们能够寻找到论战各派不同中之相同的最后线索。

三

从五四时期的东西文化论争到1920年代的"科玄之争",拨开表象的迷雾可以发现,愈是论争激烈、持久的话题,其差异背后愈具有深藏不露的趋同性。尽管各方会因路径不同而激烈交锋,但立足点很可能踩在同一块踏板上。在中国近现代思想史上,时常发生"走着走着就散了"的分分合合现象。撇开以往的分歧不说,就共识而言,陈独秀一度与胡适击掌而鸣:相信实验主义的点滴、渐进路径才是救治中国的一剂良药②;两人也认同世上并无"包医百病"的良方,无论何种"主义"或思潮都不过是"一方面的

---

① 张太原:《自由主义与马克思主义:〈独立评论〉对中国共产党的态度》,《历史研究》2002年第4期。

② 陈独秀:《实行民治的基础》,《新青年》第7卷第1号,1919年12月1日。

真理"。①但是,边走边变的他们,最终一个走向了激进主义的革命(马克思主义),一个走向了渐进主义的改良(自由主义)。1923年底,在《科学与人生观》论战文集中的"双序""双答"再次将他们引在一起,于是又演绎了一波"和而不同"的思想交锋。说到"双序",自然要对亚东图书馆主人汪孟邹刮目相看。要知道,在这个"双序"的背后还有一招更为深层的撩拨:"双答"。陈独秀与胡适的双双入彀,可以说这是被出版商早早设计好的"圈套"。汪孟邹先是将序言的任务分到两人头上,待拿到后便以交换的形式让两人传阅;于是,在样稿齐清定之前,又在主打的"序"之后次生出"答"来。出版社如此这般策划,博足了时人的眼球。这个"答"字,岂止是一答了之,乃是来而不往非礼也的"还"。这样的你来我往,显然是思想上的你推我搡。如果说在"序"中还不曾找到共同踏板,那么,这一支点在"答"中还是能看到些许的希望。在以"附注"形式出现的《答陈独秀先生》中,胡适的"答"紧扣陈独秀在序言中质询到的两个问题:一是"独秀说的是一种'历史观',而我们讨论的是'人生观'。人生观是一个人对宇宙万物和人类的见解;历史观是'解释历史'的一种见解,是一个人对于历史的见解。历史观只是人生观的一部分";二是"唯物的人生观是用物质的观念来解释宇宙万物及心理现象。唯物的历史观是用'客观的物质

---

① 陈独秀:《马尔塞斯人口论与中国人口问题》,《新青年》第7卷第4号,1920年3月1日。

原因'来说明历史"。①如同陈独秀往外拉胡适加盟自己的"唯物的历史观"一样,胡适也在拼命地将陈独秀往里拽以靠近自己的"科学的人生观"。究其在"历史观"与"人生观"问题上纠结之根本,在于承认不承认"物质原因"是唯一不二的。或者说,这个"物"之外是不是还存在着一个"思想知识言论教育"等精神范畴的观念之"客观"?如果承认,胡适双手赞成并且高调强势地说:这个"用不着戴什么有色彩的帽子"的"秃头的历史观……我和丁在君都可以赞成的"。这个"代表性"的意见之所以让胡适有足够的自信,在于陈独秀一方面说"心即是物之一种表现",而另一方面"又把'物质的'一个字解成'经济的'"之自相矛盾。胡适以其人之道还治其人之身:"若不相信思想知识言论教育也可以'变动社会,解释历史,支配人生观',那么,他(陈独秀——引者注)尽可以袖着手坐待经济组织的变更就完了,又何必辛辛苦苦地努力做宣传的事业,谋思想的革新呢?"言下之意,当年你从事的那些所谓思想文化事业,诸如东奔西走筹办《新青年》杂志、为白话文运动摇旗呐喊,还有什么意义呢?正是对自己信奉的科学人生观之宽厚与普适的自信,以及对陈独秀唯物的人生观以子之矛攻子之盾的吊诡,胡适也就固步自封地申明:"我个人至今还只能说,'唯物(经济)史观至多只能解释大部分的问题'。独秀希望我'百尺竿头更进一步',可惜我不能进这一步了。"这样的画地为牢式的不屑为伍姿态,在陈胡个人交往史上进入了一个新阶段。陈独秀

---

① 胡适:《答陈独秀先生》,载《科学与人生观》,山东人民出版社,1997,第26页。

在读完胡适的序言后,也提出了两点不同意见。在第一点批评胡适们"只立不破"的做法只能是欲擒故纵,拉锯式的战术只能是纸上谈兵后,真正形成对峙张力与思想交锋是"能成一家之言"的第二点,也是陈独秀的着力点所在。在此,陈独秀诉说了"经济"为"骨干"、"物质"为"第一性"的衷肠,明明白白地将"我们"与"你们"的争论"焦点"摆在了双方面前:"我们并不抹杀知识思想言论教育,但我们只把他当做经济的儿子,不像适之把他当做经济的弟兄。"即是说,"经济"在社会中的地位不是"老大",而是"老子"。以至于当胡适之将"知识、思想、言论、教育等事"也说成"'心的'原因"时,陈独秀感到不可思议:"这句话如何在适之口中说出来!离开了物质一元论,科学便濒于破产,适之颇尊崇科学,如何对心与物平等看待!!"在句末加了两个感叹号,意味着陈独秀心绪难平,我们曾经为之奋斗的"科学"难道就要为自己的同人所糟蹋并毁于一旦吗?陈独秀明白无误地告知胡适:"物质的本因"是"客观的物质原因"并不包括"由物而发生之心的现象",如果再固执己见并"明白主张心物二元论",无疑是向张君劢们送去了令其"拱手道谢"的橄榄枝。

透过"双序""双答",有一点让人们欣慰,那就是在"物质"与"精神"的分属之父子与兄弟关系中,无论是"父"还是"兄",都无条件承认"物质"的优先地位,所谓的差异也只是程度的差异。问题的关键还在于,他们在"科学"的客观性上达成了共识。在这个基础上,有一个值得进一步观察的概念,那就是"时代性"。想当年,胡适在新文化运动期间,一再述说"一个时代有一个时代的文学"。再看看陈独秀,对进化论思想影响下的"时代性",诸如"新时代"应有"新青年"等逻辑建构,可以说是"言必称"。沿着大时代的背景来管窥那一时段,无论是"迷信时代""神学时代""科学时代"还是"唯物时代"①,人生观中的"人"自身问题从来没有消失过。在胡适那里,是"小我"与"大我"的关系②;在张君劢那里,是"个人与社会者";在梁启超那里,则为"心界物界两方面调和结合"之"人生"("心"与"己身以外");在陈独秀那里,若是排除了方法以外的分析方法与观察视角,无非还是要肯定"人的努力及天才之活动,本为社会进步所必须",这也是他在《人生真义》中反复唠叨的那个"自利利他"的人生价值诉求。③不难发现,所有一切的"一切"都是外围的客观存在,只有从人自身出发而发生的与"他者"之对应关系的耦合才是人生观的主旋律。

四

科学与人生观论战的发生,可以说是文化界必然爆发的思想史事件。因为,早在《新青年》创刊初期,这样的能量积蓄就已经开始。尤其是经过了一系列大大小小的关于方法、主张、信仰抑

---

① 陈独秀:《〈科学与人生观〉序》,载《科学与人生观》,山东人民出版社,1997,第3页。
② 胡适:《〈科学与人生观〉序》,载《科学与人生观》,山东人民出版社,1997,第24页。
③ 陈独秀:《人生真义》,《新青年》第4卷第2号,1918年2月15日。

或理想的论争,如果以五四运动为中线,其前后"来龙"与"去脉"很是明晰地串联在了一起。

当《青年杂志》进入《新青年》时代①,作为"主撰"的陈独秀就与即将成为"轮流编辑"之"柱石"作者的胡适进行了"谈"还是"不谈"政治的较劲。而且,这个摩擦随着杂志"色彩"的不断"染浓"而不断升级:一个是力主画定"学术思想艺文的改造"之地为牢;一个则不时越界,自觉不自觉地对自己心中兴味盎然的"政治"探头探脑。②直到1919年五四运动爆发而陈独秀被捕入狱,"问题"与"主义"的盖子才在同人内部完全揭开。至于后来的《新青年》编辑部的"分裂"以及这一"金字招牌"的停摆,都与陈被捕不可化解的"思"之矛盾息息相关。人们看到的"新青年派"群体"散掉"之后的"自由"与"解放"之争外化出来的内在纠结与颉颃,正可进一步印证他们在知识资源、思想谱系上的各自为政。在为他们"和而不同"心态下同心协力地"狠打了几次硬仗"鼓与呼的同时,也不禁对潜伏在他们身上那股同气相求之"底气"充满了好奇。③如果说以上这些或明或暗的龃龉与口角还只是编辑方针的"内讧",那么,接下来在中西或称"东西"思想文化中的论战则在外围

---

① 陈独秀在《新青年》第2卷第1号通告中指出,杂志更名原因在于得到胡适等一些学界名流相助,"欲益加策励,勉副读者诸君属望"。改名后,胡适正式加盟《新青年》编辑部。

② 张宝明:《一九一九:在"学说"与"主义"之间》,《读书》2019年第8期。

③ 张宝明:《当"自由"遇见"解放"》,《读书》2020年第3期。这篇小文只探讨了双方的不同,对其"底蕴"还缺少进一步挖掘。

意义上充分彰显了"新青年派"知识群体领衔的反传统主义之"西化"导向,与保守主义以及后来人们所说的新儒家之守成一族的不同姿态。

"共和"希望的破灭,在惊醒"五四"一代的同时,也赋予他们义不容辞的使命。当袁世凯称帝、张勋复辟一幕幕闹剧上演时,以"孔教"作为"方法"的思想文化布局已经形成。炒作"孔教"的话题,从民国初年的陈焕章"昌明孔教"、康有为定"孔教"为"国教"之复古言论出台就开始热身了。①残酷而复杂的现实,进一步启动了"五四"一代知识先驱的"西学"思想细胞——以《新青年》为主阵地、以"孔子""孔教"为关键词的中西文化辨析与论战大打出手;陈独秀的《东西民族根本思想之差异》《孔子之道与现代生活》《复辟与尊孔》,李大钊的《孔子与宪法》《东西文明根本之异点》等领衔,开始了针对康有为、"筹安会六君子"的还击,也开启了以《东方杂志》为主场的诸如杜亚泉(伧父)的"统整"、整合②,章士钊(秋桐)的"并立""调和"、折中等混沌、模糊、摇摆的"和稀泥"意向③。

参与论战的李守常(大钊),很是期待这"新的""旧的"矛盾生

---

① 陈焕章:《论中国今日当昌明孔教》,载《孔教论》,商务印书馆,1912;康有为:《以孔教为国教配天仪》,载《康有为全集》,中国人民大学出版社,2007,第94-95页。

② 伧父(杜亚泉):《迷乱之现代人心》,《东方杂志》第15卷第4号,1918年4月。

③ 秋桐(章士钊):《调和立国论上》,《甲寅》第1卷第4号,1914年11月10日。

活、"二重负担"能很快在"新青年"的创造担当中被打破。但事与愿违,新旧之争的矛盾和冲突不但未能风平浪静,连化解的可能性都没有。接下来的"新青年派"与"学衡派"诸君围绕中外、东西之"体用"的话语争夺,又掀开了近现代思想史上惊心动魄的一页。从时间上说,这一论争就发生在"科玄论战"的前夜,即《学衡》杂志创刊的 1922 年。这是一场文言与白话的深层次对话,历史影响更深远。①相对于前期的论争更多带有新旧思潮激战的意气用事成分,后来的论争更多带有自觉的理论支撑,是经过一番理论准备和思想武装的话语智斗战。依托于白话文 1920 年秋进入小学课本,便有了胡适的过分自信:"《学衡》杂志,登出几个留学生的反对论,也只能谩骂一场,说不出什么理由来。……《学衡》的议论,大概是反对文学革命的尾声了。我可以大胆说,文学革命已过了讨论的时期,反对党已破产了。从此以后,完全是新文学的创造时期。"②殊不知,在这个(自然)科学之直线进化链条之外,还有着文学的非直线进化之自身规律——螺旋式的曲线。"学衡派"打出文学观念的底牌是:"物质之律"与"人事之律"不可生吞活剥。这是由人文与科学之固有的内在规定性决定的。③因此,"学衡派"与"新青年派"的论争,一方面彰显了"文白之争"潜存的人文与科学之紧张;另一方面说明了"科学与人生观"论战的

---

① 张宝明:《新青年派与学衡派文白之争的逻辑构成及其意义》,《中国社会科学》2011 年第 2 期。

② 胡适:《五十年来中国之文学》,载《胡适全集》第 2 卷,安徽教育出版社,2003,第 340-342 页。

③ 吴宓:《白璧德中西人文教育谈》,《学衡》第 3 期,1922 年 3 月。

发生不是偶然的。如果不以一年半载的时间为中介,那么,这两次论战在精神实质上可以说是一场战争的南北两个战场。

"文白之争"与"科玄论战"双双显示的思想张力,归根结底还是以文化为主体的"德性之知"与以知识为主体的"理性之知"的分野,即大视野中的人文与科学之争。历史的车轮在20世纪的第三个十年以超出想象的速度在东方上演了西方自文艺复兴到启蒙运动几百年的思想史心路,并且在天马般行走的云影中绘出一幅浓墨重彩的画卷。

从"谈与不谈政治"的歧义中,人们感受到的是以"德先生""赛先生"之双管齐奏为主调的不同调门:低调与高调的"民主",方法与目的的"科学"。从"问题与主义"之争中,人们领略到的是同一个理想蓝图下的路径选择之不同:走向现代之途是"改良"还是"革命"? 实验主义的点滴、渐进之路是工具与价值两种"理性"的自洽,而跨越、超越情怀下的激进主义之路必然是打破"工具"(方法)与"价值"的平衡。凡此种种,最终还是如何对待"运动"中的"人"与"事"的问题。作为"问题"一方,要找到解决问题的方法;作为"主义"一方,倾向于超越零碎、烦琐的具体方法而直奔"彼岸"。胡适的"实验主义注重在具体的事实与问题"①,强调的是求真务实。李大钊的回应则侧重于"主义"的重要性:"因为一个社会问题的解决,必须靠着社会上多数人共同的运动。那么我们要想解决一个问题,应该设法使他成了社会上多数人共同的问

---

① 胡适:《我的歧路》,载《胡适全集》第2卷,安徽教育出版社,2003,第469页。

题。要想使一个社会问题,成了社会上多数人共同的问题,应该使这社会上可以共同解决这个那个社会问题的多数人,先有一个共同趋向的理想、主义,作他们实验自己生活上满意不满意的尺度(即是一种工具)。"①在胡适看来,这样的"运动"所唤起的踊跃之"势"会形成脱缰的野马,还会理性失控,在这个层面去谈所谓的以理性为基础的"民主""科学"真可谓南辕北辙。为此,他对方法与理想、手段与目的在中国国情中的表现批评说:"我常说中国人(其实不单是中国人)有一个大毛病,这病有两种病征:一方面是'目的热',一方面是'方法盲'。"②其实,争论体现的是,如何摆平个人与社会关系之命题的不同语境的适时折射。

到了与"学衡派"诸君短兵相接时段,双方以"人文"与"人道"为理论支援口诛笔伐,后起之论针对"科学主义"的泛化、"浪漫主义"的偏执以及"不容他人讲学"的"武断专制"之学风开始了不依不饶的扫射。以"白话文""新文学"这些"新青年派"自鸣得意的"实绩"为切口,"学衡派"从学理上将以往的"民主""科学"之倡导者的名不副实反复抽打。对"新青年派"所膜拜受过"赛先生"洗礼的白话文学,吴宓这样论辩说:"物质科学以积累而成,故其发达也,循直线以进,愈久愈详,愈晚出愈精妙。然人事之学,如历史、政治、文章、美术等,则或系于社会之实境,或由于个人之天

---

① 李大钊:《再论问题与主义》,载《李大钊全集》第 3 卷,人民出版社,2006,第 1 页。
② 胡适:《三论问题与主义》,载《胡适全集》第 1 卷,安徽教育出版社,2003,第 351 页。

才,其发达也,无一定之轨辙。故后来者不必居上,晚出者不必胜前。因之,若论人事之学,则尤当分别研究,不能以新夺理也。"①言下之意,"科学"的无所不能、包治百病其实已走向一种以"新"为唯一标的的专制老路。这种借"赛先生"狐假虎威、盛气凌人的态度已经把新文学、人文学包括人生观在内的一切都一网打尽了,岂不是让思想言论界都在一个思维模式下重蹈"我花开后百花杀"的覆辙?为此,在"天"本主义、"物"本主义、"人"本主义即道德为上的三种处世之道中,"学衡派"同人力推最后一种具有民主气息、中正规约的人文主义。②进一步说,"文白之争"麾下的金戈铁马诉说着的"人文"与"人道",无非是以另一种形式向世人告白:个人的权利与社会的权力不是两张皮。作为个人的"我"与作为"团体"的任何组织、派别不能随意、任性地颐指气使、飞扬跋扈。

接下来的"科玄之争",解读的正是这样一个命题:"以我为中心,或关于我以外之物,或关于我以外之人,东西万国,上下古今,无一定之解决者,则以此类问题,皆关于人生……"在当事人张君劢看来,这个有关"个人与社会"的学问,乃"古今最不易解决之问题也"。③上述"主观"与"客观"的分立,也就是陈独秀、胡适等人为"研究之便利"起见,流布在文章中的"心"与"物"的对应。这个

---

① 吴宓:《论新文化运动》,《学衡》第12期,1922年12月。
② 吴宓:《我之人生观》,《学衡》第16期,1923年4月。
③ 张君劢:《人生观》,载《科学与人生观》,山东人民出版社,1997,第34-35页。

居于一元与二元之间拉扯的"心"与"物",在"科玄之争"意义上,又可以统称为"我者"与"他者"的关系。这个逻辑构成,在思想史上可以从"科学"这个"科学为客观的""人生观为主观的"表述中得到验证。①

郭湛波在《近五十年中国思想史》中评论这场论争说:"这次战争是空前未有的思想论战;真是战云弥漫,短兵相接;血战数次,以决胜负。"②的确,科学与人生观的论辩,无论是在广度还是在深度上,都具有历史意义和现实意义。回想新文化运动伊始,那些挑大梁的学贯中西之学子,为"德先生""赛先生"保驾护航,并且以"断头流血都不推辞"的决心背水一战③,然而一旦走向极端,"科学"(包括民主)几乎成了统一思想、包办人生等一切问题的代名词,唯科学主义、唯民主主义不知不觉中滑落为"伪科学主义""伪民主主义",一时间,"科学"居然代替了国人顶礼膜拜的"菩萨"④。在将"民主""科学"两位先生作为依据、支撑的掩护下,一种有恃无恐的心理也在不断膨胀,"德先生""赛先生"一度成为收编舆论、统一思想的宝葫芦与撒手锏。

"科学派"与"玄学派"发生激战之际,陈独秀、胡适都还想以

---

① 张君劢:《人生观》,载《科学与人生观》,山东人民出版社,1997,第35、39页。

② 郭湛波:《近五十年中国思想史》,山东人民出版社,1997,第235页。

③ 陈独秀:《本志罪案之答辩书》,《新青年》第6卷第1号,1919年1月15日。

④ 胡适:《〈科学与人生观〉序》,载《科学与人生观》,山东人民出版社,1997,第10页。

先前的"科学"思想拉扯、同化对方,但双双使用的方式、方法已经成为明日黄花。陈独秀执着的一统而一的"根本解决"之路径已经"物化"为中介,从"科学""一举"到了"唯物的历史观"的"举一";而胡适则在"物化"的跳板上走着从一而终的统合之路。在这里,人们看到了"物"这个"客观"因素在陈胡两人分歧中的粘连统领作用:无论是科学的人生观,还是唯物的人生观,都离不开"心物"的辩证法,都不曾跳过"小我"与"大我"或说"我者"与"他者"的历史法则。胡适在开战之初,将张君劢比作"孙行者",比喻张君劢这个孙悟空无论翻多少个筋斗,也始终跳不出如来佛这个"逻辑"先生的掌心:"我的朋友张君劢近来对于科学家的跋扈,很有点生气。他一只手捻着他稀疏的胡子,一只手向桌上一拍,说道:'赛先生,你有多大的手心!你敢用罗辑先生来网罗'我'吗?老张去也!'"①不难想象,陈胡两位将"科学"奉为救中国于水火的强烈推手,是不会让主张所谓"人生观问题之解决,决非科学所能为力"的超乎其上的态度占上风的。一旦那"人生为活的,故不如死物质之易以一例相绳也"②经张君劢说出口,陈胡便竞相将其视为对手——对习惯于用"科学万能"思维来论争的陈胡来说,可谓"新桃""旧符"双管齐下。胡适不用说了,这位死心塌地的科学主义者早已经将"物质""客观""理性"之科学思想入脑入心,他

---

① 胡适:《孙行者与张君劢》,载《科学与人生观》,山东人民出版社,1997,第123页。
② 张君劢:《人生观》,载《科学与人生观》,山东人民出版社,1997,第35页。

不可能随着"人生派"的所谓的"主观""直觉""意志"之风"骑墙"摇摆。即使换了陈独秀,这位举起"唯物的历史观"之"新桃"的"物"支配并决定着"心"的坚定的"客观"世界至上者,自然也在倚重物质(客观)世界的同时,不会忘记精神世界(主观)的改造。这就是李大钊所说的"物心两面的改造"。有了这一武器,也才有了嘲笑胡适、丁文江"五十步笑百步"的资本。在陈独秀们看来,胡适们没有将对方置之死地而后生的根本原因,还在于他们缺乏"百尺竿头"的决心与境界。

不必讳言,新文化运动以来的各种论争,其实是可以用"物""心"统一来概括的,也可以以"我者"与"他者"关系之权衡来归档。因为,李大钊在五四运动后写下的文章已经挑明:"这互助的原理是改造人类精神的信条。我们主张物心两面的改造,灵肉一致的改造。"① 此文写于1919年7月,当时还没有发生"新青年派"与"学衡派"的"文白之争",也不曾有"科玄论战",但是文章的敏锐性却不容忽视。在"人"与"兽"、"灵"与"肉"、"物"与"心"之间,作者给出了一个关于自然世界与人类社会之不同的进化观念:一个是残杀着的、竞争的物化世界,一个是充满"协合、友谊、互助、博爱的精神"的心灵社会。一句"物心两面的改造"道破了"五四"知识分子从"德先生""赛先生"走向唯物辩证的心路历程。这时的"物心"已经超越了主客观,还有着"我者"与"他者"的立体交互关系,在哲学意义上走向一个更高层面的位格。当然,这一

---

① 李大钊:《阶级竞争与互助》,《每周评论》第29号,1919年7月6日第2版。

观点并不是陈独秀们的心血来潮,不但李大钊在1919年前后就初露尖角,而且陈独秀在此之前也把酝酿已久的思想谱系摆出来了:"要晓得别的学术(道德学、性理学也包含在内),多少都要受科学精神的洗礼,才有进步,才有价值。……像那德国式的歧形思想,一部分人极端的盲目崇拜自然科学万能,造成一种唯物派底机械的人生观;一部分人极端的盲目崇拜非科学的超实际的形而上的哲学,造成一种离开人生实用的幻想。这都是思想界过去的流弊,我们应该加以补救才是。若是把这两种歧形思想合在一处,便可算是'中学为体西学为用'底新注脚了。"①以"科学"带动而不是"代替"其他"学问",既不"机械"也不是"超然"。显然,陈独秀的唯物的历史观、人生观早在"序"前就已经悄然萌动了。

## 五

胡适在《科学与人生观》"序言"中提出"为全种万世而生活",原因在于,论战各方无不对传统中国的"心学""理学"等良知说法心有余悸。

如果说,从"科学的人生观派""唯物的历史观派"立场看,中国人已经领教了这种"良心""直觉""意志"的靠不住,那么,在"人生观派"那里,对由此而来的近亲诸如"莫须有""葫芦僧判断葫芦案"之臆想武断则给予了充分的提防。譬如,张东荪就这样说:

---

① 陈独秀:《告新文化运动的诸同志》,《大公报》(长沙)1920年1月11、12日第7版。

"我亦是相信心物合一论的,但我仍觉得丁先生的态度却近于武断,为科学家所不宜。"①"心物合一"可以接受,一旦"心物"变成"唯一"就不可容忍了。对此,无论是古代的"心"还是现代的"物"都不能单方面说一不二。人们还看到,在吴稚晖宣称"科学"具有"覆天载地"的"万能"力量、"物质文明帮人类统一地球"的同时,他还是不曾忘记人生观的四个层次:"人生观不是人死观""人生观不只我生观""人生观共同他生观""人生观才有宇宙观"。最后,万变不离其宗:"我之'大我',决意不怯于漆黑一团,始由'一团生',散而为'万生';因而有人生,因而有'我生'。人生乃宇宙前进之一幕;我生即人生幕里之一角。"②说到底,这与胡适的落脚点不只是吻合,可以说是重合。胡适曾在"序言"中顺着吴稚晖的话题进一步发挥道:"根据于生物学及社会学的知识,叫人知道个人——'小我'——是要死灭的,而人类——'大我'——是不死的,不朽的;叫人知道'为全种万世而生活'就是宗教,就是最高的宗教;而那些替个人谋死后的'天堂''净土'的宗教,乃是自私自利的宗教。"③胡适的这种具有几分"宗教"情怀的人生观和价值观,早在新文化运动初期,就在《不朽——我的宗教》一文中将"为全种万世而生活"的"大我主义"视为"我的宗教"。这里,"神不灭

---

① 张东荪:《劳而无功》,载《科学与人生观》,山东人民出版社,1997,第237页。

② 吴稚晖:《一个新信仰的宇宙观及人生观》,载《科学与人生观》,山东人民出版社,1997,第426页。

③ 胡适:《〈科学与人生观〉序》,载《科学与人生观》,山东人民出版社,1997,第24页。

论""三不朽说"都须让位于第三种不朽论——"社会的不朽论":"我这个现在的'小我',对于那永远不朽的'大我'的无穷过去,须负重大的责任;对于那永远不朽的'大我'的无穷未来,也须负重大的责任。我须要时时想着,我应该如何努力利用现在的'小我',方才可以不辜负了那'大我'的无穷过去,方才可以不遗害那'大我'的无穷未来?"①

再看看与胡适吵得不可开交的陈独秀又是在怎样一个思想底线上相互承接的:"如其说人生是空是幻,不如说分别人我是空是幻;如其说一切皆空,不如说一切皆有;如其说'无我',不如说'自我扩大'。物质的自我扩大是子孙、民族、人类,精神的自我扩大是历史。"②为了避免那种只为"小我"之"危险的人生观"的膨胀,他进一步修正着自己的过去:"真生命是个人在社会上留下的永远生命,这种永远不朽的生命,乃是个人一生底大问题。社会上有没有这种长命的个人,也是社会底大问题。"③不必再列举更多的文字和段落,"为全种万世而生活"乃科学与人生观论战过程中贯穿始终的伏笔。缺少了这根隐线,就难以擘画出时代的喧嚣和躁动。如果与今天"构建人类命运共同体"的终极关怀联系起来,不妨将其看作是一次理论背书。

回溯中国传统的"天人合一"哲学观念,这种向自我内心深处

---

① 胡适:《不朽——我的宗教》,《新青年》第6卷第2号,1919年2月15日。
② 陈独秀:《自杀论》,《新青年》第7卷第2号,1920年1月1日。
③ 陈独秀:《欢迎湖南人底精神》,载《陈独秀文章选编(上)》,生活·读书·新知三联书店,1984,第480页。

求解的内向超越文化始终是中国士人割舍不断的精神电波。这种精神联系,在《中庸》里有着完备的理论表达:"在下位不获乎上,民不可得而治矣;获乎上有道,不信乎朋友,不获乎上矣;信乎朋友有道,不顺乎亲,不信乎朋友矣;顺乎亲有道,反诸身不诚,不顺乎亲矣;诚身有道,不明乎善,不诚乎身矣。"这段话,从方法上看,"诚身""明善"始于个人,个人是"独"的,但不是隔绝意义上的独孤,是以"诚"为标准独自审视自我的状态,即《大学》所谓"诚其意",也是延续了孔子"见贤思齐焉,见不贤而内自省也"忠恕之道的思路;从行动上看,人的种种行为,实际是对内心所思所想的外部展示,必然要与他人发生关系,"诚身""明善"的行动,本身就是融合了他我而为一。故而在《中庸》的语境之中,自我与他者本来就是没有间隔的。当然,这里所说的自我与他者,在"前科学"的《中庸》之类的历史文本中,并没有"科玄论战"的火药味,也非笛卡尔(R. Descartes,1596—1650)式的沉思,却又不乏可以沟通之处。杨大春认为:"翻开笛卡尔《第一哲学沉思集》,我们就会发现,那个进行沉思的'我思',确实不是一个孤独的'小我',而是一个'大我'。经过怀疑之旅,人的本质被确定为思维或理性。在这里'我'的思维就是'我们'的思维,任何观念的产生,都可以说来自于'我'而不是来自于'他'……简单地说,笛卡尔在'我'与'人'之间或者说个体与'类'之间画等号,把他自己的沉思与'类'能力相混同。"①这种"人""我"关系,通过理性思考而能够互相沟通,

---

① 杨大春:《语言·身体·他者——当代法国哲学的三大主题》,生活·读书·新知三联书店,2007,第248-249页。

不就是《中庸》里强调的"人我合一"吗？张载提出的"民吾同胞"也正是来源于此,这个肯定人我为一的命题又被近代以来的知识分子普遍认可和继承。然而,无论是科学至上论者还是唯物主义者,在全盘西化与固守传统的争论中,都很难用某一种理论去完全解释清楚其中的曲折。即便是打着科学旗号对其中关系进行"沉思"之人,又会因为表现出哲学思辨而难免被冠以"玄学鬼"的名号;具体到那些受到西方文化洗礼的游子,即使是在传统的引力面前也会有难以挣脱的困境。他们可以在"此岸"与"彼岸"的二元张力中彰显出自己的"两个头脑",但在思维定式上还是会时不时暴露出传统意义上的"一边倒""一头沉"模式。耐人寻味的是,这样的倾斜最终还是以"人心之危,道心之微"①形式告白。于是,也就有了"'道心'和'人心'究竟是一心还是二心"的千年文案②。就今天的由"心"与"物"衍生而来的"我者"与"他者"关系而言,应该给予那一代思想文化先驱以充分的肯定。尽管他们没有给出令今人满意的答案,但那一代人的努力与企图已经难能可贵了。这里借用许倬云《我者与他者》——尽管他说的这两个概念与本文并无必然联系——之意念来释怀:"自"(我)到"他"之间,"我"只有"一个",而"他"则缤纷不已。不难想象,处理好"我者"与"他者"的关系是多么重要,又是多么具有挑战性。③

---

① 《荀子·解蔽》,中华书局,2007,第227页。
② 余英时:《论天人之际》,中华书局,2014,第226页。
③ 许倬云:《我者与他者:中国历史上的内外分际》,生活·读书·新知三联书店,2015,《引言》第2页。

当然，如果站在更高层面上再回首，那么，还可以说，"我"与"他"已经告一段落，如何处理好"我"与"你"的关系还是需要一番理论准备和思考的；更何况，即使是"我"与"他"关系的完善，仍有待时日。毕竟，人类生活的世界里，无非要处理两重关系：一是"我"与"他"，再就是"我"与"你"。①至于后一层哲学问题，因为不是一两句话就能说清的，只能就此搁笔了。

---

① 马丁·布伯：《我与你》，陈维钢译，商务印书馆，2015；沈湘平：《走向"我—他—你"：文化认同新模式》，《南国学术》2020年第2期。